파이썬과 비즈니스 자동화

파이썬과 비즈니스 자동화

파이썬 레시피와 함께하는 비즈니스 자동화 프로그래밍 개발

체탄 기리다 지음

유연재 옮김

지은이 소개

체탄 기리다 Chetan Giridhar

기술 리더이자 오픈소스 에반젤리스트evangelist다. 『Learning Python Design Patterns – Second Edition』의 저자이고 국제 PyCon 컨퍼런스의 초청 연사이자 「Python Papers」 저널의 부편집장이기도 하다. 플랫폼 엔지니어링, 분산 시스템, 모바일 앱 개발 및 실시간 클라우드 애플리케이션에 관심이 있으며, 그의 실험은 https://github.com/cjgiridhar와 그의 웹사이트 https://technobeans.com에서 살펴볼 수 있다.

현재는 CallHub의 CTOchief technology officer로서 제품 전략 및 기술 전략을 담당한다. CallHub 이전에는 클라우드, 비디오, 엔터프라이즈 스토리지 제품을 다루는 BlueJeans Networks 및 NetApp과 일했다.

세상은 지식으로 가득 차 있다고 믿으며, 항상 새로운 것을 배우고 오픈소스 커뮤니티, 친구, 동료와 공유하려 한다. 링크드인(https://www.linkedin.com/in/cjgiridhar)에서 그를 만날 수 있다.

팩트 팀과 함께 이 책을 낼 수 있어 감사했다. 또한 가족(제이언트, 조트사나, 딥티, 피후)과 친구들의 지지와 격려가 없었다면 이 책은 세상에 나올 수 없었을 것이다.

기술 감수자 소개

모리스 HT 링 Maurice HT Ling

2003년부터 파이썬 프로그래밍을 시작했다. 멜버른 대학교에서 분자 생물학의 이학 학사 및 바이오인포매틱스에서 박사를 마친 후, 호주 멜버른 대학교의 명예 연구원이다. 「Computational and Mathematical Biology」의 편집장이자 「Python Papers」의 공동 편집자이며, 최근에는 디렉터(기술)로 싱가포르 최초의 합성 생물학 스타트업인 AdvanceSyn Pte. Ltd를 공동 설립했다. 또한 싱가포르 Colossus Technologies LLP의 주요 파트너다. 주요 연구 관심사는 컴퓨터 과학과 통계를 사용해 생물학적 삶, 인공적인 삶, 인공 지능 같은 삶과 그 다양한 측면을 이해하는 데 있다. 자유 시간에는 독서와 커피 한 잔을 즐기고, 자신의 글을 쓰거나 다양한 삶의 측면에 대해 철학적으로 생각한다. 모리스의 웹사이트와 링크드인 프로필은 각각 http://maurice.vodien.com과 http://www.linkedin.com/in/mauriceling이다. 그가 참여한 오픈소스 프로젝트는 다음과 같다(https://github.com/mauriceling).

- DOSE Digital Organism Simulation Environment
- COPADS Collection of Python Algorithms and Data Structures
- TAPPS Technical (Analysis) and Applied Statistics System

옮긴이 소개

유연재(yyj20934@gmail.com)

동국대학교 재학 중이던 2002년부터 여러 회사에서 개발을 시작해, 현재 더케이손해보험에서 일반보험시스템 개발 업무를 담당하고 있다. IT에 관해서는 편식하지 않고 다양한 분야에서 멀티플레이어가 되려고 노력하는 프로그래머다. 옮긴 책으로는 에이콘출판사에서 출간한 『자바 네트워크 프로그래밍』(2016), 『파이썬과 자연어 처리』(2017)가 있다.

옮긴이의 말

저는 때때로 현재 개발 트렌드가 궁금해 인터넷 서점이나 오프라인 서점에서 컴퓨터 프로그래밍 서적 베스트셀러를 검색합니다. 과거 몇 년 동안은 항상 자바 프로그래밍 관련 서적들이 상위권을 차지하고 있었습니다. 2000년대 초반부터 우리나라의 대부분 기업에서 사용하고 있는 시스템도 자바와 연관되어 있고, 프로그래머라고 하면 자바 프로그래머라고 생각하는 경우가 많았습니다. 하지만 요즘 프로그래밍 서적 순위를 살펴보면, 깨지지 않을 것 같던 '자바'라는 단어의 존재감은 점점 사라지고, 파이썬, 머신 러닝, 딥러닝 같은 단어들이 보이기 시작했습니다. 머신 러닝, 딥러닝도 알고 보면 파이썬으로 구현되어 있습니다. 파이썬이라는 프로그래밍 언어는 도대체 무엇일까요?

파이썬은 네덜란드 개발자 귀도 반 로섬Guido van Rossum이 만든 프로그래밍 언어로, 문법이 복잡하지 않고 쉬워서 초보자들도 쉽게 다가갈 수 있는 인터프리터 프로그래밍 언어입니다. 이제 대한민국도 코딩 교육이 필수화되면서 파이썬을 배우는 중고등학생들도 점차 늘어나고 있는 추세입니다. 그만큼 접근성이 쉬운 프로그래밍 언어입니다. 또한 공개되어 있는 라이브러리를 사용해 금융 공학을 위한 데이터 분석, 머신 러닝 등의 분야에서 다양하게 사용할 수 있습니다.

이 책은 파이썬 v2.7.10에서 `pandas`, `numpy`, `matplotlib` 같은 다양한 라이브러리를 사용해 비즈니스 자동화에 적용하는 사례를 다룰 것입니다. 파이썬과 웹의 상호작용, 엑셀, 워드, 파워포인트, PDF 같은 문서의 자동화, SMS 알림, 이메일 작업, REST API, 봇과의 대화, 이미지 작업 및 데이터 분석 등을 살펴보고, 독자들은 다양한 예제를 통해 빠르게 접근할 수 있을 것입니다.

역자의 세 번째 책이 세상에 나올 수 있게 도움을 주신 권성준 사장님과 황영주 상무님을 비롯한 에이콘출판사의 모든 가족께 감사의 말을 전합니다. 저의 부족함을 그분들의 노력으로 채워서 이 책이 세상에 나올 수 있었습니다. 마지막으로, 곁에서 힘이 돼주는 아내와 항상 아빠, 엄마를 사랑해주는 귀염둥이 딸 지우, 양가 부모님께 감사드립니다.

유연재

차례

9장 이미지 작업 307

10장 데이터 분석과 시각화 343

11장 시간대 377

들어가며

비즈니스 프로세스 자동화는 특정 기능 혹은 워크플로우를 수행하는 기술에 기반한 활동의 자동화이며 프로세스 효율성, 일관성, 반복성을 목표로 하는 조직적 변화다. 조직 전체에서 이러한 목표를 달성하기 위해 파이썬 모듈을 사용해 HR 온보딩onboarding, 리드 매니지먼트, 재무 보고서, 송장 같은 많은 비즈니스 프로세스를 쉽게 자동화할 수 있다.

이 책의 각 장에서 다루는 파이썬 레시피는 지식을 습득하고 비즈니스 흐름을 자동화하는 데 도움을 줄 것이다. 기존의 문제-해결 패턴으로 파이썬 레시피를 사용해 자동화하고 혁신할 수 있는 HR, 마케팅, 고객 지원 같은 다양한 영역을 살펴본다.

이 책의 구성

1장, '웹을 사용한 작업' 월드 와이드 웹WWW, World Wide Web의 흥미로운 세계에 대해 이야기하고, 파이썬 모듈을 사용해 웹과 상호작용할 수 있는 다양한 방법을 다룬다.

HTTP 웹 요청의 기본을 다루는 것으로 시작해, 웹 스크래핑과 웹 콘텐츠 다운로드 같은 고급 주제로 천천히 이동한다. 또한 1장은 나만의 비동기 웹 서버를 작성하고 웹 자동화를 이해하고 구축하는 데 도움이 된다.

마지막 절에서는 파이썬 레시피를 사용해 마케팅 관리자가 정기적으로 직면하는 고전적인 상황(리드 제너레이션 자동화)에 도움을 준다.

2장, 'CSV와 엑셀 워크시트 작업' CSV 및 엑셀 시트를 사용해 중복 작업을 단순화하고 자동화하는 데 도움이 되는 파이썬 레시피를 알려준다. 컴퓨터가 일상생활의 일부가 되기 전에는 사무실 기록이 서류철로 저장되고 사무실 책상에서 관리됐다. 엑셀 시트 덕분에 훨씬 더 나은 방식으로 데이터를 관리할 수 있게 됐다.

2장의 첫 번째 부분은 CSV 파일 읽기/쓰기 작업을 수행하는 데 도움이 된다. 나만의 CSV 다이얼렉트dialects도 사용할 수 있게 도와준다. 다이얼렉트가 의미하는 바를 모르는가? 이제, 2장에서 찾자! CSV 파일 및 파이썬 코드를 사용해 HR 프로세스의 필수 요소인 직원 정보 관리를 자동화하는 방법에 대해서도 다룬다.

2장의 두 번째 부분은 엑셀 워크시트에서 데이터 검색 및 삽입 같은 작업을 수행하는 방법을 살펴본다. 또한 셀 서식 지정, 수식 사용, 차트 삽입 같은 고급 작업을 다룬다. 마지막으로, 좋은 예제를 살펴보며 재무 팀이 수년 동안의 손익 계산서 분석을 자동화하는 방법을 설명한다.

3장, '창의적인 PDF 파일과 문서' 워드 문서와 PDF 파일이 비즈니스 전문가가 가장 일반적으로 사용하는 파일 형식이 되는 방법과, 파이썬을 사용해 PDF 및 워드 문서의 일상 작업을 자동화하는 방법을 살펴본다. 고객에게 송장을 보내거나 벤더에 요구사항을 보내고 싶은가? 기업은 종종 이러한 요구에 따라 PDF 파일과 워드 문서를 사용한다.

3장에서는 파이썬 레시피를 사용해 PDF 파일로 수행할 수 있는 작업을 다룬다. PDF 파일의 생성, 읽기, 복사 및 헤더/푸터 형식을 생성하기 위한 조작까지도 익힐 수 있다. 간단한 파이썬 레시피로 많은 PDF 파일을 병합할 수 있다는 사실을 알고 있는가? 조직의 급여 전표 생성 프로세스를 자동화하겠는가? 흥미가 생긴다면, 3장은 분명히 여러분을 위한 것이다.

3장에서는 워드 문서 작업도 다룬다. 워드 파일에 데이터를 읽고 쓰는 것과 관련된 지식을 쌓을 수 있으며, 표와 이미지 차트 추가도 가능하다. 이것으로 충분하지 않다면, 3장은 HR 프로세스의 예제를 다루고 비즈니스 유닛을 기반으로 신입 직원을 위한 개별 직원 오리엔테이션 프로그램을 수립하도록 도와준다.

4장, 'SMS와 음성 알림' SMS와 음성 알림을 통해 전혀 새로운 자동화 세계를 열어준다. 클라우드 텔레포니에 대한 소개부터 시작해 사용 사례를 다룬다.

4장의 초기 부분에서는 SMS 텍스트 메시지가 특정 상황에서 유용한 방법을 살펴본다. SMS 메시지를 전송하고 파이썬 레시피로 들어오는 텍스트를 수신하는 방법을 다룬다. SMS 알림 관련 절에서는 도미노 피자의 고객 서비스 프로세스를 자동화하는 방법을 다룬다.

4장에서는 음성 알림에 대해서도 자세히 다룬다. 음성 메시지를 전송하고 파이썬 코드로 들어오는 음성 통화를 수신하는 것과 같은 음성 워크플로우에 익숙해진다. 또한 나만의 컨택 센터를 구축해 고객 지원을 자동화할 수 있다는 사실을 알고 있는가? 관심이 있다면, 4장을 살펴보자.

5장, '재미있는 이메일' 이메일 메시지 전송, MIME로 이메일 메시지 꾸미기, 첨부 파일 작업 같은 흥미로운 파이썬 레시피를 다룬다. 이메일은 지난 20~30년 동안 어디에나 있었다. 매우 다양한 이유로 이메일과 함께하는 데 익숙하지만, 파이썬 코드로 받은편지함을 조작할 수 있다는 사실을 알고 있는가?

5장은 또한 이메일 대화를 가져와서 읽고 메시지를 삭제해 받은편지함을 정리하는 데 도움이 된다. 메시지를 선택하기 위해 라벨을 추가하고 싶거나 이메일 암호화에 대해 더 알고 싶은가? 5장에서는 이 부분을 살펴본다. 그리고 물론, 5장은 파이썬 레시피로 고객 지원 흐름을 자동화하는 예제로 끝난다.

6장, '프레젠테이션 활용' 파이썬을 사용해 자동으로 프레젠테이션을 생성할 수 있는 다양한 방법을 살펴본다. 6장에서는 새로운 프레젠테이션을 작성하고 콘텐츠 혹은 슬라이드를 추가하는 방법을 다룬다. 기존 프레젠테이션을 읽거나 수정하고 차트, 표, 그림을 삽입하는 방법도 보여준다. 기본적으로 필요한 모든 작업을 수행할 수 있다. 그리고 물론, 파이썬 레시피를 사용해 영업 관리자를 위한 주간 판매 보고서를 자동화해본다. 이것은 모든 영업 관리자에게 제공된다.

7장, 'API의 힘' 흥미로운 API 세계로의 여행을 안내한다. API는 오늘날 월드 와이드 웹의 중요한 부분이다. 서비스에 대한 이야기, 정보 공유를 비롯한 많은 작업은 API와 웹훅Webhooks에 의존한다.

7장에서는 REST API에 대한 소개부터 시작해 REST 철학의 기본사항을 다루며, 나만의 API를 개발하는 데 필요한 지식을 제공한다. 또한 파이썬 레시피 및 트위터 REST API를 사용해 마케팅 팀의 필수 사용 사례인 소셜 미디어에서 제품 일정을 자동화해 보여주는 방법을 살펴본다.

다음 절에서는 오늘날 웹의 핵심 요소인 웹훅을 다룬다. 파이썬 레시피를 사용해 리드 매니지먼트를 자동화하기 위한 웹훅을 구현하고 비즈니스 전문가가 웹훅을 활용하는 방법을 살펴본다.

8장, '봇과 대화' 새로운 봇의 세계로 안내한다. 우선 봇의 기능을 기준으로 봇을 분류하고, 텔레그램Telegram 같은 앱에서 봇을 만들고 사용할 수 있는 방법을 살펴본다.

8장에서는 무상태stateless 및 상태stateful의 개념을 간략히 소개하고 인공 지능 알고리즘을 봇에 통합하는 방법을 다룬다. 마지막으로 서적 출판 웹사이트의 예제를 살펴보며, 고객 지원 팀이 일상적으로 처리하는 문제인 고객과의 적절한 상호작용을 달성하는 데 봇이 어떻게 사용될 수 있는지 보여준다.

9장, '이미지 작업' 이미지를 다른 포맷(압축을 고려)으로 변환하고, 이미지의 크기를 조정하고 자르는 방법과 파이썬으로 썸네일을 생성하는 방법을 보여준다.

그뿐 아니라 이미지 간의 차이를 발견하고 비교하는 기본적인 내용을 제공하므로 이미지 기반 검색 알고리즘을 구축하는 데 매우 유용하다. 마지막으로, 문서 스캐닝 프로세스와 파이썬을 사용해 문서를 색인하는 과정을 자동화함으로써 종이 없는 회사로 전환하도록 동기를 부여한다.

10장, '데이터 분석과 시각화' 데이터 분석 프로세스에 대한 소개로 시작하고 단순한 방법으로 필수적인 측면을 다룬다. 여기서는 필터링과 데이터 집계 같은 기술을 사용해 관련 데이터를 읽고 선택할 수 있는 방법을 살펴본다.

파이썬 레시피를 사용해 데이터를 해석하고 시각화를 통한 통찰력도 얻을 수 있다. 마지막으로, 소셜 미디어 데이터를 분석하고 잡지 기사에 대한 통찰력을 얻는 비즈니스 사용 사례를 다룬다. 재미있는 사용 사례가 맞는가? 더 많은 내용을 살펴보기 위해 10장을 읽어야 한다.

11장, '시간대' 날짜와 시간 객체를 다루는 파이썬 레시피가 있다. 날짜에 시간 혹은 일을 추가하고, 날짜를 비교하고, 날짜와 시간을 여러 형식으로 표현할 수 있는 방법을 살펴본다. 또한 서머타임을 사용하고, 파이썬을 사용해 시간대를 계산하는 방법을 다룬다.

마지막으로, 자동화된 송장 처리의 예를 들어 비즈니스 프로세스를 자동화하는 동안 시간대를 고려해야 하는 필요성을 강조하기 위해 시간대와 관련된 문제를 다룬다.

준비 사항

이 책은 비즈니스 프로세스를 자동화하는 데 도움이 되는 파이썬 레시피를 다룬다. 파이썬 v2.7.10이 설치된 최소한의 컴퓨터 구성(1GB RAM, 10GB HDD)이 필요하다.

이 책에서 다루는 아이디어로 자동화할 수 있는 사용 사례들을 발견하게 될 것이다. 사무실에서 자동화의 가능성을 계속 찾아보자. 물론 그때 이 책의 파이썬 레시피는 매우 유용할 것이다.

이 책의 대상 독자

이 책은 비즈니스 전문가와 개발자를 위한 책이다. 파이썬을 사용해 비즈니스 프로세스 및 개발 작업을 자동화하는 다양한 방법을 제공한다. 반복적이고 시간 소모적인 비즈니스 작업을 자동화하고 효율적으로 수행할 수 있는 플랫폼을 제공한다.

이 책은 HR, 영업, 마케팅, 고객 지원 분야의 비즈니스 전문가를 대상으로 하므로 기법을 이해하고, 자동화의 생명을 불어넣는 파이썬 레시피를 활용한 전문적인 주제를 자세히 다룬다.

절

이 책에는 자주 나오는 몇 가지 표제가 있다(준비하기, 실행 방법, 작동원리, 더 알아보기, 참고사항).

레시피를 완성하는 방법에 대한 명확한 지침을 주고자 이 절을 다음과 같이 사용한다.

준비하기

이 절에서는 레시피에서 기대할 수 있는 내용을 알려주고 레시피에 필요한 소프트웨어 혹은 사전 구성을 설정하는 방법에 대해 다룬다.

실행 방법

이 절에는 레시피를 수행하는 데 필요한 단계가 포함된다.

작동원리

이 절은 일반적으로 이전 절에서 발생한 일에 대한 자세한 설명으로 구성된다.

더 알아보기

이 절은 독자가 레시피를 더 잘 이해할 수 있도록, 레시피에 대한 추가 정보로 구성된다.

참고사항

이 절에서는 레시피에 대한 유용한 정보를 담고 있는 링크를 제공한다.

편집 규약

이 책에서는 정보의 유형에 따라서 텍스트의 스타일이 바뀐다. 각 스타일은 다음과 같은 의미를 지닌다.

문장 속에서 코드는 다음과 같이 표기한다.

"`fromstring()` 메소드를 사용해 페이지(문자열 형식) 콘텐츠를 HTML 형식으로 변환한 트리를 얻는다."

코드 블록은 다음과 같이 표기한다.

```
try:
  r = requests.get("http://www.google.com/")
except requests.exceptions.RequestException as e:
  print("Error Response:", e.message
```

커맨드라인 입출력은 다음과 같이 기술한다.

```
pip install -U requests
```

메뉴나 대화상자처럼 컴퓨터 화면에 표시되는 단어는 다음과 같이 고딕체로 표기한다.

"이제 Email과 Password를 입력했으므로 마지막으로 양식을 제출하고 Log In 버튼을 클릭한다."

주의를 요하거나 중요한 메시지는 이와 같이 나타낸다.

팁이나 유용한 요령은 이와 같이 나타낸다.

독자 의견

독자 여러분의 의견은 언제든지 환영한다. 이 책을 어떻게 생각하는지 부담 없이 이야기해 준다면 좋겠다. 더 유익한 책을 만드는 데 있어 독자의 의견은 무엇보다 중요하다.

일반적인 의견은 이 책의 제목을 메일 제목으로 해서 feedback@packtpub.com으로 보내면 된다.

특정 분야의 책을 쓰거나 기여하는 데 관심이 있다면 www.packtpub.com/authors에 있는 저자 가이드를 참조하기 바란다.

고객 지원

팩트출판사의 구매자가 된 독자에게 도움이 되는 몇 가지를 제공하고자 한다.

예제 코드 다운로드

http://www.packtpub.com에 회원 가입해 팩트출판사의 도서를 구매한 모든 독자는 책에 등장하는 예제 코드 파일을 직접 내려받을 수 있다. 다른 곳에서 도서를 구매한 독자는 http://www.packtpub.com/support에 접속해 등록하면 이메일로 직접 받아볼 수 있다.

에이콘출판사의 도서정보 페이지 http://www.acornpub.co.kr/book/automate-it에서도 예제 코드를 내려받을 수 있다.

이 책에 수록된 코드는 깃허브에도 올려져 있고, 주소는 https://github.com/PacktPublishing/Automate-it이다. https://github.com/PacktPublishing/에는 다른 책의 코드와 동영상도 올라와 있으니 확인해보길 바란다.

오탈자

내용을 정확하게 전달하려고 최선을 다했지만, 실수가 있을 수 있다. 팩트출판사의 책에서 텍스트나 코드상의 문제를 발견해서 알려준다면, 매우 감사하게 생각할 것이다. 그러한 참여를 통해 다른 독자에게 도움을 주고, 다음 버전에서 책을 더 완성도 있게 만들 수 있다. 오자를 발견한다면 http://www.packtpub.com/submit-errata에서 Errata Submission Form 링크를 통해 구체적인 내용을 알려주기 바란다. 보내준 내용이 확인되면 웹사이트에 그 내용이 올라가거나, 해당 서적의 정오표 섹션에 그 내용이 추가될 것이다.

https://www.packtpub.com/books/content/support를 방문해 검색창에 해당 타이틀을 입력하면 지금까지의 정오표를 확인할 수 있다. 한국어판은 에이콘출판사의 도서정보 페이지 http://www.acornpub.co.kr/book/automate-it에서 찾아볼 수 있다.

저작권 침해

인터넷에서의 저작권 침해는 모든 매체에서 벌어지고 있는 심각한 문제다. 팩트출판사에서는 저작권과 사용권 문제를 아주 심각하게 인식하고 있다. 어떤 형태로든 팩트출판사 서적의 불법 복제물을 인터넷에서 발견한다면 적절한 조치를 취할 수 있게 해당 주소나 사이트명을 알려주길 부탁한다.

의심되는 불법 복제물의 링크를 copyright@packtpub.com으로 보내주기 바란다.

저자와 더 좋은 책을 위한 팩트출판사의 노력을 배려하는 마음에 깊은 감사의 마음을 전한다.

질문

이 책에 관련된 질문이 있다면 questions@packtpub.com으로 문의하기 바란다. 온 힘을 다해 질문에 답해드리겠다. 한국어판에 관한 질문은 이 책의 옮긴이나 에이콘출판사 편집팀(editor@acornpub.co.kr)으로 문의할 수 있다.

1 웹을 사용한 작업

인터넷이 없는 삶을 상상할 수 있는가? 오늘날에는 맛집 정보 교환부터 거의 모든 것을 인터넷에 크게 의존한다. 흥미로운 월드 와이드 웹의 세계를 살펴보고, 파이썬Python 모듈을 사용해 상호작용할 수 있는 다양한 방법을 살펴보자.

1장에서 다루는 내용은 다음과 같다.

- HTTP 요청 생성
- 간단한 웹 스크래핑
- 웹 콘텐츠 파싱 및 추출
- 웹 콘텐츠 다운로드
- 서드파티 REST API 작업
- 파이썬의 비동기 HTTP 서버
- 셀레늄을 이용한 웹 자동화
- 웹 스크래핑과 리드 제너레이션 자동화

소개

인터넷은 삶을 매우 간편하게 만들기 때문에 때때로 그 힘을 깨닫지 못하곤 한다. 친구의 근황, 부모님과의 안부 전화, 중요한 비즈니스 이메일에 대한 답장, 혹은 게임 진행을 확인하는 용도로 오늘날 거의 모든 일은 **월드 와이드 웹**WWW, World Wide Web을 사용한다.

감사하게도 파이썬에는 웹에서 다양한 작업을 수행하는 데 도움이 되는 여러 모듈이 있다. 웹사이트의 간단한 HTTP 요청으로 데이터를 검색하거나 페이지와 이미지를 다운로드할 수 있을 뿐만 아니라 정보 수집을 위한 페이지 콘텐츠를 파싱하고 파이썬으로 의미 있는 통찰력을 생성하고자 분석할 수 있다. 또한 매일 평범한 작업을 수행하는 자동화된 상태의 브라우저를 생성할 수도 있다.

1장의 레시피recipe는 주로 웹에서 이러한 작업들을 수행할 때 선택 도구로 사용되는 파이썬 모듈을 살펴본다. 특히 다음과 같은 파이썬 모듈을 다룰 것이다.

- `requests`(http://docs.python-requests.org/en/master/)
- `urllib2`(https://docs.python.org/2/library/urllib2.html)
- `lxml`(https://pypi.python.org/pypi/lxml)
- `BeautifulSoup4`(https://pypi.python.org/pypi/beautifulsoup4)
- `selenium`(http://selenium-python.readthedocs.org/)

1장의 레시피가 파이썬 모듈을 사용해 웹과 상호작용하는 방법의 개요를 제공하긴 하지만, 개인이나 조직 규모의 프로젝트에 도움이 되는 다양한 사용 사례(use case)의 코드를 시험 및 개발해보기를 권한다.

HTTP 요청 생성

1장의 레시피들은 파이썬 v2.7과 파이썬 requests(v2.9.1) 모듈을 사용한다. 이번 레시피에서는 인터넷의 웹 페이지에 HTTP 요청을 하는 방법을 살펴본다.

하지만 들어가기 전에, 간단히 HTTP[Hypertext Transfer Protocol]를 이해해보자. HTTP는 WWW의 데이터 통신을 위한 비상태 애플리케이션 프로토콜[stateless application protocol]이다. 전형적인 HTTP 세션[Session]은 연속적인 요청[request] 혹은 응답 트랜잭션[transaction]을 포함한다. 클라이언트는 특정 IP 및 포트[Port]의 서버에게 TCP 연결을 시작한다. 서버가 요청을 수신하면 응답 코드와 텍스트로 응답한다. HTTP는 주어진 웹 URL에서 수행될 액션을 나타내는 요청 메소드(GET, POST 같은 HTTP 동사[verbs])를 정의한다.

이번 레시피에서는 파이썬의 requests 모듈을 사용해 HTTP GET/POST 요청을 생성하는 방법을 다룰 것이다. json 데이터를 POST하고 HTTP 예외를 처리하는 방법도 다룰 것이다.

준비하기

이 레시피를 실행하려면 파이썬 v2.7을 설치해야 한다. 파이썬 v2.7을 설치하고 나면 파이썬 pip를 설치해야 한다. PIP는 Pip Installs Packages의 약자로, 컴퓨터에 필요한 파이썬 패키지를 다운로드하고 설치하는 데 사용하는 프로그램이다. 마지막으로, HTTP 요청을 생성하는 requests 모듈이 필요하다.

requests 모듈을 설치하고 시작할 것이다(각자의 운영체제 기반 머신에서 수행할 수 있도록 파이썬 및 pip 설치는 여러분의 몫으로 남겨둘 것이다). 그 밖의 준비사항은 없다. 이제, 서둘러서 시작해보자!

실행 방법

1. 리눅스Linux/맥Mac 컴퓨터의 터미널Terminal로 이동해 다음 커맨드를 실행한다.

   ```
   pip install -U requests
   ```

   파이썬 사이트 패키지에 대한 권한이 없는 경우 sudo를 사용하고, 그렇지 않으면 sudo는 필요 없다.

2. 다음 코드는 파이썬의 requests 모듈로 HTTP GET 요청을 생성하는 데 도움이 된다.

   ```
   import requests
   r = requests.get('http://ip.jsontest.com/')
   print("Response object:", r)
   print("Response Text:", r.text)
   ```

3. 다음 출력을 확인한다.

   ```
   ('Response object:', <Response [200]>)
   ('Response Text:', u'{"ip": "117.213.178.109"}\n')
   ```

4. 데이터 페이로드payload로 HTTP GET 요청을 생성하는 것은 요청에 대해서도 간단하다. 다음 코드는 이를 실행하는 데 도움이 된다. 전송될 URL 요청을 확인할 수도 있다.

   ```
   payload = {'q': 'chetan'}
   r = requests.get('https://github.com/search', params=payload)
   print("Request URL:", r.url)
   ```

   ```
   ('Request URL:', u'https://github.com/search?q=chetan')
   ```

5. 이제 requests 모듈을 사용해 HTTP POST 호출을 생성하자. 웹사이트의 로그인 혹은 가입 양식을 채우고 POST하는 것과 유사하다.

   ```
   payload = {'key1': 'value1'}
   r = requests.post("http://httpbin.org/post", data=payload)
   print("Response text:", r.json())
   ```

```
{
  "args": {},
  "data": "",
  "files": {},
  "form": {
    "key1": "value1"
  },
  "headers": {
    "Accept": "text/html,application/xhtml+xml,application/xml;q=0.9,*/*;q=0.8",
    "Accept-Encoding": "gzip, deflate",
    "Accept-Language": "en-US,en;q=0.5",
    "Cache-Control": "no-cache",
    "Content-Length": "11",
    "Content-Type": "application/x-www-form-urlencoded; charset=UTF-8",
    "Host": "httpbin.org",
    "Pragma": "no-cache",
    "User-Agent": "Mozilla/5.0 (Macintosh; Intel Mac OS X 10.10; rv:38.0) Gecko/20100101
  },
  "json": null,
  "origin": "117.213.178.109",
  "url": "http://httpbin.org/post"
}
```

6. 오류error 및 예외exception 처리는 요청에 대해서도 매우 편리하다. 다음 코드는 오류 처리 예제를 보여준다. 머신에서 인터넷 연결 없이 코드를 실행하면 예외가 발생할 것이다. 예외 처리기exception handler는 예외를 캐치catch해 예상처럼 새 연결에 실패했다.

```
try:
  r = requests.get("http://www.google.com/")
except requests.exceptions.RequestException as e:
  print("Error Response:", e.message)
```

작동원리

이 레시피는 파이썬의 requests 모듈을 사용해 다양한 유형의 HTTP 요청을 생성하는 방법을 다뤘다. 이 코드가 어떻게 작동하는지 살펴보자.

- 첫 번째 예제는 http://ip.jsontest.com에 GET 요청을 생성해 응답 코드와 응답 텍스트를 얻었다. 인터넷에서 컴퓨터의 현재 IP 주소를 반환한다.

- 두 번째 예제는 페이로드 데이터로 HTTP GET 요청을 생성했다. 요청 URL이 ?q=chetan을 포함한 방법을 살펴보고 깃허브GitHub의 Chetan이라는 이름으로 모든 리포지터리repository를 검색한다.
- 다음으로, 페이로드 데이터 {'key1','value1'}로 POST 요청을 생성했다. '실행 방법' 절에서 살펴본 온라인 양식을 제출하는 것과 같다.
- requests 모듈에는 다양한 메소드가 포함된 Response 객체 r이 있다. 이러한 메소드는 웹에서 작업을 하는 동안 필요한 응답, 상태 코드 및 기타 정보를 추출하는 데 도움이 된다.
    - r.status_code: 응답 코드를 반환한다.
    - r.json(): .json 형식으로 응답을 변환한다.
    - r.text: 질의query에 대한 응답 데이터를 반환한다.
    - r.content: 응답 콘텐츠의 HTML 및 XML 태그를 포함한다.
    - r.url: 요청 웹 URL을 정의한다.
- 인터넷 연결이 없으면 예외가 발생했고 requests 모듈은 이러한 예외를 쉽게 캐치catch하는 requests 모듈을 사용한 예외 처리도 살펴봤다. requests 모듈의 requests.exceptions 클래스를 사용했다.

더 알아보기

멋지고, 새롭다! 웹의 HTTP 요청을 생성하는 것은 시작에 불과하다. 페이지 콘텐츠 작업과 같이 웹에서 할 수 있는 일은 여전히 많다. 이제 다른 것을 살펴보자.

간단한 웹 스크래핑

웹 스크래핑web scraping을 수행하는 방법을 배우기 전에, 스크래핑의 의미를 이해해보자. 웹 세계에서 스크래핑은 컴퓨터 프로그램을 이용해 정해진 형식의 필요한 정보를 추출하려는 의도로 웹사이트 페이지를 분리하는 방법이다. 예를 들어, 블로그에 게시된 모든 기사의 제목과 날짜를 가져오기를 원한다면 필요한 데이터를 가져오기 위해 블로그를 스크래핑하고, 요청의 기반이 되는 데이터베이스database 혹은 플랫 파일flat file에 저장하는 프로그램을 생성할 수 있다.

웹 스크래핑은 종종 웹 크롤링web crawling과 혼동된다. **웹 크롤러**web crawler는 웹 인덱싱을 목적으로 웹을 체계적으로 탐색하고 사용자가 웹을 좀 더 효과적으로 검색할 수 있도록 웹페이지 색인을 위한 검색 엔진에서 사용되는 봇bot이다.

그러나 스크래핑은 쉽지 않다. 흥미로운 데이터는 XML 태그 혹은 HTML 태그에 포함된 특정 형식의 블로그나 웹사이트에서 사용할 수 있다. 따라서 필요한 데이터를 추출하기 전에 형식을 아는 것이 중요하다. 또한 웹 스크래퍼web scraper는 나중에 처리하기 위해 추출된 데이터가 저장되는 형식을 알아야 한다. 브라우저 표시가 동일해도 스크래핑 코드는 HTML 혹은 XML 형식 변경이 실패한다는 사실을 이해하는 것도 중요하다.

웹 스크래핑의 적법성

웹 스크래핑은 합법적으로 스캐너scanner 아래에 항상 있다. 웹 스크래핑을 할 수 있을까? 법적 혹은 윤리적인 면에서는 어떠한가? 스크래핑으로 확보한 데이터를 수익 창출을 위해 사용할 수 있을까?

이 주제는 늘 논란이 있어왔지만, 높은 수준에서 살펴보면 웹의 저작권 정보를 스크래핑하거나, 컴퓨터 사기 및 남용 방지법을 위반하거나, 웹사이트의 서비스 약관을 위반하면 웹 스크래핑 관련 문제가 발생할 수 있다. 예를 들어, 공개 데이터를 가져오려고 웹을 스크래핑한다면 아직 괜찮을 것이다. 하지만 상황에 따라 다르며, 무엇을 스크래핑하는지와 해당 데이터를 어떻게 사용하는지에 주의해야 한다.

다음은 웹에서의 데이터 스크래핑 관련 지침이다.

- https://en.wikipedia.org/wiki/Web_scraping#Legal_issues
- https://www.quora.com/What-is-the-legality-of-web-scraping

준비하기

파이썬을 이용한 웹 스크래핑의 예제로 https://github.com/ 웹사이트의 가격 데이터를 사용한다. 정말 사소한 예제지만, 스크래핑을 다루는 능력을 향상할 수 있다. 이 파이썬 레시피를 사용해 흥미로운 데이터를 스크래핑해보자.

실행 방법

1. 컴퓨터에서 구글 크롬Google Chrome 브라우저를 실행하고 https://github.com/pricing/ 웹 페이지를 연다. 이 페이지에서는 Personal, Organization, Enterprise 같은 여러 가지 가격 플랜을 확인할 수 있다.
2. 이제 브라우저에서 Personal 플랜의 가격을 마우스 오른쪽 버튼으로 클릭하고, 다음 스크린샷과 같이 Inspect를 클릭한다.[1]

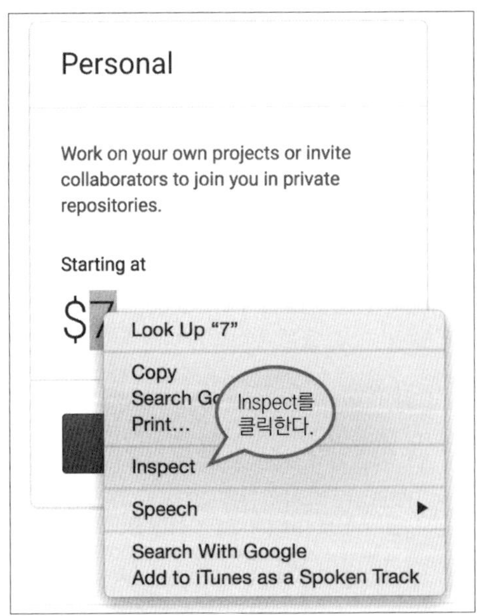

1 현재는 웹 페이지의 가격 플랜이 다르지만 접근 방식은 동일하다. – 옮긴이

3. Inspect를 클릭하면 크롬 브라우저 콘솔 로그가 열리며, 다음과 같은 깃허브 가격 페이지의 HTML 구조를 이해하는 데 도움이 된다.

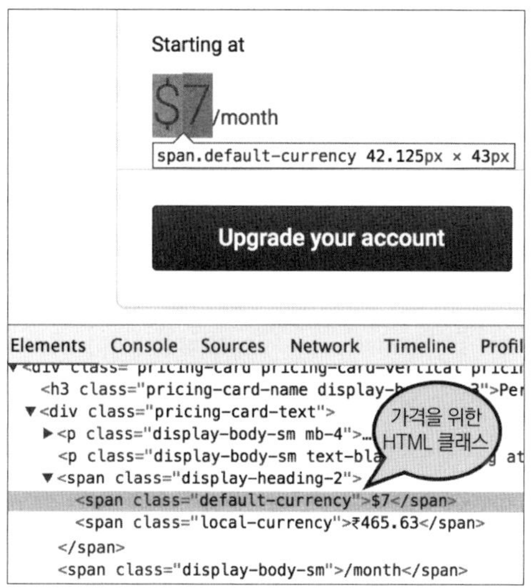

4. 하이라이트된 HTML인 `span-<span class="default-currency">$7</span>`을 살펴보면 이 웹 페이지가 `default-currency` 클래스를 사용해 플랜 가격을 보여주는 것을 확인할 수 있다. 이제 이 속성을 사용해 다양한 깃허브 플랜의 가격을 추출한다.

5. 하지만 우선 HTML 문서의 콘텐츠를 추출하는 데 필요한 파이썬 모듈인 `lxml`을 설치하자. `lxml` 및 `requests` 모듈을 설치한다.

```
pip install lxml
pip install requests
```

6. 이제 가장 선호하는 편집기를 열고 다음 코드를 입력한다.

```
from lxml import html
import requests

page = requests.get('https://github.com/pricing/')

tree = html.fromstring(page.content)
```

```
print("Page Object:", tree)
plans = tree.xpath('//h2[@class="pricing-card-name alt-h3"]/text()')
pricing = tree.xpath('//span[@class="default-currency"]/text()')

print("Plans:", plans, "\nPricing:", pricing)
```

7. 위의 코드를 살펴보면 `default-currency` 클래스와 `pricing-card-name display-heading-3`을 사용해 가격 및 가격 플랜을 얻었다. 코드를 실행하면 프로그램의 출력은 다음과 같다.

```
Page Object: <Element html at 0x104a6b188>
Plans: ['Personal', 'Organization', 'Enterprise']
Pricing: ['$7', '$25', '$2,500']
```

> 웹 스크래핑으로 웹 콘텐츠의 HTML 태그가 변경된 경우 문제가 발생할 것이다. 예를 들어, CSS 클래스 이름이 변경되거나 앵커(anchor)가 버튼으로 바뀌면 스크래핑 코드는 필요한 데이터를 가져오지 않을 수 있다. 따라서 파이썬 코드를 적절하게 변경해야 한다.

작동원리

앞서 설명했듯이, 정보를 추출하는 적절한 방법을 찾아야 했다. 따라서 이 예제에서는 우선 https://github.com/pricing/ 페이지의 HTML 트리를 가져왔다. 페이지의 콘텐츠(문자열 형식)를 HTML 형식으로 변환하는 `fromstring()` 메소드를 사용해 트리를 가져왔다.

그런 다음 `lxml` 모듈과 `tree.xpath()` 메소드를 사용해, 가격 및 가격 플랜을 얻고자 `default-currency` 클래스와 `pricing-card-name display-heading-3`을 찾는다.

가격 플랜을 선택하는 완전한 `h3[@class='class-name']` XPath와 실제 가격 데이터를 선택하기 위한 `//span[@class="default-currency"]` XPath를 사용하는 방법을 살펴봤다. 요소[element]가 선택되면 파이썬 목록으로 반환된 텍스트 데이터를 출력했다.

이게 전부다. 필요한 데이터를 얻기 위해 깃허브 페이지를 스크래핑했다. 좋고 간단하다.

더 알아보기

웹 스크래퍼가 무엇이며, 웹에서 흥미로운 정보를 어떻게 추출하는지 살펴봤다. 웹 크롤러와의 차이점도 알아봤다. 하지만 그럼에도 불구하고 항상 무엇인가 더 있다!

웹 스크래핑은 추출을 포함하기 때문에, 흥미로운 데이터를 얻기 위해 웹 페이지의 HTML 콘텐츠를 파싱하기 전까지는 웹 스크래핑은 발생할 수 없다. 다음 레시피에서는 HTML 및 XML 콘텐츠를 자세히 파싱하는 방법을 살펴본다.

웹 콘텐츠 파싱 및 추출

이제 여러 URL에 대한 HTTP 요청을 생성할 수 있게 됐고, 웹 스크래핑의 간단한 예제도 살펴봤다.

그러나 WWW는 여러 데이터 형식의 페이지로 구성된다. 웹을 스크래핑하고 데이터를 이해하려면, 웹에서 구할 수 있는 데이터를 다양한 형식으로 파싱하는 방법을 알아야 한다.

이번 레시피에서는 이 방법을 살펴보겠다.

준비하기

웹의 데이터는 대부분 HTML 혹은 XML 형식이다. 웹 콘텐츠를 파싱하는 방법을 이해하기 위해 HTML 파일의 예제를 살펴볼 것이다. 특정 HTML 요소를 선택하고, 원하는 데이터를 추출하는 방법을 다룰 것이다. 이번 레시피는 파이썬의 `BeautifulSoup` 모듈을 설치해야 한다. `BeautifulSoup` 모듈은 HTML 콘텐츠를 파싱하는 훌륭한 작업을 수행할 수 있는 가장 포괄적인 파이썬 모듈 중 하나다. 이제 시작하자.

실행 방법

1. 파이썬 인스턴스에서 BeautifulSoup을 설치하는 것으로 시작한다. 다음 커맨드는 모듈을 설치하는 데 도움이 될 것이다. 최신 버전인 beautifulsoup4를 설치한다.

```
pip install beautifulsoup4
```

2. 다음 HTML 파일을 살펴보면 HTML 콘텐츠를 파싱하는 방법을 배우는 데 도움이 된다.

```
<html xmlns="http://www.w3.org/1999/html">
  <head>
    <title>Enjoy Facebook!</title>
  </head>
  <body>
    <p>
      <span>You know it's easy to get intouch with
      your <strong>Friends</strong> on web!<br></span>
      Click here <a href="https://facebook.com">here</a>
      to sign up and enjoy<br>
    </p>
    <p class="wow"> Your gateway to social web! </p>

    <div id="inventor">Mark Zuckerberg</div>
    Facebook, a webapp used by millions
  </body>
</html>
```

3. 이 파일의 이름을 python.html로 정하자. HTML 파일은 수작업으로 처리되므로 필요한 데이터를 얻기 위해 다양한 파싱 방법을 살펴볼 수 있다. Python.html은 다음과 같은 전형적인 HTML 태그를 갖는다.

- <head>: <title> 같은 모든 헤드 요소의 컨테이너다.
- <body>: HTML 문서의 본문을 정의한다.
- <p>: 이 요소는 HTML로 단락을 정의한다.

- <span>: 문서의 인라인inline 요소를 그룹화하는 데 사용된다.
- <strong>: 이 태그에 포함된 텍스트에 볼드bold 스타일을 적용하는 데 사용된다.
- <a>: 하이퍼링크hyperlink 혹은 앵커anchor를 나타내며, 하이퍼링크를 가리키는 <href>를 포함한다.
- <class>: 스타일 시트에서 클래스를 가리키는 속성attribute이다.
- <div id>: 다른 페이지 요소를 캡슐화하고 콘텐츠를 섹션section으로 구분하는 컨테이너다. 모든 섹션은 속성 id로 식별할 수 있다.

4. 브라우저에서 이 HTML을 열면 다음과 같이 보일 것이다.

You know it's easy to get intouch with your **Friends** on web!
Click here here to sign up and enjoy

Your gateway to social web!

Mark Zuckerberg
Facebook, a webapp used by millions

5. 이제 이 HTML 파일을 파싱하기 위한 파이썬 코드를 작성하자. 먼저 BeautifulSoup 객체를 생성한다.

항상 파서(parser)를 정의해야 한다. 이 경우에는 lxml을 파서로 사용했다. 파서는 질의 데이터가 쉽게 처리되기 위한 지정된 형식의 파일을 읽도록 도와준다.

```
import bs4
myfile = open('python.html')
soup = bs4.BeautifulSoup(myfile, "lxml")

# soup 생성
print "\nBeautifulSoup Object:", type(soup)
```

이 코드의 출력은 다음 스크린샷에서 확인한다.

```
BeautifulSoup Object: <class 'bs4.BeautifulSoup'>
```

6. 좋다, 그렇지만 어떻게 데이터를 검색할까? 데이터를 검색하기 전에, 필요한 데이터가 포함된 HTML 요소element를 선택해야 한다.

7. 다양한 방식으로 HTML 요소를 선택하거나 찾을 수 있다. ID, CSS 혹은 태그tag로 구성된 요소를 선택할 수 있다. 다음 코드는 python.html을 사용해 이 개념을 보여준다.

```
# 태그로 요소 찾기
print soup.find_all('a')
print soup.find_all('strong')

# id로 요소 찾기
print soup.find('div', {"id":"inventor"})
print soup.select('#inventor')

# css로 요소 찾기
print soup.select('.wow')
```

위 코드의 출력은 다음 스크린샷에서 확인한다.

```
[<a href="https://facebook.com">here</a>]
[<strong>Friends</strong>]
<div id="inventor">Mark Zuckerberg</div>
[<div id="inventor">Mark Zuckerberg</div>]
[<p class="wow"> Your gateway to social web! </p>]
```

8. 이제 HTML 파일의 실제 콘텐츠를 살펴보자. 다음은 흥미로운 데이터를 추출할 수 있는 몇 가지 방법이다.

```
print "Facebook URL:", soup.find_all('a')[0]['href']
print "Inventor:", soup.find('div', {"id":"inventor"}).text
print "Span content:", soup.select('span')[0].getText()
```

이 코드의 출력 일부분은 다음과 같다.

```
Facebook URL: https://facebook.com
Inventor: Mark Zuckerberg
Span content: You know it's easy to get intouch with your Friends on web!
```

원하는 모든 텍스트를 HTML 요소에서 얻는 방법을 살펴보자.

작동원리

이번 레시피에서는 ID, CSS 혹은 태그를 기반으로 다양한 HTML 요소를 찾거나 선택하는 기술을 다뤘다.

이 레시피의 두 번째 코드 예제에서는 `find_all('a')`를 사용해 HTML 파일의 모든 앵커 요소를 가져온다. `find_all()` 메소드를 사용하면 일치하는 여러 인스턴스를 배열로 가져왔고, `select()` 메소드를 사용하면 요소에 직접 접근한다.

`div` ID를 사용해 HTML 요소를 선택하기 위해 `find('div', <divId>)` 혹은 `select(<divId>)`도 사용했다. `find()` 및 `select()` 메소드를 사용한 두 가지 방법에서 `div` ID `#inventor`로 `inventor` 요소를 선택하는 방법에 유의한다. 실제로 `select` 메소드는 CSS 클래스 이름으로 HTML 요소를 선택하기 위해 `select(<class-name>)`으로 사용됐다. 예제에서는 `wow` 요소를 선택하기 위해 이 메소드를 사용했다.

세 번째 코드 예제에서는 HTML 페이지의 모든 앵커 요소를 검색하고 `soup.find_all('a')[0]`을 사용해 첫 번째 색인index을 살펴봤다. 단지 하나의 앵커 태그만을 갖고 있기 때문에 색인 0을 사용해 그 요소를 선택했지만, 만약 여러 개의 앵커 태그를 갖고 있다면 인덱스 1에 접근할 수 있다. `getText()` 같은 메소드와 `text`(앞의 예제에서 볼 수 있듯이) 같은 속성은 요소에서 실제 콘텐츠를 추출하는 데 유용하다.

더 알아보기

파이썬으로 웹 페이지(혹은 HTML 페이지)를 파싱하는 방법을 살펴봤다. ID, CSS, 태그를 사용해 HTML 요소를 선택하거나 찾는 방법도 다뤘다. HTML에서 요청 콘텐츠를 추출하는 예제도 살펴봤다. 웹 페이지 콘텐츠 혹은 파일을 다운로드하려면 어떻게 해야 할까? 다음 레시피에서 알아보자.

웹 콘텐츠 다운로드

이전 레시피에서는 HTTP 요청을 만드는 방법을 살펴봤고 웹 응답을 파싱하는 방법도 다뤘다. 이제 더 나아가 웹 콘텐츠를 다운로드할 차례다. WWW는 단지 HTML 페이지에 관한 것이 아니란 사실을 알고 있다. WWW에는 텍스트 파일, 문서, 이미지 등 다양한 형식의 리소스들이 포함된다. 이번 레시피에서는 예제를 사용해 파이썬에서 이미지를 다운로드하는 방법을 살펴볼 것이다.

준비하기

이미지를 다운로드하려면 `BeautifulSoup`와 `urllib2`라는 2개의 파이썬 모듈이 필요하다. `urrlib2` 대신 `requests` 모듈을 사용할 수 있지만, HTTP 요청에 사용할 수 있는 대안으로 `urllib2`를 배워두면 유용하다.

실행 방법

1. 이 레시피를 시작하기 전에 두 가지 질문에 답해야 한다. 어떤 이미지를 다운로드하고 싶은가? 웹의 어느 위치에서 이미지를 다운로드하는가? 여기서는 구글(https://google.com) 이미지 검색에서 영화 〈아바타Avatar〉 이미지를 다운로드한다. 검색 기준과 일치하는 상위 5개의 이미지를 다운로드할 텐데, 이를 위해 파이썬 모듈을 임포트하고 필요한 변수를 정의한다.

```
from bs4 import BeautifulSoup
import re
import urllib2
import os

## 매개변수 다운로드
image_type = "Project"
movie = "Avatar"
url = "https://www.google.com/search?q="+movie+"&source=lnms&tbm=isch"
```

2. 이제 URL 매개변수와 적절한 헤더header로 BeautifulSoup 객체를 생성한다. 파이썬 urllib 모듈로 HTTP 호출을 생성하는 동안 User-Agent 사용법을 살펴본다. requests 모듈은 HTTP 호출을 생성하는 동안 자신의 User-Agent를 사용한다.

```
header = {'User-Agent': 'Mozilla/5.0'}
soup = BeautifulSoup(urllib2.urlopen(urllib2.Request(url,headers=header)),
"lxml")
```

3. 구글 이미지는 도메인 이름 http://www.gstatic.com/에서 정적 콘텐츠로 호스팅된다. 따라서 BeautifulSoup 객체를 사용해 소스 URL이 http://www.gstatic.com/에 포함된 모든 이미지를 찾으려고 한다. 다음 코드는 틀림없이 동일한 코드다.

```
images = [a['src'] for a in soup.find_all("img", {"src": re.compile("gstatic.
com")})][:5]
for img in images:
  print "Image Source:", img
```

위 코드의 출력은 다음 스크린샷에서 살펴볼 수 있다.[2] 상위 5개 이미지에 대해 웹에서 이미지 소스 URL을 얻는 방법을 살펴보자.

```
Image Source: https://encrypted-tbn2.gstatic.com/images?q=tbn:ANd9GcQ_BRDYSD6jrzvTZVIxuIJysRu20IGopCbcSt0QiNWzBeoKDcuoyI9bhzpQ
Image Source: https://encrypted-tbn3.gstatic.com/images?q=tbn:ANd9GcTu5xVwlkYHKP8HE5w-651EHJduNexoolYW0-eaC4SGYTPeI-9z-sa_ohY9
Image Source: https://encrypted-tbn1.gstatic.com/images?q=tbn:ANd9GcT-utBDuyVz8B5REY79H8rrNBDDC6s-WvZ84IcHrZueNBw47uBfFArenWqI
Image Source: https://encrypted-tbn2.gstatic.com/images?q=tbn:ANd9GcSzkM9_qK0NQPBy83f2__tdjdBxJTob2Tvw_hKepXHfcSLjBU1yhKdtPFk
Image Source: https://encrypted-tbn2.gstatic.com/images?q=tbn:ANd9GcQk40NaH2Ephi34PKmBrC5F4v6yyzjKXCsggxchhnEW9FSLd_Y1hmogwlk
```

2 현재는 http://www.gstatic.com 접속이 불가능하다. - 옮긴이

4. 이제 모든 이미지의 소스 URL을 얻었으므로 이미지를 다운로드하자. 다음 파이썬 코드는 이미지를 위한 read()와 urlopen() 메소드를 사용해 로컬 파일 시스템에 다운로드한다.

```
for img in images:
  raw_img = urllib2.urlopen(img).read()
  cntr = len([i for i in os.listdir(".") if image_type in i]) + 1
  f = open(image_type + "_"+ str(cntr)+".jpg", 'wb')
  f.write(raw_img)
  f.close()
```

5. 이미지가 다운로드되면 편집기에서 이미지를 확인할 수 있다. 다음 스냅샷은 다운로드된 상위 5개의 이미지를 보여주며, Project_3.jpg는 다음과 같다.

작동원리

이번 레시피에서는 웹 콘텐츠를 다운로드하는 방법을 살펴봤다. 우선, 다운로드를 위한 매개변수를 정의했다. 매개변수는 다운로드할 수 있는 리소스를 사용할 수 있는 위치와 다운로드할 콘텐츠의 종류를 정의하는 환경설정과 같다. 이 예제에서는 **구글**Google 에서 영화 〈아바타〉 이미지를 다운로드해야 한다고 정의했다.

그런 다음 urllib2 모듈을 사용해 URL 요청을 생성하는 BeautifulSoup 객체를 생성했다. 사실, urllib2.Request()는 헤더 및 URL 자체 같은 환경설정으로 요청을 준비하고, urllib2.urlopen()은 실제로 요청을 생성한다. HTML 응답을 파싱할 수 있도록 urlopen() 메소드의 HTML 응답을 래핑하고 BeautifulSoup 객체를 생성했다.

다음으로, soup 객체를 사용해 HTML 응답 상위 5개의 이미지를 검색했다. find_all() 메소드로 img 태그의 이미지를 검색했다. 알다시피, find_all()은 **구글**에서 사진을 사용할 수 있는 이미지 URL 목록을 반환한다.

마지막으로, 모든 URL을 반복하고 URL에서 urlopen() 메소드와 이미지를 위한 read()를 사용했다. read()는 원시 형식의 이미지를 이진 데이터로 반환한다. 그런 다음 이 원시 이미지를 사용해 로컬 파일 시스템의 파일에 기록했다. 또한 로컬 파일 시스템에서 고유하게 식별되도록 이미지(실제로 자동 증가)의 이름을 지정하는 로직을 추가했다.

멋지다! 정확히 달성하고자 했던 바다! 이제, 다음 레시피를 살펴보고 우리가 무엇을 탐험할 수 있는지 살펴보자.

서드파티 REST API 작업

스크래핑, 크롤링 및 파싱에 대한 내용을 다뤘으므로, 이제 서드파티[third-party] API를 사용해 파이썬으로 할 수 있는 또 다른 흥미로운 작업을 할 시간이다. 독자들 대부분이 REST API를 기본적으로 이해하고 있다고 가정하겠다. 이제 시작하자!

준비하기

이해를 돕기 위해 깃허브 기스트[gists]를 사용한다. 깃허브의 기스트는 작업을 공유하는 가장 좋은 방법이며, 개념을 이해할 수 있는 여러 파일로 동료 혹은 작은 앱[app]에 도움을 주는 작은 코드다. 깃허브는 기스트의 생성[creation], 목록조회[listing], 삭제[deleting], 수정[updating]을 허용하며, 깃허브 REST API로 작업하는 고전적인 예제를 제시한다.

따라서 이 절에서는 자신의 requests 모듈을 사용해 깃허브 REST API로 HTTP 요청을 작성해 기스트를 생성, 수정, 목록조회, 삭제해본다.

파이썬을 사용해 깃허브 REST API를 다루는 방법을 살펴보자.

실행 방법

1. 깃허브 REST API를 사용하려면 **개인 액세스 토큰**personal access token을 생성해야 한다. https://github.com/에서 로그인하고 https://github.com/settings/tokens로 이동한 후 Generate new token을 클릭한다.

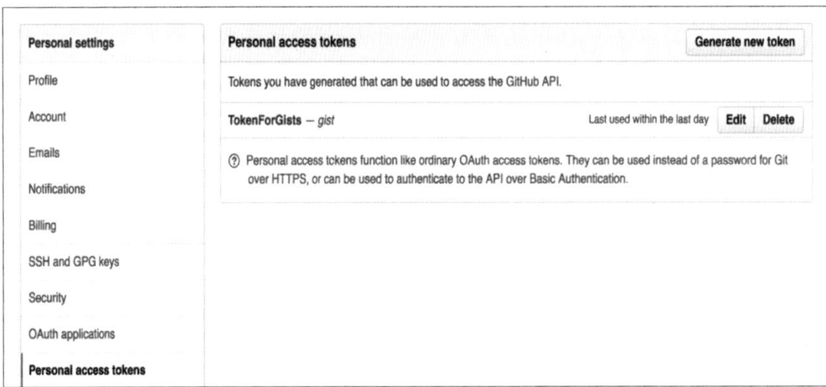

2. 이제 New personal access token 페이지로 이동한다. 페이지 상단에 설명description을 입력하고 주어진 범위scope에서 gists 옵션을 체크한다. 범위는 토큰의 액세스access를 나타낸다. 예를 들어, gists를 선택하면 깃허브 API를 사용해 gists 리소스를 사용할 수 있지만, repo 혹은 user 같은 리소스는 사용할 수 없다. 이번 레시피의 경우 gists 범위가 필요하다.

Personal access tokens
Repositories
Organizations
Saved replies

☐ repo_deployment	Access deployment status
☐ public_repo	Access public repositories
☐ **admin:org**	Full control of orgs and teams
☐ write:org	Read and write org and team membership
☐ read:org	Read org and team membership
☐ **admin:public_key**	Full control of user public keys
☐ write:public_key	Write user public keys
☐ read:public_key	Read user public keys
☐ **admin:repo_hook**	Full control of repository hooks
☐ write:repo_hook	Write repository hooks
☐ read:repo_hook	Read repository hooks
☐ **admin:org_hook**	Full control of organization hooks
☑ **gist**	Create gists

3. Generate token을 클릭하면, 개인 액세스 토큰이 포함된 화면이 나타난다. 이 토큰을 기밀로 유지한다.

4. 사용 가능한 토큰으로 API 작업을 시작하고 새로운 기스트를 생성한다. create를 사용해 새 리소스를 추가하고, 다음 코드와 같이 깃허브 API에 대한 HTTP POST 요청을 생성한다.

```
import requests
import json

BASE_URL = 'https://api.github.com'
Link_URL = 'https://gist.github.com'

username = '<username>' ## 깃허브 사용자 이름을 입력한다.
api_token = '<api_token>' ## 토큰을 입력한다.
header = { 'X-Github-Username': '%s' % username,
           'Content-Type': 'application/json',
           'Authorization': 'token %s' % api_token,
}

url = "/gists"
data = {
  "description": "the description for this gist",
  "public": True,
  "files": {
    "file1.txt": {
      "content": "String file contents"
    }
  }
}

r = requests.post('%s%s' % (BASE_URL, url),
    headers=header,
    data=json.dumps(data))
print r.json()['url']
```

5. 깃허브의 gists 페이지로 이동하면 새로 생성된 기스트를 확인할 수 있다.

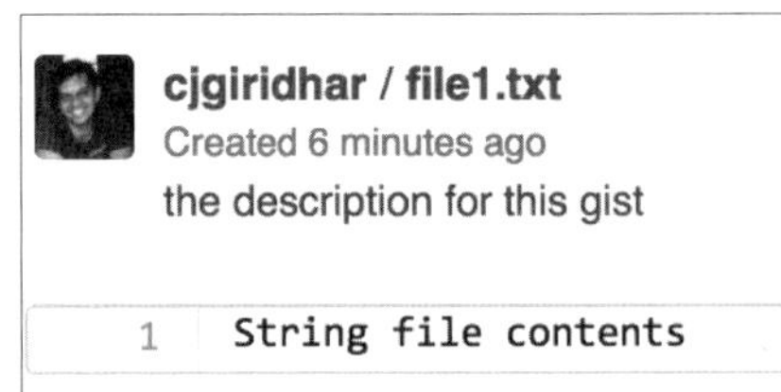

6. 깃허브 API로 기스트를 성공적으로 생성했다. 하지만 이제 이 기스트를 확인할 수 있을까? 앞의 예제에서, 새로 생생된 기스트의 URL도 출력했다. URL의 형식은 https://gist.github.com/〈username〉/〈gist_id〉이다. 이제 이 `gist_id`를 사용해 기스트의 세부 정보를 얻을 수 있다. 즉, `gist_id`의 HTTP `GET` 요청을 생성하는 것을 의미한다.

```
import requests
import json

BASE_URL = 'https://api.github.com'
Link_URL = 'https://gist.github.com'

username = '<username>'
api_token = '<api_token>'
gist_id = '<gist id>'

header = { 'X-Github-Username': '%s' % username,
           'Content-Type': 'application/json',
           'Authorization': 'token %s' % api_token,
}

url = "/gists/%s" % gist_id
r = requests.get('%s%s' % (BASE_URL, url),
                  headers=header)
print r.json()
```

7. HTTP POST 요청으로 새로운 기스트를 생성했고, 전 단계에서 HTTP GET 요청으로 기스트의 세부 사항을 얻었다. 이제 HTTP PATCH 요청으로 이 기스트를 업데이트하자.

> 많은 서드파티 라이브러리가 리소스를 업데이트하기 위해 PUT 요청을 사용하지만, 깃허브에서 선택한 대로 이 작업에 HTTP PATCH를 사용할 수도 있다.

8. 기스트를 업데이트하는 다음 예제를 살펴보자.

```
import requests
import json

BASE_URL = 'https://api.github.com'
Link_URL = 'https://gist.github.com'

username = '<username>'
api_token = '<api_token>'
gist_id = '<gist_id>'

header = { 'X-Github-Username': '%s' % username,
           'Content-Type': 'application/json',
           'Authorization': 'token %s' % api_token,
}

data = {
  "description": "Updating the description for this gist",
  "files": {
    "file1.txt": {
      "content": "Updating file contents.."
    }
  }
}

url = "/gists/%s" % gist_id
r = requests.patch('%s%s' %(BASE_URL, url),
                    headers=header,
                    data=json.dumps(data))
print r.json()
```

9. 이제 내 깃허브로 로그인하고 이 기스트를 탐색하면, 기스트의 콘텐츠가 업데이트된다. 굉장하다! 스크린샷에서 Revisions를 확인해보자(Revisions 2로 업데이트됐다).

10. 이제 기스트를 삭제하는 가장 파격적인 API 작업을 한다. 깃허브는 /gists/〈gist_id〉 리소스의 기스트를 제거하는 HTTP DELETE 작업을 위한 API를 제공한다. 다음 코드는 기스트를 삭제하는 데 도움이 된다.

```
import requests
import json

BASE_URL = 'https://api.github.com'
Link_URL = 'https://gist.github.com'

username = '<username>'
api_token = '<api_token>'
gist_id = '<gist_id>'

header = { 'X-Github-Username': '%s' % username,
           'Content-Type': 'application/json',
           'Authorization': 'token %s' % api_token,
}

url = "/gists/%s" % gist_id
```

```
r = requests.delete('%s%s' %(BASE_URL, url),
                    headers=header,
)
print r
```

11. 깃허브 웹사이트의 기스트는 사용 가능한가? 빨리 살펴보자. 웹 브라우저에서 기스트 URL을 탐색해 수행할 수 있다. 브라우저에서 나타내는 것은 무엇인가? 404 리소스를 찾을 수 없다는 메시지가 표시되므로, 기스트를 성공적으로 삭제했다! 다음 스크린샷을 참고한다.

12. 마지막으로, 여러분의 계정에 있는 모든 기스트 목록을 확인하자. 이를 위해 /users/〈username〉/gists 리소스를 HTTP GET API로 호출한다.

```
import requests
import json

BASE_URL = 'https://api.github.com'
Link_URL = 'https://gist.github.com'

username = '<username>' ## 깃허브 사용자 이름을 입력한다.
api_token = '<api_token>' ## 토큰을 입력한다.

header = { 'X-Github-Username': '%s' % username,
           'Content Type': 'application/json',
           'Authorization': 'token %s' % api_token,
}
```

```
url = "/users/%s/gists" % username
r = requests.get('%s%s' % (BASE_URL, url),
                 headers=header)
gists = r.json()
for gist in gists:
  data = gist['files'].values()[0]
  print data['filename'], data['raw_url'], data['language']
```

내 계정에 대한 위 코드의 출력은 다음과 같다.

```
tornado-write-own-async.py
https://gist.githubusercontent.com/cjgiridhar/c6e987ba7a90fe2c
b298/raw/58249ba0c31368920c464401ecff5960431c2cb6/tornado-
write-own-async.py Python

asyncio_parallel.py
https://gist.githubusercontent.com/cjgiridhar/9813678fcaaac181
ba18/raw/cf2253b0f3d80e83b56661a958fed098900ed36b/asyncio_para
llel.py Python

tornadogenex.py
https://gist.githubusercontent.com/cjgiridhar/b8fde85a77249d0e
538f/raw/6d93fc45b9984641bf46096815e8629a281b5101/tornadogenex
.py Python

tornadoasyncex.py
https://gist.githubusercontent.com/cjgiridhar/3ac7550dba96fd52
6c2f/raw/29f0e0337ea6df2bbbc44d3a2c4211e7da82f728/tornadoasync
ex.py Python

hello.js
https://gist.githubusercontent.com/cjgiridhar/5045567/raw/ea4c
b76993d78f9ae4ce6c4fa41fb1836b2fe1c4/hello.js JavaScript

async.js
https://gist.githubusercontent.com/cjgiridhar/4553831/raw/6198
97f0ed579b383a014e5b559f2b1396d45cf8/async.js JavaScript

helloworld.js
https://gist.githubusercontent.com/cjgiridhar/4528692/raw/3fc7
fd5f78bcd6590656021e0a5f1afa17ccff7b/helloworld.js JavaScript

test.py
https://gist.githubusercontent.com/cjgiridhar/3870274/raw/c611
7b0131ea03a2cb97a0a98a3b1d89379dd63a/test.py Python

fib.feature
https://gist.githubusercontent.com/cjgiridhar/3870272/raw/6326
0ee02a030c7146178ac7bdbc66b4a5517dd3/fib.feature Cucumber
```

작동원리

파이썬 requests 모듈은 깃허브의 리소스에서 HTTP GET/POST/PUT/PATCH 및 DELETE API 호출을 하는 데 도움이 된다. REST 용어로 HTTP 동사라고도 하는 이 작업은 URL 리소스의 특정 작업을 수행한다.

예제에서 살펴봤듯이 HTTP GET 요청은 기스트를 나열하는 데 도움이 되고, POST는 새로운 기스트를 생성하고, PATCH는 기스트를 업데이트하며, DELETE는 기스트를 완전히 삭제한다. 따라서 이 레시피에서는 파이썬을 사용해 오늘날 WWW의 필수 요소인 서드파티 REST API로 작업하는 방법을 살펴봤다.

참고사항

REST API로 작성된 많은 서드파티 애플리케이션이 있다. 깃허브와 같은 방식으로 시도해 보기를 원할 수 있다. 예를 들어 트위터Twitter와 페이스북Facebook 모두 훌륭한 API가 있고, 문서는 또한 이해하고 사용하기 쉽다. 물론 파이썬 바인딩을 갖는다.

파이썬의 비동기 HTTP 서버

상호작용하는 많은 웹 애플리케이션은 기본적으로 동기식이다. 클라이언트 연결은 클라이언트가 생성한 모든 요청에 대해 수립되고, 호출 가능한 메소드는 서버 측에서 호출된다. 서버는 비즈니스 작업을 수행하고 클라이언트 소켓에 응답 본문response body을 전송한다. 응답이 모두 처리되면 클라이언트 연결은 종료된다. 이러한 모든 작업은 순차적으로 발생하므로 동기식으로 이뤄진다.

그러나 오늘날 웹은 동기화 모드 작업에 의존할 수 없다. 웹의 데이터를 질의하고 사용자 정보를 검색하는 웹사이트의 경우를 살펴본다(예를 들어 웹사이트는 **페이스북**과 통합할 수 있으며, 사용자가 웹사이트의 특정 페이지를 방문할 때마다 **페이스북** 계정에서 데이터를 가져올 수 있다).

이제 동기식 방식으로 웹 애플리케이션을 개발하면 클라이언트가 요청할 때마다 서버는 데이터베이스 혹은 네트워크를 통해 I/O 호출을 생성해 정보를 검색한 다음 다시 클라이언트에게 제공한다. 이러한 I/O 요청이 응답하는 데 시간이 오래 걸리면, 서버는 응답을 기다리는 동안 블록된다. 일반적으로 웹 서버는 클라이언트의 여러 요청을 처리하는 스레드 풀thread pool을 유지한다. 서버가 요청을 처리할 수 있을 만큼 오래 대기하면 스레드 풀이 곧 소진되어 서버는 중단될 수 있다.

해결책은 무엇일까? 비동기적으로 전달하는 것이다!

준비하기

이번 레시피에서는 파이썬으로 개발된 비동기 프레임워크인 토네이도Tornado를 사용할 것이다. 파이썬 2와 파이썬 3을 모두 지원하며, 원래 프렌드피드FriendFeed(http://blog.friendfeed.com/)에서 개발됐다. 토네이도는 논블로킹 네트워크non-blocking network I/O를 사용하고 수만 개의 실시간 연결(C10K 문제problem)로 확장 문제를 해결한다. 내 경우 토네이도 프레임워크를 좋아하고 그 코드를 개발하는 것을 즐긴다. 여러분도 같이 동참했으면 하는 바람이다. '실행 방법' 절에 들어가기 전에 먼저 다음 커맨드를 실행해 토네이도를 설치하자.

```
pip install -U tornado
```

실행 방법

1. 이제 비동기 방식으로 작동하는 자체 HTTP 서버를 개발할 준비가 됐다. 다음 코드는 토네이도 웹 프레임워크에서 개발된 비동기 서버를 나타낸다.

```
import tornado.ioloop
import tornado.web
import httplib2
```

```
class AsyncHandler(tornado.web.RequestHandler):
  @tornado.web.asynchronous
  def get(self):
    http = httplib2.Http()
    self.response, self.content =
      http.request("http://ip.jsontest.com/", "GET")
    self._async_callback(self.response, self.content)

  def _async_callback(self, response, content):
    print "Content:", content
    print "Response:\nStatusCode: %s Location: %s"
      %(response['status'], response['content-location'])
    self.finish()
    tornado.ioloop.IOLoop.instance().stop()

application = tornado.web.Application([
  (r"/", AsyncHandler)], debug=True)

if __name__ == "__main__":
  application.listen(8888)
  tornado.ioloop.IOLoop.instance().start()
```

2. 다음과 같이 서버를 실행한다.

   python tornado_async.py

3. 서버는 이제 포트 8888에서 실행 중이며 요청을 받을 준비가 됐다.
4. 이제 원하는 브라우저를 실행하고 http://localhost:8888/로 이동한다. 서버에서는 다음 출력을 확인할 수 있다.

```
Content: {"ip": "117.213.178.109"}

Response:
StatusCode: 200 Location: http://ip.jsontest.com/
```

작동원리

비동기식 웹 서버가 이제 가동되어 포트 8888에서 요청을 수락한다. 그러나 비동기적인 것은 무엇인가? 사실, 토네이도는 싱글 스레드 이벤트 루프single-threaded event loop의 방식으로 작동한다. 이 이벤트 루프는 계속 이벤트를 폴링polling하며 해당 이벤트 핸들러로 전달한다.

앞의 예제에서는 앱app을 실행할 때 `ioloop`로 실행한다. `ioloop`는 싱글 스레드 이벤트 루프이며, 클라이언트 요청으로부터 수신을 담당한다. 비동기로 만드는 `@tornado.web.asynchronous`로 선언된 `get()` 메소드를 정의한다. 사용자가 http://localhost:8888/로 HTTP `GET` 요청을 하면, `get()` 메소드는 내부적으로 http://ip.jsontest.com에 I/O 호출을 수행하도록 트리거된다.

이제, 일반적인 동기 웹 서버는 이 I/O 호출의 응답을 기다리고 요청 스레드를 블록한다. 하지만 비동기 프레임워크인 토네이도는 작업을 트리거하고, 큐queue에 추가하고, I/O 호출을 생성하고, 실행 스레드를 이벤트 루프로 반환한다.

이제 이벤트 루프는 계속해서 작업 큐를 모니터링하고 I/O 호출의 응답을 폴링한다. 이벤트가 사용 가능한 경우에는 이벤트 핸들러인 `async_callback()`을 실행해 콘텐츠와 응답을 출력한 다음 이벤트 루프를 중지한다.

더 알아보기

토네이도 같은 이벤트 기반 웹 서버event-driven web server는 커널 수준 라이브러리kernel-level library를 사용해 이벤트를 모니터링한다. 이러한 라이브러리로는 `kqueue`, `epoll` 등이 있다. 정말로 라이브러리에 관심이 있다면, 라이브러리에 대한 더 많은 공부가 필요하다. 다음은 몇 가지 리소스다.

- https://linux.die.net/man/4/epoll
- https://www.freebsd.org/cgi/man.cgi?query=kqueue&sektion=2

셀레늄을 이용한 웹 자동화

지금까지의 모든 레시피에는 REST API를 호출하거나 웹 콘텐츠를 다운로드하는 등의 HTTP 요청을 위한 지정된 URL이 있었다. 그러나 정의된 API 리소스가 없거나 작업을 수행하기 위해 웹에 로그인이 필요한 서비스가 있다. 이 경우 사용자 세션 혹은 쿠키를 기반으로 여러 콘텐츠를 처리하는 URL이 동일하므로 요청을 제어할 수 없다. 그럼 무엇을 해야 하는가?

이 시나리오의 작업을 수행하기 위해 브라우저 자체를 제어하는 것은 어떤가? 브라우저 자체 제어라, 흥미롭지 않은가?

준비하기

이 레시피에서는 파이썬 셀레늄selenium 모듈을 사용할 것이다. 셀레늄(http://www.seleniumhq.org)은 웹 애플리케이션을 위한 간편한 소프트웨어 프레임워크이며, 브라우저 동작을 자동화한다. 셀레늄으로 평범한 작업을 자동화할 수 있다. 셀레늄은 브라우저를 펼치게 해주어 사람이 그것을 수행하는 것처럼 작업하도록 돕는다. 셀레늄은 파이어폭스Firefox, 크롬Chrome, 사파리Safari, 인터넷 익스플로러Internet Explorer처럼 가장 널리 사용되는 브라우저를 지원한다. 파이썬 셀레늄으로 페이스북에 로그인하는 예제를 살펴보자.

실행 방법

1. 파이썬에 셀레늄을 설치하는 것으로 시작한다. 셀레늄 설치는 다음 커맨드를 사용해 수행할 수 있다.

   ```
   pip install selenium
   ```

2. 우선 브라우저 객체를 생성하자. 파이어폭스 인스턴스를 분할하기 위해 파이어폭스 브라우저를 사용한다.

```
from selenium import webdriver

browser = webdriver.Firefox()
print "WebDriver Object", browser
```

3. 다음 스크린샷은 셀레늄 웹드라이버 객체가 어떻게 생성됐는지 보여준다. 고유한 세션 ID를 갖는다.

```
WebDriver Object <selenium.webdriver.firefox.webdriver.WebDriver (session="aef75d40-879a-ae4a-a825-bd8f906e0e4e")>
```

4. 다음으로, 페이스북 홈페이지를 찾도록 브라우저에 요청한다. 다음 코드는 이 작업을 수행하는 데 도움이 된다.

```
browser.maximize_window()
browser.get('https://facebook.com')
```

5. 위의 코드를 실행하면 파이어폭스 브라우저가 호출되고, 다음 스크린샷과 같이 페이스북 로그인 페이지에 연결된다.

6. 다음 단계에서는 이메일 및 패스워드 요소를 탐색하고 적절한 데이터를 입력한다.

```
email = browser.find_element_by_name('email')
password = browser.find_element_by_name('pass')
print "Html elements:"
print "Email:", email, "\nPassword:", password
```

코드의 출력은 다음과 같다.

```
Html elements:
Email: <selenium.webdriver.remote.webelement.WebElement (session="7b4f564a-4388-c94e-9d94-23df1a59899a", element="{8b95073f-6f28-db4d-be1a-368e24781d83}")>
Password: <selenium.webdriver.remote.webelement.WebElement (session="7b4f564a-4388-c94e-9d94-23df1a59899a", element="{b19df0ce-74a7-5e4d-bf95-227b22394232}")>
```

7. Email 및 Password 텍스트 입력을 선택하면 올바른 Email 및 Password를 채울 것이다. 다음 코드는 Email 및 Password 입력을 가능하게 한다.

```
email.send_keys('abc@gmail.com') # 올바른 이메일 입력
password.send_keys('pass123') # 올바른 패스워드 입력
```

8. Email과 Password를 입력했으므로, 마지막으로는 Log In 버튼을 클릭해 양식form을 제출한다. ID의 요소element를 찾아 요소를 클릭하는 방법으로 수행한다.

```
browser.find_element_by_id('loginbutton').click()
```

올바른 이메일 ID와 패스워드를 입력했다면, 페이스북으로 로그인된다!

작동원리

이 레시피에서는 셀레늄 웹드라이버 파이썬 API를 사용했다. **웹드라이버**WebDriver는 가장 최근에 셀레늄 API에 포함된 것으로, 기본적으로 사용자와 같은 브라우저를 구동한다. 셀레늄 서버를 사용해 로컬 혹은 원격 머신을 구동할 수 있다. 이 예제는 로컬 머신에서 실행했다. 기본적으로 셀레늄 서버는 기본 포트 4444의 로컬 머신에서 실행되며, 셀레늄 웹드라이버 API는 셀레늄 서버와 상호작용해 브라우저에서 작업을 수행한다.

이번 레시피에서는 먼저 파이어폭스 브라우저를 사용해 웹드라이버 인스턴스를 생성했다. 그런 다음 페이스북 홈페이지를 탐색하기 위해 웹드라이버 API를 사용했다. HTML 페이지를 파싱해 Email 및 Password 입력 요소를 검색했다. 해당 요소를 어떻게 찾았는가?

그렇다, 웹 스크래핑 예제에서 했던 것과 비슷하다. 크롬은 개발자 콘솔이 있으므로, 파이어폭스는 파이어버그Firebug 플러그인을 설치할 수 있다. 이 플러그인을 사용해 Email 및 Password의 HTML 요소를 가져올 수 있다. 다음 스크린샷을 살펴보자.

```
▼<td>
    <input id="email" class="inputtext" type="email" tabindex="1" value="" name="email"></input>
  </td>
▼<td>
    <input id="pass" class="inputtext" type="password" tabindex="2" name="pass"></input>
  </td>
```

HTML 요소 이름을 살펴본 후에는 웹드라이버의 `find_element_by_name()` 메소드를 사용해 프로그래밍 방식으로 HTML 요소 객체를 생성했다. 웹드라이버 API는 요소 객체에 대해 작업하고 필요한 텍스트(이 경우 `email` 및 `password`)를 입력할 수 있는 `send_keys()` 메소드가 있다. 마지막 작업은 양식form을 제출하는 것이고, Log In 객체를 찾아 클릭을 수행했다.

더 알아보기

셀레늄 웹드라이버를 사용한 매우 기본적인 예제를 살펴봤다. 이제 셀레늄으로 일상적인 작업을 자동화하는 것은 여러분의 상상에 맡긴다.

웹 스크래핑과 리드 제너레이션 자동화

라이언은 델리 주식회사의 마케팅 관리자다. 델리는 식품 배달 스타트업으로, 런던 시내에 설립하려고 한다. 델리는 물류 분야에 능숙하고 플랫폼에 식당을 통합하고 싶어 하기 때문에 소비자들이 이러한 식당에서 음식을 주문하면 델리가 실제 배달을 책임진다. 델리는 물건을 배달할 때마다 식당들로부터 수익의 일부를 받을 수 있기를 희망한다. 대신, 식당들은 물류적인 측면이 아니라 주방을 신경 써야 한다. 사실상 크거나 작거나 모든 식당이 가능한 기회가 될 수 있다고 조심스럽게 생각된다. 델리는 이 식당들에게 연락하고 델리의 플랫폼에 추가해 배달의 욕구를 충족시키고 싶다.

라이언은 식당과 연락할 책임이 있고, 모든 대상 식당에서 마케팅 캠페인을 실시하기를 원한다. 그러나 라이언이 이렇게 할 수 있으려면, 런던에 있는 모든 식당의 데이터베이스를 생성해야 한다. 식당 이름, 거리 주소, 연락처 같은 세부 정보가 있어야 식당에 연락할 수 있다. 라이언은 그의 모든 리드가 옐프Yelp에 등재되어 있음을 알고 있지만 어디서부터 시작해야 하는지 모른다. 또한 수동으로 모든 식당을 살펴보기 시작하면 엄청난 시간이 걸릴 것이다. 1장에서 얻은 지식을 바탕으로 라이언의 리드 제너레이션lead generation을 도울 수 있을까?

웹 스크래핑의 적법성

1장 앞부분에서 다룬 웹 스크래핑의 법적인 측면을 다시 한번 경고하고 싶다. 1장에서 다루는 예제는 웹 스크래핑을 수행하는 방법을 이해하는 데 그 목적이 있다. 또한 이를 위해 여기서는 일반적으로 사용 가능한 공공 데이터 옐프를 스크래핑해, 식당 웹사이트 자체에서 사용할 수 있다.

준비하기

이제 라이언은 런던에 있는 모든 식당의 데이터베이스를 자동으로 수집하기를 원한다. 웹 스크래핑은 라이언이 데이터베이스를 구축하는 데 도움이 될 수 있다. 쉽게 할 수 있을까? 이번 레시피를 살펴보자.

이 레시피에서는 추가 모듈이 필요하지 않다. 이전 레시피에서 사용한 `BeautifulSoup`와 `urllib` 파이썬 모듈을 사용할 것이다.

실행 방법

1. 옐프 웹사이트(https://yelp.com/)로 들어가서 런던 시내의 모든 식당을 검색한다. 그러면 런던의 모든 식당 목록을 얻을 수 있을 것이다. 검색 기준을 나타내는 URL을 살펴본다. URL은 https://www.yelp.com/search?find_desc=Restaurants&find_loc=London이다. 참고를 위해 다음 스크린샷을 살펴본다.

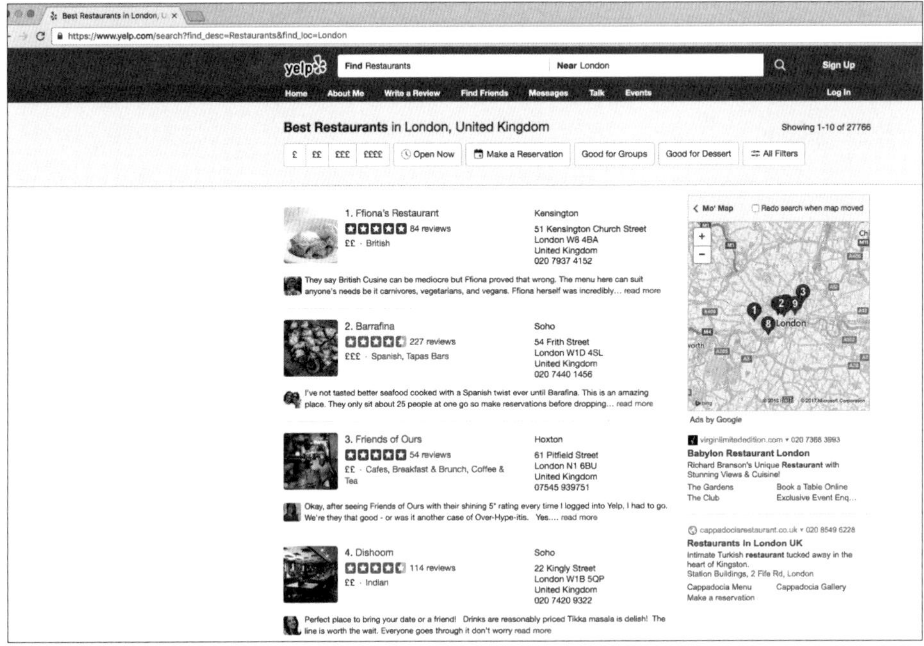

2. 이제 검색 결과에 나타나는 식당 링크를 클릭하면 라이언이 필요로 하는 세부 정보를 얻을 수 있다. 다음 스크린샷에는 'Ffiona's Restaurant'의 세부 정보가 나온다. 모든 식당에 전용 URL이 있음을 유의하자. 이 경우 https://www.yelp.com/biz/ffionas-restaurant-london?osq=Restaurants이다. 또한 이 페이지에는 식당의 이름, 거리 주소 및 연락처가 있다. 라이언이 캠페인에서 필요로 하는 모든 세부 사항이다. 멋지다!

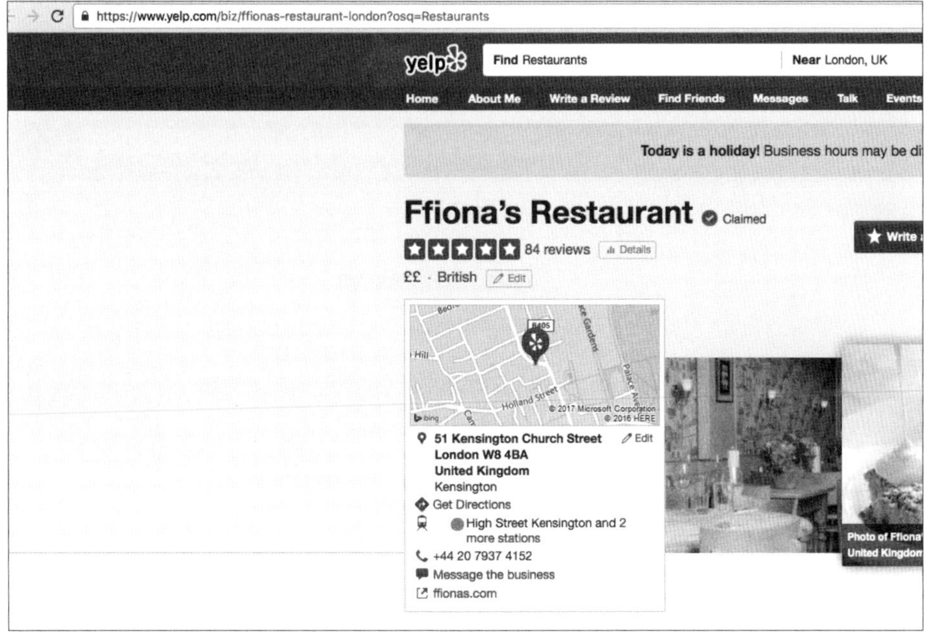

3. 좋다. 이제 식당 목록을 얻고, 식당 관련 세부 정보도 가져오는 방법을 찾았다. 그러나 자동화된 방식으로 이 목표를 달성할 수 있는 방법이 있을까? 웹 스크래핑 예제에서 봤듯이, 이 데이터를 수집할 수 있는 웹 페이지의 HTML 요소를 찾아야 한다.

4. 검색 페이지부터 시작하자. 크롬 브라우저에서 검색 페이지(https://www.yelp.com/search?find_desc=Restaurants&find_loc=London)를 연다. 이제 첫 번째 식당의 URL을 마우스 오른쪽 버튼으로 클릭하고 Inspect를 클릭해 HTML 요소를 가져온다. 다음 스크린샷에서 알 수 있듯이, 검색 페이지에 나열된 모든 식당에는 식당의 이름을 나타내는 공통된 CSS 클래스 이름인 `biz-name`이 있다. 식당의 전용 URL에 대한 `href` 태그도 포함된다. 스크린샷에서는 Ffiona's Restaurant라는 이름을 찾았고, `href`는 식당의 전용 URL인 https://yelp.com/biz/ffionas-restaurant-london?osq=Resturants를 가리킨다.

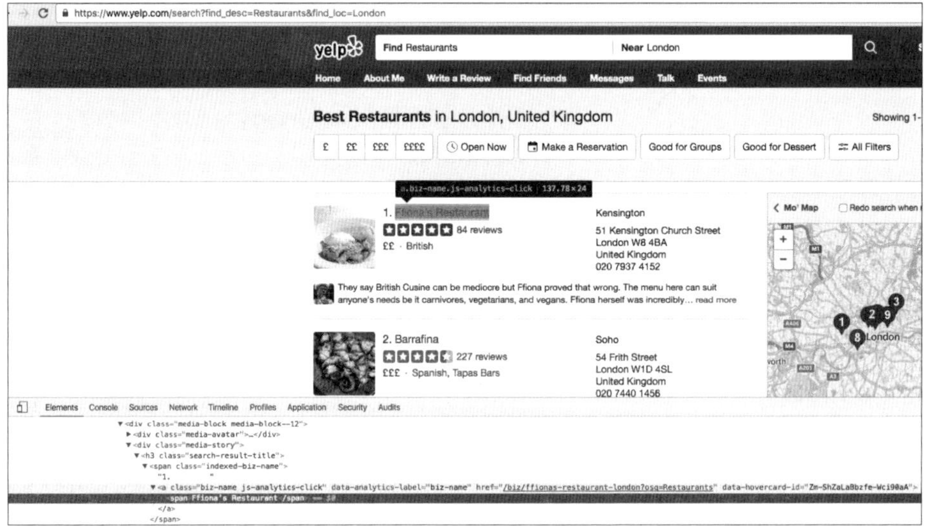

5. 이제 식당의 전용 페이지에서 HTML 요소를 사용해 식당의 거리 주소 및 연락처를 수집하는 방법을 알아보자. 동일한 작업을 수행하기 위해 마우스 오른쪽 버튼으로 클릭하고 Inspect를 클릭해 거리 주소 및 연락처의 HTML 요소를 가져온다. 참고를 위해 다음 스크린샷을 살펴보자. 거리 주소의 경우 개별 CSS 클래스인 `street-address`가 있으며, 연락처는 클래스 이름이 `biz-phone`인 span 태그에서 구할 수 있다.

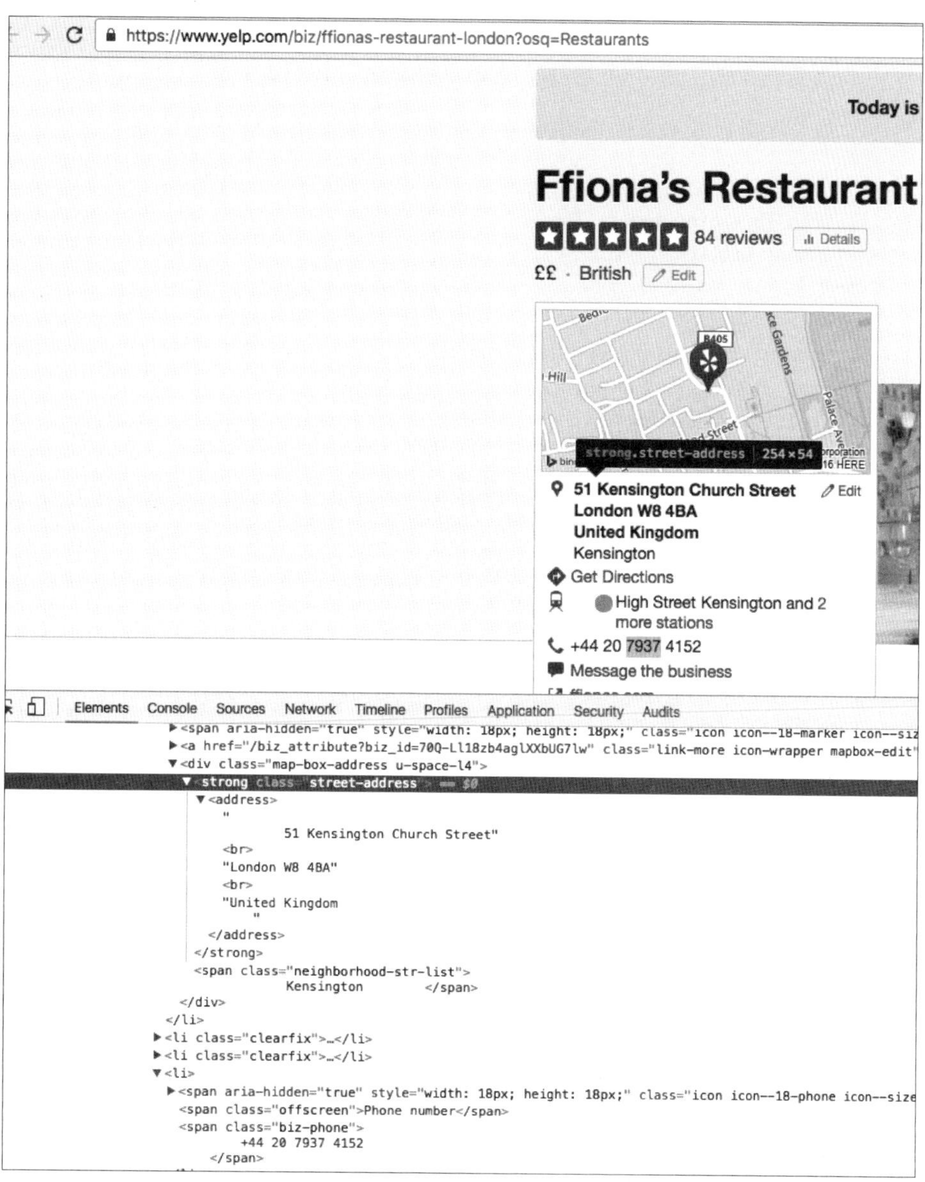
https://www.yelp.com/biz/ffionas-restaurant-london?osq=Restaurants
Today is
Ffiona's Restaurant
84 reviews
Details
££ · British
Edit
strong.street-address 254×54
51 Kensington Church Street
London W8 4BA
United Kingdom
Kensington
Get Directions
High Street Kensington and 2 more stations
+44 20 7937 4152
Message the business
Elements Console Sources Network Timeline Profiles Application Security Audits
▶<a href="/biz_attribute?biz_id=70Q-Ll18zb4aglXXbUG7lw" class="link-more icon-wrapper mapbox-edit"
▼<div class="map-box-address u-space-l4">
▼<strong class="street-address"> == $0
▼<address>
"
51 Kensington Church Street"

"London W8 4BA"

"United Kingdom
"
</address>
</strong>
<span class="neighborhood-str-list">
Kensington </span>
</div>
</li>
▶<li class="clearfix">…</li>
▶<li class="clearfix">…</li>
▼<li>
<span class="offscreen">Phone number</span>
<span class="biz-phone">
+44 20 7937 4152
</span>

6. 굉장하다! 이제 자동화된 방식으로 데이터를 스크래핑하는 데 사용할 수 있는 모든 HTML 요소가 있다. 이제 구현을 살펴보자. 다음 파이썬 코드는 이러한 작업을 자동화된 방식으로 수행한다.

```
from bs4 import BeautifulSoup
from threading import Thread
import urllib

# 식당 위치
home_url = "https://www.yelp.com"
find_what = "Restaurants"
location = "London"

# 검색 기준과 일치하는 모든 식당을 가져온다.
search_url = "https://www.yelp.com/search?find_desc=" +
find_what + "&find_loc=" + location
s_html = urllib.urlopen(search_url).read()
soup_s = BeautifulSoup(s_html, "lxml")

# 런던의 상위 10개 식당의 URL을 가져온다.
s_urls = soup_s.select('.biz-name')[:10]
url = []
for u in range(len(s_urls)):
  url.append(home_url + s_urls[u]['href'])

# 실제 스크래핑 작업을 수행하는 함수
def scrape(ur):
  html = urllib.urlopen(ur).read()
  soup = BeautifulSoup(html, "lxml")

  title = soup.select('.biz-page-title')
  saddress = soup.select('.street-address')
  phone = soup.select('.biz-phone')

  if title:
    print "Title: ", title[0].getText().strip()
  if saddress:
    print "Street Address: ", saddress[0].getText().strip()
  if phone:
    print "Phone Number: ", phone[0].getText().strip()
```

```
  print "--------------------"

threadlist = []
i=0
# 스크래핑을 수행할 스레드 생성
while i<len(url):
  t = Thread(target=scrape,args=(url[i],))
  t.start()
  threadlist.append(t)
  i=i+1

for t in threadlist:
  t.join()
```

7. 이제 위의 파이썬 코드를 실행하면 런던의 상위 10개 식당의 세부 정보와 이름, 거리 주소 및 연락처가 제공된다. 다음 스크린샷을 참조한다.

```
--------------------
Title:  Lao Cafe
Street Address:  60 Chandos PlaceLondon WC2N 4HGUnited Kingdom
Phone Number:  +44 20 3740 4748
--------------------
Title:  Caravan Bankside
Street Address:  30 Great Guildford StreetLondon SE1 0HSUnited Kingdom
Phone Number:  +44 20 7101 1190
--------------------
Title:  Bageriet
Street Address:  24 Rose StreetLondon WC2E 9EAUnited Kingdom
Phone Number:  +44 20 7240 0000
--------------------
Title:  Barrafina
Street Address:  54 Frith StreetSohoLondon W1D 4SLUnited Kingdom
Phone Number:  +44 20 7440 1456
--------------------
Title:  Hawksmoor Seven Dials
Street Address:  11 Langley StreetLondon WC2H 9JGUnited Kingdom
Phone Number:  +44 20 7420 9390
--------------------
Title:  Friends of Ours
Street Address:  61 Pitfield StreetLondon N1 6BUUnited Kingdom
Phone Number:  +44 7545 939751
--------------------
Title:  Dishoom
Street Address:  22 Kingly StreetLondon W1B 5QPUnited Kingdom
Phone Number:  +44 20 7420 9322
--------------------
Title:  Ffiona's Restaurant
Street Address:  51 Kensington Church StreetLondon W8 4BAUnited Kingdom
Phone Number:  +44 20 7937 4152
--------------------
Title:  Restaurant Gordon Ramsay
Street Address:  68 Royal Hospital RoadLondon SW3 4HPUnited Kingdom
Phone Number:  +44 20 7352 4441
```

앞의 스크린샷을 보면, 옐프에서 런던에 있는 10개의 식당에 대한 레코드를 얻었다. Title은 식당의 이름이고, Street Address와 Phone Number는 따로 설명이 필요 없다. 굉장하다! 라이언을 위해 해냈다.

작동원리

앞의 코드에서는 검색 기준을 생성했다. https://yelp.com을 검색해 런던의 식당을 찾았다. 이러한 세부 정보로 옐프의 검색 URL을 얻었다.

그런 다음, urllib 객체를 생성하고 이 검색 URL에서 read()를 위한 urlopen() 메소드를 사용해 검색 기준과 일치하는 옐프에서 제공한 모든 식당의 목록을 읽는다. 모든 식당의 목록은 변수 s_html에 할당된 HTML 페이지로 저장된다.

BeautifulSoup 모듈을 사용함으로써, 필요한 데이터의 추출을 시작할 수 있게 CSS 요소를 사용해 HTML 콘텐츠에 soup 인스턴스를 생성했다.

처음에는 옐프 검색의 상위 10개 결과를 검색하고 식당의 URL을 얻었다. URL 파이썬 목록에 이러한 URL을 저장했다. URL을 얻기 위해, soup_s.select(.biz-name)[:10] 코드를 사용해 CSS 클래스 이름 biz-name을 선택했다.

식당 URL을 매개변수로 사용하는 scrape() 메소드도 정의했다. scrape() 메소드는 이름, 거리 주소, 연락처 같은 식당의 세부 정보를 각각 CSS 클래스 이름인 biz-page-title, street-address, biz-phone을 사용해 읽었다. 정확한 데이터를 얻으려면 title=soup.select(.biz-page-title)을 사용해 HTML 요소를 선택하고, title[0].getText().strip()으로 데이터를 얻는다. select() 메소드는 발견된 요소를 배열로 반환하므로 실제 텍스트를 가져오기 위해 색인 0을 찾아야 한다.

while 루프에서 모든 식당 URL을 반복하고 각 식당의 세부 정보를 얻기 위해 scrape() 메소드를 사용해 URL을 스크래핑했다. 앞의 스크린샷에서 봤듯이 콘솔에 각 식당의 이름, 거리 주소 및 연락처를 출력한다.

스크래핑 프로그램의 성능을 향상하기 위해, 독립적인 스레드에서 모든 식당의 데이터 추출을 수행했다. `t = Thread(target=scrape,args=(url[i],))`를 사용해 새로운 스레드를 생성했고 `t.join()` 호출로 각각의 결과를 얻었다.

이것이 마지막이다! 라이언은 이 노력에 매우 만족한다. 이 예제는 라이언을 도왔고 라이언을 위해 중요한 비즈니스 업무를 자동화했다. 이 책에서는 파이썬으로 비즈니스 프로세스를 자동화하고 효율적으로 활용할 수 있는 다양한 사용 사례를 살펴볼 것이다. 더 흥미진진한가? 이제, 2장을 살펴보자.

2

CSV와 엑셀 워크시트 작업

중요한 문서를 서류철에 모아두고 업무용 책상에서 관리했던 시절을 떠올려보자. 컴퓨터와 엑셀Excel 시트 같은 소프트웨어의 출현 덕분에 체계적인 방식으로 데이터를 관리할 수 있게 됐다. 사실, 파이썬에서도 워크시트를 자동화된 방법으로 관리할 수 있다.

2장에서 다루는 내용은 다음과 같다.

- 리더 객체를 사용한 CSV 파일 읽기
- CSV 파일에 데이터 쓰기
- 나만의 CSV 다이얼렉트 개발
- 직원 정보 관리 자동화
- 엑셀 시트 읽기
- 워크시트 데이터 쓰기
- 엑셀 셀의 서식 지정
- 엑셀 수식 사용
- 엑셀 시트의 차트 작성
- 회사 재무 비교 자동화

소개

컴퓨터가 일상생활의 일부가 되기 전에는 직무 기록을 종이에 기록해 캐비닛에 보관했었다. 날로 변화하는 전산 분야 덕분에 오늘날 이러한 기록은 컴퓨터 애플리케이션을 사용해 텍스트 파일에 저장한다. 텍스트(.txt) 파일은 많은 양의 데이터를 저장하는 데 유용했다. 텍스트 파일 내에서 정보를 쉽게 검색할 수 있었지만, 데이터는 체계적인 방법으로 저장되지 않았다. 정보가 증가함에 따라 정보를 저장해야 할 필요성도 커졌고, 결과적으로 데이터가 구조화된 형식으로 저장될 뿐만 아니라 읽고 처리하기 쉬운 CSV 및 엑셀 시트Excel sheets가 생겨났다.

CSV 파일에는 콤마(,)로 구분된 데이터가 포함된다. 이런 이유로 CSVcomma separated values 파일이라고 한다. CSV는 표 형식으로 데이터를 저장할 수 있다. CSV 파일은 사용 중인 소프트웨어와 관계없이 모든 스토리지 시스템으로 가져오기가 더 쉽다. CSV 파일은 평문plain text 파일이므로 쉽게 수정할 수 있고 빠른 데이터 교환에 사용된다.

반면 엑셀 시트에는 탭tab 혹은 그 밖의 구분 기호delimiter로 구분된 데이터가 포함된다. 엑셀 시트는 열과 행의 그리드 형태로 데이터를 저장하고 검색한다. 수식을 사용해 데이터 형태를 지정할 수 있으며, 파일에서 여러 시트를 다룰 수 있다. 엑셀은 판매 수치 혹은 수수료 같은 회사 데이터를 입력 및 계산, 분석하는 데 이상적이다.

CSV 파일은 프로그램의 데이터를 저장 및 검색하는 데 사용되는 텍스트 파일이지만, 엑셀 파일은 이진 파일binary file이며 차트 작성 및 계산, 보고서 저장 같은 좀 더 고급 작업에 사용된다.

파이썬은 CSV 및 엑셀 파일 모두에서 사용할 수 있는 유용한 모듈이 있다. CSV 및 엑셀 파일을 읽고 쓸 수 있고, 엑셀 셀cell의 서식 지정 및 차트 준비, 수식을 사용한 데이터 계산을 수행할 수 있다.

2장의 레시피에서는 CSV 및 엑셀 시트에서 위의 작업을 수행하는 데 도움이 되는 파이썬 모듈을 살펴볼 것이다. 특히 다음과 같은 파이썬 모듈을 다룰 것이다.

- csv(https://docs.python.org/2/library/csv.html)
- openpyxl(https://pypi.python.org/pypi/openpyxl)
- XlsxWriter(https://pypi.python.org/pypi/XlsxWriter)

리더 객체를 사용한 CSV 파일 읽기

이 레시피에서는 CSV 파일을 읽는 방법, 특히 리더reader 객체를 생성하고 사용하는 방법을 다룬다.

준비하기

이 레시피를 실행하려면 파이썬 v2.7을 설치해야 한다. CSV 파일 작업을 위해, 기본 파이썬 설치 패키지로 제공되는 좋은 모듈인 csv가 있다. 이제 시작하자!

실행 방법

1. 리눅스/맥 컴퓨터의 터미널로 이동해 Vim을 사용하거나 원하는 편집기를 선택한다.
2. CSV 파일을 생성한다. 알다시피 CSV 파일은 데이터가 콤마(,)로 구분된 구조화된 형식이므로 CSV를 생성하는 것은 쉽다. 다음 스크린샷은 국가의 여러 부서에 대한 세부 정보가 포함된 CSV 파일이다. mylist.csv로 이름을 지정한다.

```
first_name,last_name,email,zipcode,city,state,country,phone
John,Doe,john.doe@gmail.com,94043,Sunnyvale,CA,USA,12340166457
Chetan,Smith,chetan.smith@gmail.com,20009,Washington,DC,USA,19980166457
Deepti,Doe,deepti.doe@gmail.com,94043,MountainView,CA,USA,12345678901
```

3. 이제, 이 CSV 파일을 읽는 파이썬 코드를 작성해 데이터를 출력한다.

```
import csv
```

```
fh = open("mylist.csv", 'rt')
try:
  reader = csv.reader(fh)
  print "Data from the CSV:", list(reader)
except Exception as e:
  print "Exception is:", e
finally:
  fh.close()
```

위 코드의 출력은 다음과 같다.

```
Data from the CSV:
Exception is:
new-line character seen in unquoted field - do you need to open the file in universal-newline mode?
```

4. 오! 어떻게 된 일인가? 실수를 한 것 같다. 이 오류는 CSV 리더[reader]가 줄바꿈[new line] 문자를 찾지 못했음을 나타낸다. 맥 플랫폼에서 작성한 CSV 파일에서 발생하는데, 맥 OS는 CR[carriage return]을 라인 끝[end of line] 문자로 사용하기 때문이다.

5. 파이썬은 이 문제에 대한 간단한 해결책이 있는데, rU[universal newline] 모드로 파일을 여는 것이다. 다음 프로그램은 완벽하게 실행되며, 적절하게 파일 콘텐츠를 읽을 수 있다.

```
try:
  reader = csv.reader(open("mylist.csv", 'rU'),
                      dialect=csv.excel_tab)
  print "Data from the CSV:"
  d = list(reader)
  print "\n".join("%-20s %s"%(d[i],d[i+len(d)/2]) for i in
                range(len(d)/2))

except Exception as e:
  print "Exception is:", e
finally:
  fh.close()
```

위 프로그램의 출력은 다음과 같다.

```
Data from the CSV:
['first_name,last_name,email,zipcode,city,state,country,phone'] ['Chetan,Smith,chetan.smith@gmail.com,20009,Washington,DC,USA,19980166457']
['John,Doe,john.doe@gmail.com,94043,Sunnyvale,CA,USA,12340166457'] ['Deepti,Doe,deepti.doe@gmail.com,94043,MountainView,CA,USA,12345678901']
```

6. 멋지다! 앞의 코드에서 살펴본 문제에 대한 또 다른 간단한 해결책이 있다. 우리가 할 수 있는 일은 단순히 파일 형식을 맥 CSV에서 윈도우 CSV로 변경하는 것이다. 파일에서 **Open** 및 **Save As** 작업을 수행해 이 작업을 할 수 있다. 다음 예제에서 mylist.csv를 mylist_wincsv.csv(윈도우 CSV 형식)로 저장해 파일 콘텐츠를 읽는 것은 더 이상 문제가 되지 않는다.

```
fh = open("mylist_wincsv.csv", 'rt')
reader = csv.reader(fh)
data = list(reader)
print "Data cells from CSV:"
print data[0][1], data[1][1]
print data[0][2], data[1][2]
print data[0][3], data[1][3]
```

위의 코드 예제는 CSV 파일 데이터의 일부를 출력한다. 알다시피 CSV 파일은 파이썬에서 첫 번째 색인을 행으로, 두 번째 색인을 열인 2D 목록으로 읽을 수 있다. 여기서 row1과 row2의 두 번째, 세 번째, 네 번째 열을 출력한다.

```
Data cells from CSV:
last_name Doe
email john.doe@gmail.com
```

7. 파이썬은 유용한 DictReader(f) 메소드를 사용해 딕셔너리에서 CSV 파일의 콘텐츠를 읽는 것이 매우 편리하다.

```
import csv
f = open("mylist_wincsv.csv", 'rt')
print "File Contents"
try:
  reader = csv.DictReader(f)
  for row in reader:
    print row['first_name'], row['last_name'], row['email']
finally:
  f.close()
```

이 코드에서는 파일 핸들file handle f로 파일을 연다. 이 파일 핸들은 DictReader()에 대한 인자로 사용되며, 열 이름으로서 첫 번째 행 값을 처리한다. 이러한 열 이름은 데이터가 저장되는 딕셔너리의 키 역할을 한다. 따라서 이 프로그램에서는 first_name, last_name, email이라는 3개의 열에서 선택적으로 데이터를 출력할 수 있다. 다음 스크린샷과 같이 출력한다.

```
File Contents
John Doe john.doe@gmail.com
Chetan Smith chetan.smith@gmail.com
Deepti Doe deepti.doe@gmail.com
```

8. csv 모듈의 DictReader()는 CSV 파일을 읽기 쉽게 만드는 다수의 헬퍼 메소드helper method 및 속성attribute이 있는데, **리더 객체**로도 알려져 있다.

```
import csv
f = open("mylist_wincsv.csv", 'rt')
reader = csv.DictReader(f)
print "Columns in CSV file:", reader.fieldnames
print "Dialect used in CSV file:", reader.dialect
print "Current line number in CSV file:", reader.line_num
print "Moving the reader to next line with reader.next()"
reader.next()
print "Reading line number:", reader.line_num
f.close()
```

이 코드 예제에서 사용한 속성과 메소드는 다음과 같다.

- fieldnames: 열 이름 목록을 제공한다.
- dialect: CSV 파일 형식(자세한 내용을 다룰 것이다.)
- line_num: 읽고 있는 현재 행 번호
- next(): 다음 행으로 이동한다.

다음 스크린샷에서 첫 번째 행에는 CSV 파일의 모든 열 이름이 포함된다. 두 번째 행에서는 CSV 파일을 읽는 데 사용된 다이얼렉트dialect를 출력한다. 세 번째 행은 현재 읽고 있는 행 번호를 출력하고, 스크린샷의 마지막 행은 읽는 동안 리더 객체가 이동할 다음 행을 나타낸다.

```
Columns in CSV file: ['first_name', 'last_name', 'email', 'zipcode', 'city', 'state', 'country', 'phone']
Dialect used in CSV file: excel
Current line number in CSV file: 1
Moving the reader to next line with reader.next()
Reading line number: 2
```

더 알아보기

파이썬 모듈 csv는 헬퍼helper이며, open( ) 메소드로 파일을 열고 readline( ) 메소드로 파일 내용을 읽음으로써 CSV 파일을 완벽하게 처리할 수 있다. 그런 다음 파일 콘텐츠를 가져오기 위해 파일의 모든 행에서 split( ) 작업을 수행한다.

읽기 작업은 훌륭하지만, 무엇인가 CSV 파일에 쓰여질 때만 읽을 것이다. 다음 레시피에서는 CSV 파일에 데이터를 쓰는 데 사용할 수 있는 메소드를 살펴보자.

CSV 파일에 데이터 쓰기

이번 레시피에서도 파이썬 설치와 함께 번들로 제공되는 모듈, 즉 csv 모듈을 제외한 새로운 모듈은 필요하지 않다.

실행 방법

1. 우선, 쓰기 모드write mode와 텍스트 형식text format으로 파일을 열자. CSV 파일에 사용할 데이터를 포함하는 2개의 파이썬 리스트list를 생성한다. 다음 코드는 이러한 작업을 수행할 것이다.

```
import csv
names = ["John", "Eve", "Fate", "Jadon"]
grades = ["C", "A+", "A", "B-"]
f = open("newlist.csv", 'wt')
```

2. 다음과 같이 writerow( ) 메소드를 사용해 CSV 파일에 데이터를 추가하자.

```
try:
  writer = csv.writer(f)
  writer.writerow( ('Sr.', 'Names', 'Grades') )
  for i in range(4):
    writer.writerow( (i+1, names[i], grades[i]) )
finally:
  f.close()
```

위의 코드에서 CSV 파일을 헤더header로 초기화했다. 사용된 열 이름은 Sr., Names, Grades이다. 다음으로 파이썬 for 루프를 4회 실행하고 CSV 파일에 4행의 데이터 쓰기 작업을 한다. 파이썬 목록인 Names, Grades에 데이터가 있음을 기억하자. writerow( ) 메소드는 실제로 CSV 파일에 내용을 추가하고 for 루프 안에 행을 하나씩 추가한다.

위 코드의 출력은 다음 스크린샷에서 확인할 수 있다.

```
Sr.,Names,Grades
1,John,C
2,Eve,A+
3,Fate,A
4,Jadon,B-
```

3. 간단하고 직설적이다. 기본적으로, CSV 파일에 쓸 때 행의 파일 콘텐츠는 콤마로 구분된다는 점을 유의하자. 그러나 만약 탭(\t)으로 분리되도록 변경하고 싶다면 어떻게 해야 할까? writer( ) 메소드는 구분 기호뿐만 아니라 행 종결자line terminator도 변경하는 이 기능을 제공한다(참고: 구분 기호는 CSV 파일에서 한 행의 데이터를 구분하는 데 사용되는 문자다. 종료 문자는 CSV 파일의 행의 끝을 표시하는 데 사용된다. 다음 예제는 이와 관련된다).

```
import csv
f=open("write.csv", 'wt')
csvWriter = csv.writer(f, delimiter='\t', lineterminator='\n\n')
csvWriter.writerow(['abc', 'pqr', 'xyz'])
csvWriter.writerow(['123', '456', '789'])
f.close()
```

위의 코드를 실행하면 파일시스템에 새 파일인 write.csv가 생성된다. 파일 콘텐츠는 다음 스크린샷을 살펴본다. 주어진 행의 콘텐츠를 살펴보면, 콤마가 아닌 탭으로 구분됐음을 확인할 수 있다. 새로운 행 구분 기호는 리턴 키(두 번 입력됨)이며, 다음 스크린샷에서도 명확하다. 두 행 간에는 특별한 새 행 문자[extra newline character]가 있다.

```
abc pqr xyz

123 456 789
```

나만의 CSV 다이얼렉트 개발

CSV 파일을 읽고 쓰는 것을 더 쉽게 하기 위해, csv 모듈 Dialect 클래스의 일부인 형식 매개변수를 지정할 수 있다. 여기서는 사용 가능한 다이얼렉트[dialect] 중 일부를 살펴보고 나만의 것을 작성하는 방법을 배운다.

준비하기

이 레시피는 파이썬의 기본 설치 시 포함된 것과 동일한 csv 모듈을 사용하므로, 아무것도 명시적으로 설치할 필요가 없다.

실행 방법

1. 우선 `Dialect` 클래스에 있는 몇 가지 속성을 살펴보자.

   - `Dialect.delimeter`: CSV 파일의 행에 쓰여진 콘텐츠 방식을 변경한 이전 레시피에서 이것을 사용했다. 2개의 필드field를 구분하는 데 사용된다.
   - `Dialect.lineterminator`: CSV 파일에 추가된 행의 종료를 나타내는 데 사용된다. 이전 절에서도 이 방법을 사용했다.
   - `Dialect.skipinitialspace`: 구분 기호 뒤의 모든 선행 공백leading space을 건너뛴다. 사람의 우연한 실수를 피하는 데 도움이 된다.

   다음 코드로 사용 가능한 다이얼렉트 목록을 얻을 수 있다.

   ```
   print "Available Dialects:", csv.list_dialects()
   ```

   사용 가능한 두 가지 주요 다이얼렉트는 `excel`과 `excel-tab`이다. `excel` 다이얼렉트는 마이크로소프트 엑셀Microsoft Excel의 기본 내보내기 형식으로 작업하는 데 사용되며, 오픈오피스OpenOffice 혹은 네오오피스NeoOffice에서도 작동한다.

2. 우리가 선택한 다이얼렉트를 생성하자. 예를 들어, CSV 파일의 열을 구분하기 위해 - 기호를 선택한다.

   ```
   import csv

   csv.register_dialect('pipes', delimiter='-')

   with open('pipes.csv', 'r') as f:
     reader = csv.reader(f, dialect='pipes')
     for row in reader:
       print row
   ```

3. 다음과 같은 pipes.csv 파일을 생성한다.

   ```
   Sr-Data-Date
   1-first line-
   2-second line-08/18/07
   ```

pipes.csv 파일을 앞의 파이썬 코드로 실행하면 모든 행을 - 문자로 분리해 모든 요소가 있는 배열로 반환한다. 다음 스크린샷은 프로그램의 결과를 보여준다.

```
['Sr', 'Data', 'Date']
['1', 'first line', '']
['2', 'second line', '08/18/07']
```

작동원리

두 번째 코드는 register_dialect( ) 메소드를 사용해 자신의 다이얼렉트를 등록한다. pipes라는 다이얼렉트로 명명했고, pipes와 관련된 구분 기호는 의도한 것처럼 - 기호다.

이제 자신의 read( ) 메소드를 사용해 pipes.csv 파일을 읽고, 리더 객체를 사용해 CSV 파일의 콘텐츠를 가져온다. 하지만 잠시만, dialect='pipes'의 사용을 봤는가? reader는 열이 - 기호로 분리될 것으로 예상하며 그에 따라 데이터를 읽을 것이다.

여러분이 보는 것처럼 리더 객체는 다이얼렉트 pipes로 정의된 - 기호로 행을 분할한다.

나만의 데이터를 CSV 파일로 읽고 쓰는 방법을 알아보고, 다이얼렉트의 사용법도 살펴봤다. 이제, 앞서 설명한 개념을 실제 사용 사례에 어떻게 활용해야 하는지 살펴본다.

직원 정보 관리 자동화

마이크는 조직의 HR 관리자이며 캘리포니아CA, California주의 모든 직원 연락처 정보를 수집하려고 한다. 마이크는 캘리포니아주의 모든 직원에 대한 설문조사를 수행할 수 있도록 이 정보를 분리하려고 한다. 마이크는 이 정보를 수집하기를 원할 뿐만 아니라 또 다른 CSV 파일에 저장해 나중에 쉽게 작업하고 싶어 한다.

마이크를 도울 수 있겠는가? 지금까지 배운 개념을 어떻게 적용할 것인가? 마이크를 도와서 더 많은 것을 배울 수 있을까? 구현 방법을 살펴보자.

준비하기

이 예제는 특별한 모듈이 필요 없다. 이전 레시피에서 설치한 모든 모듈로 충분하다. 이 예제는 직원 정보가 들어 있는 동일한 mylist.csv 파일을 사용한다.

실행 방법

1. 코드에 직접 들어가서 2개의 파일을 열자. 파일 핸들 하나는 파일 콘텐츠(직원 데이터 읽기)를 읽는 데 사용되며, 다른 파일 핸들은 CA_Employees.csv 파일에 쓰는 데 사용된다. 파일을 여는 데 사용하는 모드의 차이에 유의한다('rt' 및 'wt'). 물론 직원 CSV 파일은 읽기 모드로 열리고 CA_Employees.csv 파일은 쓰기 모드로 열린다.

```
import csv
f = open("mylist.csv", 'rt')
fw = open("CA_Employees.csv", 'wt')
```

2. 다음으로 DictReader( ) 메소드를 사용한 딕셔너리로 CSV 파일의 직원 정보를 읽는다. CA_Employees.csv 파일에 데이터를 쓰는 csvWriter 객체도 생성한다.

3. CSV 파일의 행을 읽기 시작하면 첫 번째 행도 읽을 수 있다. 이 행에는 열 이름만 포함되어 있으므로 건너뛴다. 리더 객체의 line_num 속성을 사용해 헤더는 건너뛴다(2장 앞부분에서 설명한 속성을 살펴본다). 헤더를 건너뛰면, 모든 행을 반복하고 캘리포니아주에 속한 직원을 필터링하여 이러한 직원의 이메일 및 전화 정보를 가져온다. 필터링된 데이터는 csvWriter 객체를 사용해 CA_Employees.csv 파일에 쓰인다. 파일 작업이 완료되면 메모리 누수 혹은 데이터 불일치가 발생할 수 있으므로 파일 핸들을 닫는 것이 중요하다.

```
try:
  reader = csv.DictReader(f)
  csvWriter = csv.writer(fw)
  for row in reader:
    if reader.line_num == 1:
```

```
            continue
          if row['state'] == 'CA':
            csvWriter.writerow([row['email'], row['phone']])
    finally:
      f.close()
      fw.close()
```

작동원리

위의 프로그램을 모두 실행하면 다음 스크린샷 같은 CA_Employees.csv 파일이 생성된다.

```
john.doe@gmail.com,12340166457
deepti.doe@gmail.com,12345678901
```

코드 구현을 살펴보면 `line_num` 속성을 사용해 mylist.csv 파일의 첫 번째 행인 헤더 행을 건너뛴다. `writerow()` 메소드를 사용해 필터링된 데이터를 새로 생성한 CA_Employees.csv 파일에 쓴다. 멋진 작업 덕분에 마이크는 행복하다. 마이크의 고민은 해결됐다.

CSV 파일 작업으로 이 절을 마친다. CSV 파일은 본질적으로 순수 텍스트 형식의 데이터를 저장한다. 이 파일로는 많은 것을 할 수 없으므로 엑셀 시트가 등장한다. 다음 레시피에서는 엑셀 시트 작업을 시작해 무엇을 할 수 있는지 알아본다.

엑셀 시트 읽기

알다시피 마이크로소프트 오피스Microsoft Office는 오피스 2007의 마이크로소프트 엑셀 시트인 .xlsx에 대한 새로운 확장을 제공하기 시작했다. 이 변경으로, 엑셀 시트가 ZIP 압축을 사용해 XML 기반 파일 형식(오피스 오픈 XML Office Open XML)으로 이동됐다. 마이크로소프트는 이 변화를 위해 비즈니스 커뮤니티에서 데이터를 애플리케이션 간에 전송하는 데 도움이 될 수 있는 열린 파일 형식을 요청했다. 파이썬으로 엑셀 시트를 사용해 작업하는 방법을 살펴보자.

준비하기

이 레시피는 openpyxl 모듈을 사용해 엑셀 시트를 읽는다. openpyxl 모듈은 엑셀 시트에서 읽기 및 쓰기 작업을 모두 수행하는 포괄적인 모듈이다. openpyxl 모듈의 또 다른 대안은 xlrd 모듈이다. xlrd는 1995년 이후로 엑셀 형식을 잘 지원했지만, xlrd 모듈은 엑셀 시트에서 데이터를 읽는 데만 사용할 수 있다. openpyxl 모듈은 엑셀 파일 작업에 필수적인 데이터 수정 및 데이터 쓰기, 복사 같은 더 많은 작업을 수행하는 데 도움이 된다.

가장 선호하는 도구인 pip로 openpyxl 모듈을 설치하자.

```
pip install openpyxl
```

실행 방법

1. 먼저 다음 스크린샷과 같이 동일한 콘텐츠의 엑셀 시트를 생성한다. 알다시피 엑셀 파일은 **워크북**workbooks이라고 하며, 하나 이상의 워크시트worksheets를 포함하므로 엑셀 파일은 **스프레드시트**spreadsheets라고도 한다. myxlsx.xlsx라는 파일로 People과 Items라는 2개의 시트를 저장한다.

   People 시트의 데이터를 살펴보자.

A	B	C	D	E	F
Sr	First Name	Last Name	Phone	City	Country
1	John	Doe	1234	MV	USA
2	Amir	Adgey	4567	Dubai	UAE
3	Nicolas		2313	Paris	France
4	Shaun	Warne	2389	Sydney	Australia
5	Graham		9870	Durban	SA

이제 Items 시트의 데이터를 살펴보자.

	A	B	C
1	Sr	Name	Price
2	1	Television	100
3	2	Oven	200
4	3	Air Conditioner	300
5	4	Computer	500
6			

2. 이제 XLSX 파일을 읽어보자. 다음 코드는 엑셀 워크북에 존재하는 모든 워크시트의 이름을 가져오는 데 도움이 될 것이다.

```
import openpyxl
workbook = openpyxl.load_workbook('myxls.xlsx')
print "Workbook Object:", workbook.get_sheet_names()
```

3. 자, 주어진 시트로 작업을 원한다면 그 객체에 접속하는 방법은 무엇인가? 다음 코드는 People 워크시트를 가져온다.

```
people = workbook.get_sheet_by_name('People')
print "People sheet object:", people
```

와, 멋지다!

4. 이제 이동해 셀[cell] 객체를 읽어보자. 이름 혹은 행/열 위치를 기준으로 셀을 읽을 수 있다. 다음 코드는 이를 보여준다.

```
import openpyxl
workbook = openpyxl.load_workbook('myxls.xlsx')
people = workbook.get_sheet_by_name('People')
print "First cell Object:", people['A1']
print "Other Cell Object:", people.cell(row=3, column=2)
```

5. 그러나 셀의 값은 어떻게 얻을 수 있을까? 간단히 말해서, `object.value`는 셀에 있는 값을 반환한다.

```
print "First Name:", people['B2'].value, people['C2'].value
```

파이썬 코드를 실행하면 다음 스크린샷과 같은 결과가 나타날 것이다.

```
Workbook Object: [u'People', u'Items']
People sheet object: <Worksheet "People">
First cell Object: <Cell People.A1>
Other Cell Object: <Cell People.B3>
First Name: John Doe
```

작동원리

앞의 예제는 openpyxl 모듈을 임포트한다. openpyxl 모듈은 워크시트 객체와 셀에 접속할 수 있는 메소드가 있다. load_workbook( ) 메소드는 메모리에 전체 엑셀 시트를 로드한다. get_sheet_names( ) 및 get_sheet_by_name( ) 메소드는 해당 워크북의 워크시트를 선택하는 데 도움이 된다. 따라서 워크북과 워크시트 객체가 준비됐다.

셀 객체는 cell( ) 메소드를 사용해 접속할 수 있으며, cell( ).value는 워크시트의 셀에 있는 실제 값을 반환한다. 파이썬으로 엑셀 시트의 데이터를 읽는 것이 얼마나 쉬운지 살펴보라. 하지만 읽기 작업은 엑셀 시트에 데이터를 쓰는 방법을 아는 경우에만 유용하다. 그래서 무엇을 기다리고 있을까? 계속해서 다음 레시피를 살펴보자.

워크시트 데이터 쓰기

파일을 읽는 작업은 openpyxl 모듈을 사용하면 편리하다. 이제 엑셀 파일 작성을 살펴보자. 이 절에서는 엑셀 파일로 다양한 작업을 수행할 것이다.

준비하기

이 레시피는 또 다른 환상적인 파이썬 모듈인 xlsxwriter를 사용할 것이다. 이름에서 알 수 있듯이, 이 모듈은 엑셀 시트에서 여러 작업을 수행하는 데 도움이 된다. 흥미롭게도

xlsxwriter는 엑셀 시트의 읽기 작업을 지원하지 않는다(책을 집필하는 현재 시점). 다음과 같이 pip를 사용해 xlsxwriter 모듈을 설치한다.

```
pip install xlsxwriter
```

실행 방법

1. XLSX 파일을 생성하고 새 시트를 추가하는 기본적인 작업부터 시작한다. 다음 코드는 이 작업을 수행한다.

```
import xlsxwriter

workbook = xlsxwriter.Workbook('add_sheet.xlsx')
worksheet = workbook.add_worksheet(name='New Sheet 2')

workbook.close()
```

2. 워크시트에서 write 작업을 수행하고 유용한 정보를 저장하자.

```
import xlsxwriter

workbook = xlsxwriter.Workbook('Expenses01.xlsx')
worksheet = workbook.add_worksheet()

expenses = (
  ['Rent', 1000],
  ['Gas', 100],
  ['Food', 300],
  ['Gym', 50],
)

row = 0
col = 0

for item, cost in (expenses):
  worksheet.write(row, col, item)
  worksheet.write(row, col + 1, cost)
```

```
    row += 1

worksheet.write(row, 0, 'Total')
worksheet.write(row, 1, '=SUM(B1:B4)')
workbook.close()
```

작동원리

이 레시피의 첫 번째 코드는 새 엑셀 파일인 add_sheet.xlsx에서 Workbook() 메소드로 workbook 객체를 생성한다. 그런 다음 add_worksheet() 메소드를 사용해 worksheet 객체를 생성한다. New Sheet 2라는 새 시트가 생성된다.

두 번째 코드 예제는 Expenses01.xlsx라는 XLSX 파일을 생성한다. 비용 데이터를 expenses 튜플에 추가한다. 튜플을 반복해 엑셀 시트의 하나의 열은 키, 다른 열은 값으로 사용한다. 마지막으로, 모든 비용을 합산한 마지막 행 하나를 추가한다. Expenses01.xlsx의 콘텐츠는 다음 스크린샷과 같다.

	A	B
1	Rent	1000
2	Gas	100
3	Food	300
4	Gym	50
5	Total	1450
6		

앞의 코드에서는 xlsxwriter 모듈을 사용해 엑셀 시트에 간단한 쓰기 작업을 수행했다. 우선 Workbook() 메소드로 workbook을 생성하고 add_worksheet() 메소드로 이 workbook에 새 sheet 객체를 추가했다. worksheet 객체의 write() 메소드를 사용해 데이터를 엑셀 시트에 추가했다. =SUM(B1:B4)를 사용해 모든 비용을 합산하는 수식 연산도 수행했다.

이것은 엑셀 파일에 쓰기 작업을 하는 아주 기본적인 예제다. 엑셀 시트에서 수동으로 수행하는 것처럼 프로그래밍 방식으로 더 많은 연산을 수행할 수 있다. 이제 다음 레시피에서 엑셀 셀의 서식 지정 방법을 살펴보자.

엑셀 셀의 서식 지정

셀은 다양한 이유로 서식을 지정한다. 비즈니스 세계에서는 테마를 기반으로 데이터를 그룹화하는 데 사용되거나 소프트웨어 개발 프로세스의 경우 셀의 색상이 지정되어 기능 수행 혹은 버그 수정 여부를 나타낸다.

준비하기

이 레시피에서는 동일한 xlsxwriter 모듈을 사용해 셀을 지정한다. 셀에 서식을 추가하고 적용하는 방법을 살펴본다.

실행 방법

1. 비용 예제를 사용해 셀의 서식을 보여준다. 먼저 서식을 생성하는 방법을 이해해 보자. 서식은 add_format() 메소드로 추가된다. 이 메소드는 format 객체를 반환한다. 다음 코드 예제에서는 서식을 생성하는 방법을 보여준다.

   ```
   format = workbook.add_format()
   format.set_bold()
   format.set_font_color('green')
   ```

   위의 예제에서 셀 서식을 생성했다. 셀(서식이 적용되는)의 데이터는 bold이고, 색은 green으로 설정된다.

2. 비용 시트 예제로 돌아가서, 비용이 150을 넘은 셀을 강조하는 방법은 무엇인가? 빨간색으로 셀을 강조하는 서식을 생성해 프로그래밍 방식으로 할 수 있지만, 순서대로 가자. 먼저 다음 코드와 같이 시트를 생성하고 여기에 데이터를 추가한다.

   ```
   import xlsxwriter

   workbook = xlsxwriter.Workbook('cell_format.xlsx')
   worksheet = workbook.add_worksheet()

   expenses = (
   ```

```
    ['Rent', 1000],
    ['Gas', 100],
    ['Food', 300],
    ['Gym', 50],
)

row = 0
col = 0

for item, cost in (expenses):
    worksheet.write(row, col, item)
    worksheet.write(row, col + 1, cost)
    row += 1
```

위의 코드는 cell_format.xlsx라는 엑셀의 시트를 생성하고 여기에 비용을 추가한다.

3. 이제 셀 배경색은 파란색, 셀 값은 빨간색으로 표시되는 서식을 생성한다. `set_font_color()` 메소드로 서식을 지정할 수 있지만, 다음 예제는 `'bg_color'`와 `'font_color'` 같은 옵션으로 서식을 지정한다.

```
format1 = workbook.add_format({'bg_color': 'blue',
                               'font_color': 'red'})
```

4. 이제 남은 단계는 150이 넘는 비용에 이 서식을 지정하는 것이다. 다음 코드는 서식을 지정하고 조건을 나타낸다.

```
worksheet.conditional_format('B1:KB5', {'type':     'cell',
                                        'criteria': '>=',
                                        'value':    150,
                                        'format':   format1})

workbook.close()
```

이 프로그램을 실행하면, cell_format.xlsx 파일의 콘텐츠는 다음 스크린샷과 같다.

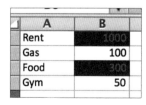

A	B
Rent	1000
Gas	100
Food	300
Gym	50

더 알아보기

멋지다. 이제 셀 서식 지정이 끝났으니, 엑셀 시트의 수식을 사용한 작업으로 넘어가는 건 어떨까?

엑셀 수식 사용

엑셀 시트에서 수식을 사용하는 방법을 보여주기 위해 간단한 예제를 사용한다.

준비하기

이 레시피는 동일한 xlsxwriter 모듈을 사용해 셀에 수식을 추가한다. 데이터의 표준편차standard deviation, 로그, 다른 작업 간의 추세 파악 같은 엑셀 시트가 지원하는 수많은 작업이 있으므로 사용 가능한 작업들을 이해하는 데 시간을 투자할 필요가 있다.

실행 방법

다음 단계를 수행해야 한다.

SUM( ) 수식으로 숫자 목록을 추가하고 셀 A1에 합을 저장하는 간단한 예제를 살펴본다.

```
import xlsxwriter

workbook = xlsxwriter.Workbook('formula.xlsx')
worksheet = workbook.add_worksheet()

worksheet.write_formula('A1', '=SUM(1, 2, 3)')

workbook.close()
```

작동원리

앞의 코드를 실행하면 셀 A1이 숫자 6(1, 2, 3의 합)인 새 엑셀 파일 formula.xlsx가 생성된다.

'실행 방법' 절에서 살펴본 것과 같은 엑셀 수식을 사용해 더 복잡한 수학 연산을 수행할 수 있다. 예를 들어, 엑셀 시트에서 팀의 연간 IT 예산을 계획할 수 있다.

더 알아보기

차트를 다루지 않고 엑셀 시트 장을 끝내면 재미가 없다. 다음 절에서는 엑셀 차트 작업에 대해 살펴볼 것이다.

엑셀 시트의 차트 작성

엑셀 시트는 추세를 설명하고 데이터를 시각화하는 데 도움이 되는 선형 차트line chart, 막대 차트bar chart, 원형 차트pie chart를 비롯한 다양한 차트를 작성할 수 있다.

준비하기

이 레시피는 동일한 `xlsxwriter` 모듈을 사용하고 모듈에 정의된 메소드를 사용해 차트를 작성한다.

실행 방법

1. 이 예제에서는 숫자로 채워진 열을 가진 엑셀 파일을 작성한다. 모든 셀의 값을 가져와서 선형 차트를 생성할 수 있다.

```
import xlsxwriter

workbook = xlsxwriter.Workbook('chart_line.xlsx')
worksheet = workbook.add_worksheet()

data = [10, 40, 50, 20, 10, 50]

worksheet.write_column('A1', data)

chart = workbook.add_chart({'type': 'line'})
chart.add_series({'values': '=Sheet1!$A$1:$A$6'})

worksheet.insert_chart('C1', chart)

workbook.close()
```

위의 코드에는 10에서 50까지의 정숫값을 가진 데이터 리스트가 있다. 평소처럼 Workbook() 메소드로 workbook을 생성하고 기본 Sheet1 워크시트를 추가한다. 그런 다음, 데이터 리스트에 있는 모든 숫자가 포함된 새 열을 작성한다.

2. add_chart() 메소드는 차트 유형을 정의하는데, 여기서는 선형 차트다. add_chart() 메소드는 차트 유형의 객체를 반환한다. 그러나 단순히 객체를 생성하는 것은 도움이 되지 않는다. 차트는 그려지는 데이터 포인트를 어떻게 알 수 있을까? 이는 그래프를 그리는 데 셀 값을 사용하는 add_series() 메소드에서 발생한다. 이 경우 셀 범위는 A1에서 A6까지다(data의 모든 숫자가 A1에서 시작하는 A 열에 추가됐음을 기억하라).

3. 차트가 준비되면 엑셀 시트에 추가해야 한다. 셀 이름과 차트 객체를 인자로 사용하는 insert_chart() 메소드를 사용해 이 작업을 수행할 수 있다. 이 예제에서는 셀 C1에 차트를 추가한다.

4. 이 프로그램을 실행하면 선형 차트가 삽입된 새 파일 chart_line.xlsx가 생성된다. 다음 스크린샷은 선형 차트와 매칭된 데이터를 보여준다.

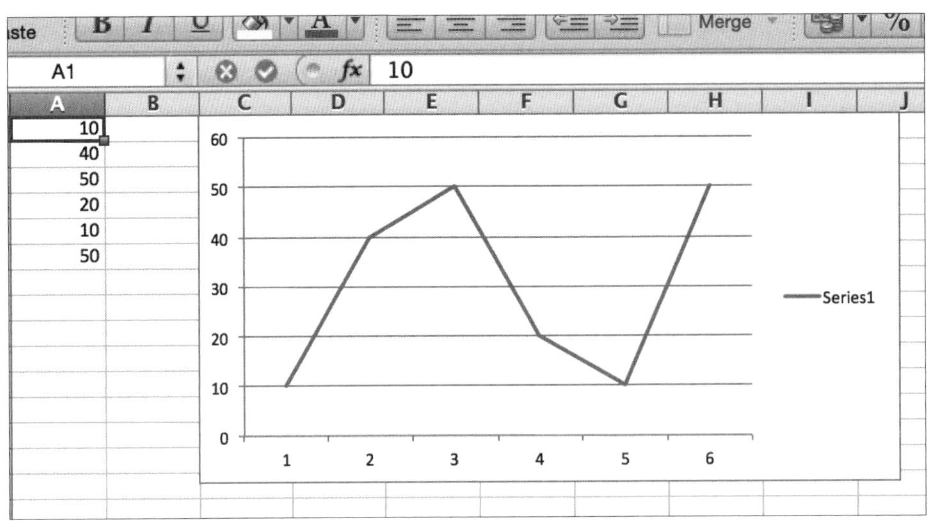

회사 재무 비교 자동화

엑셀 시트 레시피에서는 파일 읽기/쓰기, 셀 서식 지정, 수식 작업, 차트 같은 여러 측면을 다뤘다. 2장에서 배운 지식으로 멋진 비즈니스 사례를 해결하자.

모니카는 Xtel 주식회사의 재무 관리자이며 회사의 수익을 담당한다. Xtel 주식회사는 자금 지원을 원하며, 모니카는 지난 3년간의 손익 계산서를 기준으로 회사 재무를 비교하는 업무를 맡았다. 이 데이터는 Xtel 주식회사의 투자에 대한 적절한 결정을 내릴 수 있도록 투자자에게 전달된다. 3년간의 데이터를 얻는 것은 쉽지만, Xtel의 CFO는 모니카에게 매월 단위로 지난 5년간의 이 데이터를 요청했다. 모니카는 60개월간의 회사 재무를 수동으로 비교할 일을 걱정한다.

2장에서 배운 지식으로 모니카를 도울 수 있을까?

준비하기

파이썬 레시피로 모니카의 문제를 해결하자. 이 레시피는 Xtel 주식회사의 최근 3년간의 재무 현황을 비교하고 파이썬을 사용해 엑셀 시트에 그래프를 그린다. 회사의 손익 계산서, 즉 수익, 비용, 총이익에 영향을 미치는 요인의 도움으로 이를 수행할 것이다.

실행 방법

1. 다음 코드에서는 수익, 판매된 제품의 비용, 총이익 같은 회사 재무 정보를 먼저 추가한다. 이 데이터가 파이썬 리스트 data에 있다고 가정한다.
2. 그런 다음 이러한 값을 기둥형 차트column chart에 그리고, 엑셀 수식을 사용해 백분율로 순수익을 계산한다. 다음 코드는 모니카가 필요로 하는 것을 정확하게 수행한다.

```
import xlsxwriter

workbook = xlsxwriter.Workbook('chart_column.xlsx')
worksheet = workbook.add_worksheet()

chart = workbook.add_chart({'type': 'column'})

data = [
  ['Year', '2013', '2014', '2015'],
  ['Revenue', 100, 120, 125],
  ['COGS', 80, 90, 70],
  ['Profit', 20, 30, 55],
]

worksheet.write_row('A1', data[0])
worksheet.write_row('A2', data[1])
worksheet.write_row('A3', data[2])
worksheet.write_row('A4', data[3])

chart.add_series({'values': '=Sheet1!$B$2:$B$4', 'name':'2013'})
```

```
chart.add_series({'values': '=Sheet1!$C$2:$C$4', 'name':'2014'})
chart.add_series({'values': '=Sheet1!$D$2:$D$4', 'name':'2015'})
worksheet.insert_chart('G1', chart)

worksheet.write(5, 0, '% Gain')
worksheet.write(5, 1, '=(B4/B2)*100')
worksheet.write(5, 2, '=(C4/C2)*100')
worksheet.write(5, 3, '=(D4/D2)*100')

workbook.close()
```

3. 이 파이썬 프로그램을 실행하면 다음 스크린샷과 같이 3년 동안의 재무 성과를 비교한 새로운 엑셀 시트가 생성된다. 바로 모니카가 정확히 원한 것이다.

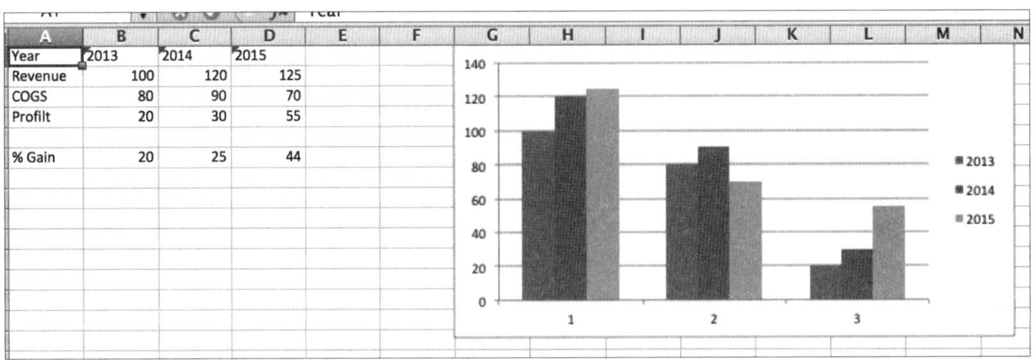

작동원리

위의 코드에서는 파이썬 리스트 data에서 회사 재무 데이터를 수집한다.

xlsxwriter 모듈을 사용해 workbook 객체를 생성한 다음 add_worksheet() 메소드를 사용해 워크시트를 추가한다.

워크시트와 데이터를 가지고 write_row() 메소드를 사용해 워크시트에 데이터를 작성하기 시작한다.

워크시트에 차트 객체를 추가한다. 막대 차트를 추가해 지난 3년간의 회사 재무를 쉽게 비교할 수 있게 한다. `add_chart()` 메소드를 사용해 차트 객체를 추가한다.

시트에 이미 데이터가 있기 때문에 이 데이터를 사용해 `add_series()` 메소드로 3년 동안의 막대 차트를 생성한다. `add_series()` 메소드는 엑셀 셀을 매개변수로 사용하고 이러한 셀 데이터의 막대 차트를 그린다. 마지막으로, `insert_chart()` 메소드를 사용해 워크시트에 차트 객체(기둥형 차트)를 추가한다.

마침내, `write()` 메소드를 사용한 엑셀 수식으로 지난 몇 년 동안의 수익 수치를 추가한다.

좋다! 모니카를 위해 쉽게 해냈다. 모니카는 이 파이썬 코드를 수정해 매우 단기간에 필요한 모든 데이터 포인트에 대한 회사 재무를 비교할 수 있다. Xtel 주식회사의 CEO는 모니카의 작업에 매우 만족할 것이다.

더 알아보기

2장은 이것으로 마친다. CSV와 엑셀 파일의 즐거움은 결코 끝나지 않는다. 이러한 파일을 사용해 수행할 수 있는 작업이 많으며, 비즈니스 및 소프트웨어 개발 분야에서 다양한 방식으로 사용할 수 있다. 따라서 2장에서 다뤘던 모듈을 사용해보고 각자의 사용 사례에 맞게 모듈을 구성하는 것이 좋다. 이제 3장을 살펴보자.

3

창의적인 PDF 파일과 문서

워드Word 문서와 PDF 파일은 비즈니스 전문가가 가장 많이 사용하는 파일 형식이다. 고객에게 송장invoice을 보내거나 벤더vendor에게 요구사항을 보내려는 기업의 경우 필요에 따라 PDF 파일과 문서를 사용하는 경우가 많다. 파이썬에서 이러한 파일 형식을 사용해 작업하는 방법을 살펴보자.

3장에서 다루는 내용은 다음과 같다.

- PDF 파일 데이터 추출
- PDF 문서 생성과 복사
- PDF 조작(헤더/푸터 추가, 병합, 분할, 삭제)
- 재무 부서의 급여 명세서 생성 자동화
- 워드 문서 읽기
- 워드 문서 데이터 쓰기(헤딩, 이미지, 표 추가)
- HR 팀을 위한 자동화된 방식의 개별 신규 채용 오리엔테이션 생성

소개

2장에서는 CSV 파일 작업을 살펴보고 범위를 확장해 엑셀 워크시트 작업을 다뤘다. CSV 파일은 간단한 텍스트 형식이지만 엑셀 파일은 바이너리 형식으로 사용할 수 있다.

3장은 .pdf와 .docx라는 두 가지 이진 파일 형식에 대해 더 살펴본다. PDF 파일의 생성, 읽기, 복사, 심지어 직접 헤더header 및 푸터footer 형식을 생성해 수정하는 방법에 대한 지식도 쌓을 수 있다. 많은 PDF 파일이 간단한 파이썬 레시피에 적용할 수 있다는 것을 아는가?

또한 3장은 워드 문서 작업을 다루는데, 데이터를 워드 파일로 읽고 쓰는 방법에 관한 지식을 쌓는 데 도움을 준다. 표와 이미지, 차트를 추가해 이름을 지정하는 방법을 3장에서 살펴본다. 흥미롭게 들리는가? 그렇다면 3장은 분명히 여러분을 위한 것이다.

특히 3장에서는 다음과 같은 파이썬 모듈을 살펴볼 것이다.

- PyPDF2(https://pythonhosted.org/PyPDF2/)
- fpdf(https://pyfpdf.readthedocs.io/)
- python-docx(http://python-docx.readthedocs.io/en/latest/)

3장에서 .pdf와 .docx 파일이 지원하는 대부분의 작업을 살펴보긴 하지만, 전부를 다루지는 못한다. 3장에서 설명한 라이브러리의 나머지 API도 사용해보기 바란다.

PDF 파일 데이터 추출

PDFPortable Document Format는 애플리케이션 소프트웨어, 하드웨어, 운영체제에 관계없이 문서에 데이터를 저장하는 데 사용되는 파일 형식이다(따라서 이름에 'Portable' 포함). PDF 문서는 텍스트와 그래픽을 포함하고 콘텐츠를 표시하는 데 필요한 정보가 포함된 고정 레이아웃 플랫 파일fixed-layout flat file이다. 이번 레시피는 PDF 파일의 정보를 추출하는 방법과 리더reader 객체를 사용하는 방법을 보여줄 것이다.

준비하기

이 레시피를 실행하려면 Python v2.7을 설치해야 한다. PDF 파일로 작업하기 위해 다음 커맨드로 설치할 수 있는 멋진 모듈인 PyPDF2를 사용한다.

```
sudo pip install PyPDF2
```

모듈은 이미 설치됐는가? 시작하자.

실행 방법

1. 리눅스/맥 컴퓨터에서 터미널로 이동해 Vim을 사용하거나 원하는 편집기를 선택한다.
2. 인터넷에서 기존 PDF 파일을 다운로드하는 것으로 시작한다. diveintopython.pdf 파일을 다운로드하자.

> 이 파일은 인터넷에서 검색해 쉽게 찾을 수 있다. 이 책의 코드 샘플을 다운로드하면 이 파일도 받을 수 있다.

3. 이제, PDF 파일 리더 객체를 생성하는 파이썬 코드를 작성하자.

```
import PyPDF2
from PyPDF2 import PdfFileReader

pdf = open("diveintopython.pdf", 'rb')
readerObj = PdfFileReader(pdf)
print "PDF Reader Object is:\n", readerObj
```

이 코드의 출력은 다음과 같다.

```
PDF Reader Object is:
<PyPDF2.pdf.PdfFileReader object at 0x10dc62590>
```

4. 이제 PDF 파일의 리더 객체를 얻었다. 이 객체로 무엇을 얻을 수 있는지 다음 파이썬 코드를 기반으로 살펴보자.

```
print "Details of diveintopython book"
print "Number of pages:", readerObj.getNumPages()
print "Title:", readerObj.getDocumentInfo().title
print "Author:", readerObj.getDocumentInfo().author
```

위 코드의 출력은 다음 스크린샷에 표시된다. PdfFileReader 객체를 사용해 파일의 메타데이터를 얻는 방법을 확인한다.

```
Details of diveintopython book
Number of pages 359
Title: Dive Into Python
Author: Mark Pilgrim
```

5. 멋지다! 하지만 파일의 콘텐츠를 추출하고 싶지 않은가? 간단한 코드로 이를 수행하는 방법을 살펴보자.

```
print "Reading Page 1"
page = readerObj.getPage(1)
print page.extractText()
```

그럼 위의 코드로 무엇을 할 수 있을까? 추측하기에, print 구문은 명백하다. diveintopython 책의 첫 페이지를 읽는다. 다음 스크린샷은 diveintopython 책의 첫 페이지 콘텐츠를 보여준다.

```
Reading Page 1
Dive Into Python: Python from novice to proby Mark PilgrimPublished 20 May 2004Copyright  2000, 2001, 2002, 2003, 2004 Mark Pilgrim
```

부분적인 콘텐츠이기는 하나(스크린샷은 페이지 전체를 담을 수 없기 때문에), 보다시피 콘텐츠는 PDF 파일과 형식이 다르다. 이것은 PDF 파일의 텍스트 추출과 관련된 단점이다. 100%는 아니지만, PDF 파일 콘텐츠를 상당히 정확하게 얻을 수 있다.

6. PdfFileReader 객체로 흥미로운 작업을 하나 더 해보자. 책의 개요outline를 알아 보는 것은 어떨까? 이것은 파이썬에서 쉽게 얻을 수 있다.

```
print "Book Outline"
for heading in readerObj.getOutlines():
  if type(heading) is not list:
    print dict(heading).get('/Title')
```

위 코드 예제의 출력은 다음 스크린샷에서 확인할 수 있다. 보다시피, 해당 책의 전체 개요를 알 수 있다. 처음에는 Dive Into Python과 Table of Contents가 소개됐다. 그런 다음 Chapter 1부터 Chapter 18까지의 모든 장 이름과 Appendix A부터 Appendix H까지의 부록 이름을 얻는다.

```
Book Outline
Dive Into Python
Table of Contents
Chapter 1. Installing Python
Chapter 2. Your First Python Program
Chapter 3. Native Datatypes
Chapter 4. The Power Of Introspection
Chapter 5. Objects and Object-Orientation
Chapter 6. Exceptions and File Handling
Chapter 7. Regular Expressions
Chapter 8. HTML Processing
Chapter 9. XML Processing
Chapter 10. Scripts and Streams
Chapter 11. HTTP Web Services
Chapter 12. SOAP Web Services
Chapter 13. Unit Testing
Chapter 14. Test-First Programming
Chapter 15. Refactoring
Chapter 16. Functional Programming
Chapter 17. Dynamic functions
Chapter 18. Performance Tuning
Appendix A. Further reading
Appendix B. A 5-minute review
Appendix C. Tips and tricks
Appendix D. List of examples
Appendix E. Revision history
Appendix F. About the book
Appendix G. GNU Free Documentation License
Appendix H. Python license
```

작동원리

첫 번째 코드는 `PyPDF2` 모듈의 `PdfFileReader` 클래스를 사용해 객체를 생성했다. 이 객체는 PDF 파일에서 정보를 읽고 추출할 수 있는 가능성을 열어준다.

다음 코드는 `PdfFileReader` 객체를 사용해 파일의 메타데이터를 가져온다. 책의 페이지 수, 책 제목, 저자 이름 같은 세부 정보를 얻는다.

세 번째 예제는 `PdfFileReader` 클래스에서 생성한 리더 객체를 사용해 `diveintopython` 책의 첫 페이지를 가리켰다. 이것은 `page` 변수로 표시되는 `page` 객체를 생성한다. 그런 다음, `page` 객체를 사용해 `extractText()` 메소드로 페이지 콘텐츠를 읽었다.

마지막으로, 이 레시피의 마지막 코드는 `getOutlines()` 메소드를 사용해 책의 개요를 배열로 검색한다. 개요는 주제의 제목을 반환할 뿐만 아니라 주요 주제 아래의 하위 주제를 반환한다. 이 예제에서는 하위 주제를 필터링하고, 스크린샷과 같이 책의 기본 개요를 출력했다.

더 알아보기

`PdfFileReader`로 여러 가지를 달성할 수 있었다. 파일 메타데이터 읽기, 개요 읽기, PDF 파일의 지정된 페이지 검색 및 텍스트 정보 추출을 살펴봤다. 이 모든 것이 훌륭하지만, 어쨌든 새로운 PDF 파일을 생성하고 싶다. 그렇지 않은가?

PDF 문서 생성과 복사

PDF와 함께하는 작업은 프로그래밍 방식으로 그것을 생성할 때 더 많은 가치를 추가할 수 있다. 이 절에서는 자신의 PDF 파일을 생성하는 방법을 살펴보자.

준비하기

이 레시피는 `PyPDF2` 모듈을 계속 사용하고, `PdfFileWriter` 및 `PdfFileMerger` 클래스를 다룬다. 또 다른 모듈인 `fpdf`를 사용해 PDF 파일에 콘텐츠를 추가하는 방법도 보여준다. 나중에 해당 내용을 살펴볼 것이다.

실행 방법

1. 여러 가지 방법으로 PDF 파일을 생성할 수 있다. 이 예제는 이전 파일의 콘텐츠를 복사해 새 PDF 파일을 생성한다. 기존 PDF인 Exercise.pdf를 선택한다. 다음 스크린샷은 Exercise.pdf 파일의 콘텐츠를 보여준다. Exercise.pdf는 두 페이지로 구성된다. 첫 페이지는 기술적인 연습 문제이며, 두 번째 페이지는 다음 스크린샷과 같이 연습 문제 해결 방법의 힌트를 제공한다.

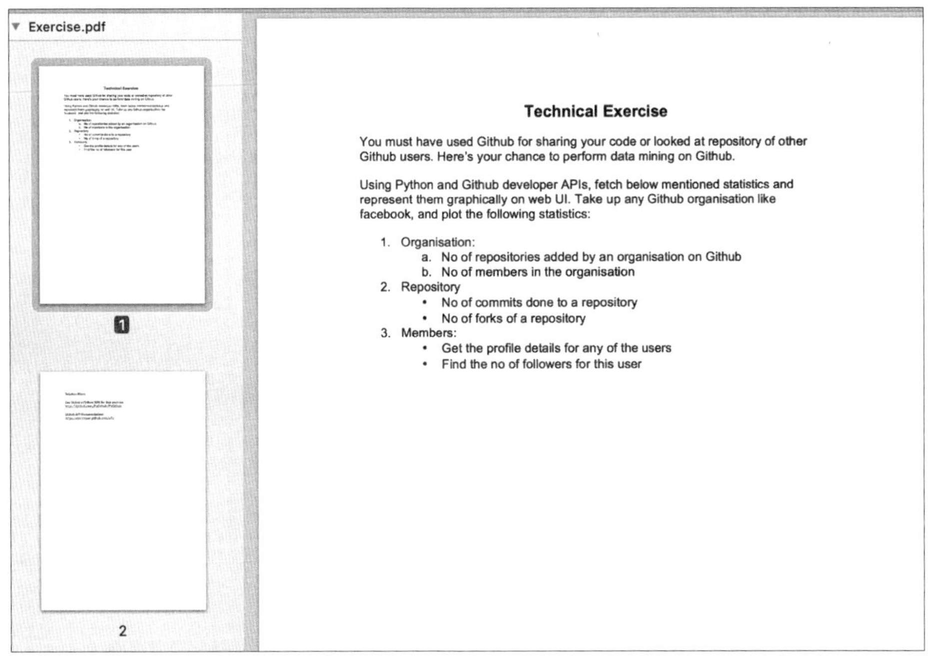

2. Exercise.pdf를 읽고 새 파일에 연습 문제 첫 페이지의 콘텐츠를 작성하고 새로운 PDF 파일을 생성한다. 새로 생성한 PDF 파일에 빈 페이지도 추가한다. 우선 코드를 작성하자.

```
from PyPDF2 import PdfFileReader, PdfFileWriter
infile = PdfFileReader(open('Exercise.pdf', 'rb'))
outfile = PdfFileWriter()
```

위의 코드에서는 `PyPDF2` 모듈의 적절한 클래스를 불러온다. Exercise.pdf 파일을 읽고 새 PDF 파일에 콘텐츠를 작성해야 하므로 `PdfFileReader`와 `PdfFileWriter` 클래스가 필요하다. 그런 다음 `open()` 메소드를 사용해 읽기 모드에서 Exercise.pdf 파일을 열고 `infile`이라는 리더 객체를 생성한다. 이후에 `PdfFileWriter`를 인스턴스화하고 새 파일에 콘텐츠를 쓰는 데 사용되는 `outfile`이라는 객체를 생성한다.

3. `addBlankPage()` 메소드를 사용해 `outfile` 객체에 빈 페이지를 추가하자. 페이지 치수는 일반적으로 8.5×11인치이지만, 이 경우에는 612×792포인트 단위로 변환해야 한다.

포인트(point)는 포스트스크립트 포인트(PostScript point)라고 알려진 데스크톱 출판용 포인트로, 100포인트 = 1.38인치다.

4. 다음으로, `getPage()` 메소드를 사용해 Exercise.pdf의 첫 페이지 콘텐츠를 읽는다. 페이지 객체 `p`를 얻으면 이 객체를 라이터 writer 객체에 전달한다. 라이터 객체는 `addPage()` 메소드를 사용해 새 파일에 콘텐츠를 추가한다.

```
outfile.addBlankPage(612, 792)
p = infile.getPage(0)
outfile.addPage(p)
```

지금까지 출력 PDF 파일 객체인 outfile을 생성했지만 파일을 아직 생성하지 않았다.

5. 이제 새로운 PDF 파일에 사용할 라이터 객체와 콘텐츠가 있다. 따라서 open() 메소드를 사용해 새 PDF 파일을 생성하고, 라이터 객체를 사용해 콘텐츠를 작성하여, 새 PDF인 myPdf.pdf를 생성한다(이 파일 시스템에서 사용 가능한 PDF 파일을 볼 수 있다). 다음 코드는 이를 달성한다. 여기서 f는 새로 생성된 PDF 파일의 파일 핸들file handle이다.

```
with open('myPdf.pdf', 'wb') as f:
  outfile.write(f)
f.close()
```

다음 스크린샷은 새로 생성된 PDF 파일의 콘텐츠를 보여준다. 보다시피 첫 페이지는 빈 페이지이고, 두 번째 페이지에는 Exercise.pdf 파일 첫 페이지의 콘텐츠를 포함한다.

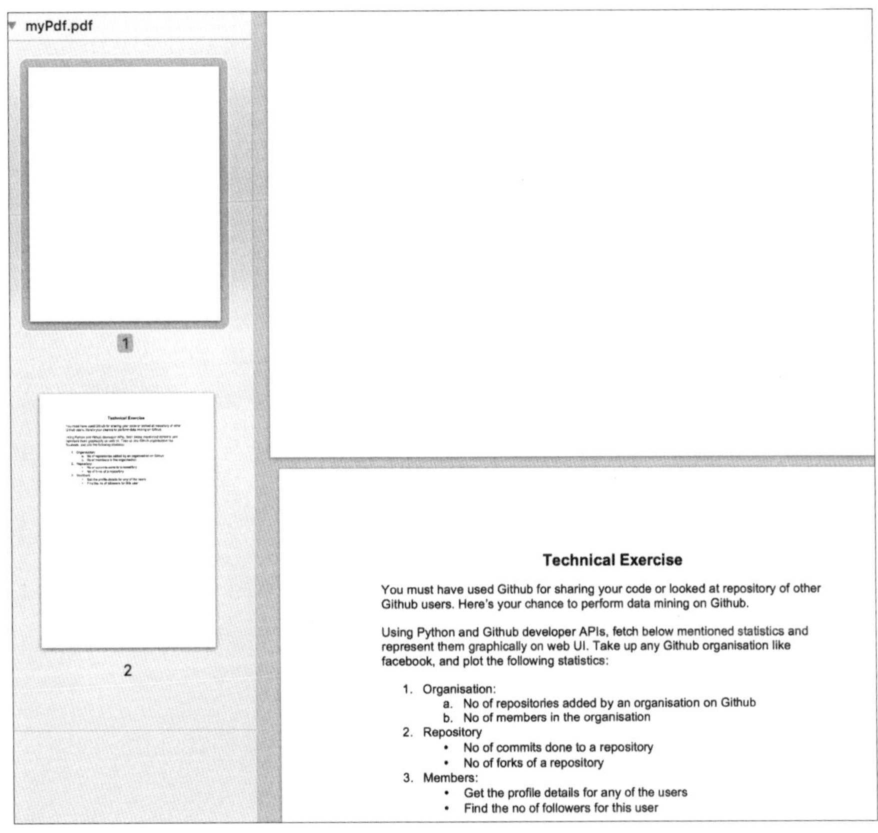

6. 하지만 항상 처음부터 PDF 파일을 생성해야 한다. 그렇다, PDF 파일을 생성하는 또 다른 방법이 있다. 이를 위해 다음 커맨드를 사용해 새 모듈 fpdf를 설치한다.

```
pip install fpdf
```

7. 다음 코드에서 매우 기본적인 예제를 살펴보자.

```
import fpdf
from fpdf import FPDF
pdf = FPDF(format='letter')
```

이 예제는 fpdf 모듈에서 FPDF() 클래스로 인스턴스화하고 기본적으로 PDF 파일을 나타내는 pdf 객체를 생성한다. 객체를 생성하는 동안 PDF 파일의 기본 형식인 letter도 정의한다. fpdf 모듈은 A3, A4, A5, Letter, Legal 등 여러 형식을 지원한다.

8. 다음으로, 파일에 콘텐츠를 삽입하기 시작한다. 하지만 파일은 여전히 비어 있으므로 콘텐츠를 작성하기 전에 add_page() 메소드를 사용해 새 페이지를 삽입하고, set_font() 메소드를 사용해 폰트를 설정한다. 폰트를 Arial로 설정하고 크기를 12로 설정했다.

```
pdf.add_page()
pdf.set_font("Arial", size=12)
```

9. 이제 실제로 cell() 메소드를 사용해 파일에 콘텐츠를 작성하기 시작한다. 셀은 텍스트가 포함된 직사각형 영역이다. 따라서 다음 코드에서 볼 수 있듯이 새로운 라인 Welcome to Automate It!을 추가하고, 그다음은 Created by Chetan으로 라인이 이어진다. 관찰해야 할 몇 가지 사항이 있다. 200×10은 셀의 높이height × 너비width다. ln=1은 새 라인을 지정하고, align=C는 페이지의 가운데에 텍스트를 맞춘다. 셀에 긴 텍스트를 추가할 때 문제가 발생할 수 있지만, fpdf 모듈에는 가능한 유효 페이지 너비로 긴 텍스트 라인이 자동으로 분리되는 multi_cell() 메소드가 있다. 여러분은 언제나 페이지 너비를 계산할 수 있다.

```
pdf.cell(200, 10, txt="Welcome to Automate It!", ln=1, align="C")
pdf.cell(200,10,'Created by Chetan',0,1,'C')
pdf.output("automateit.pdf")
```

이 코드의 출력은 다음 스크린샷과 같은 콘텐츠를 포함하는 PDF 파일이다.

PDF 조작(헤더/푸터 추가, 병합, 분할, 삭제)

프로그래밍 방식으로 PDF 파일을 몇 초 안에 병합할 수 있는지 궁금했던 적이 있는가? 또는 많은 PDF 파일의 헤더와 푸터를 한 번에 수정할 수 있을까? 이번 레시피에서는 PDF 파일에서 가장 자주 수행되는 흥미로운 작업을 진행해보겠다.

준비하기

이 레시피에서는 이전에 설치된 PyPDF2 및 fpdf 모듈을 사용한다.

실행 방법

1. PyPDF2의 PdfFileMerger 클래스로 작업을 시작한다. PdfFileMerger 클래스를 사용해 여러 PDF 파일을 병합한다. 다음 코드 예제는 완전히 동일하다.

```
from PyPDF2 import PdfFileReader, PdfFileMerger
import os
merger = PdfFileMerger()
files = [x for x in os.listdir('.') if x.endswith('.pdf')]
for fname in sorted(files):
  merger.append(PdfFileReader(open(os.path.join('.', fname), 'rb')))
merger.write("output.pdf")
```

2. 앞의 코드를 실행하면 여러 PDF 파일을 병합한 새 파일 output.pdf가 생성된다. output.pdf 파일을 열고 직접 살펴본다.

3. 멋지다! 이제 PDF 파일에 헤더header와 푸터footer를 추가하는 방법을 살펴본다. fpdf 모듈을 사용해 PDF 파일(automateit.pdf)을 생성한 이전 레시피의 예제를 호출하자. 이제 헤더 및 푸터 정보가 포함된 유사한 파일을 생성해야 한다면 어떻게 해야 하는가? 다음 코드가 바로 그 기능을 한다.

```
from fpdf import FPDF
class PDF(FPDF):
  def footer(self):
    self.set_y(-15)
    self.set_font('Arial', 'I', 8)
    self.cell(0, 10, 'Page %s' % self.page_no(), 0, 0, 'C')

  def header(self):
    self.set_font('Arial', 'B', 15)
    self.cell(80)
    self.cell(30, 10, 'Automate It!', 1, 0, 'C')
    self.ln(20)

pdf = PDF(format='A5')
pdf.add_page()
pdf.set_font("Times", size=12)
for i in range(1, 50):
   pdf.cell(0, 10, "This my new line. line number is: %s" % i, ln=1,
align='C')
pdf.output("header_footer.pdf")
```

위 코드의 출력은 다음 스크린샷에서 확인할 수 있다. PDF 문서의 헤더와 푸터를 조작할 수 있는 방법을 살펴보자.

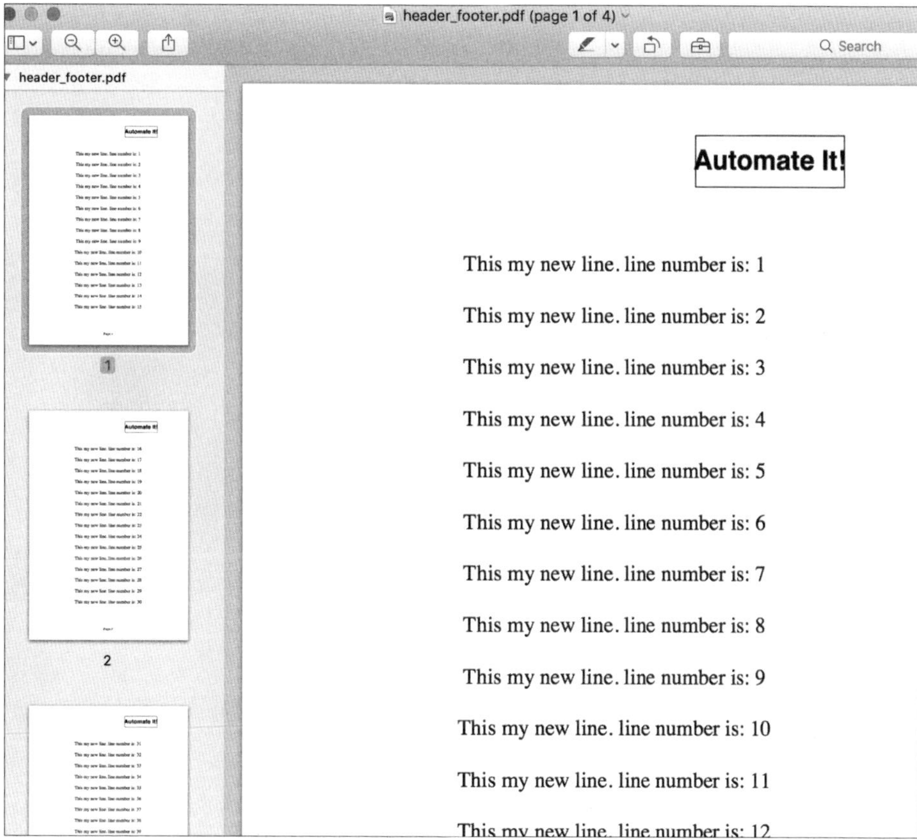

4. 좋다! 이제 더 많은 작업을 신속하게 처리하자. 이전 레시피에서 myPdf.pdf 파일에 빈 페이지를 추가했던 것을 기억하는가? PDF 파일에서 빈 페이지를 제거하려면 어떻게 해야 할까?

```
infile = PdfFileReader('myPdf.pdf', 'rb')
output = PdfFileWriter()

for i in xrange(infile.getNumPages()):
  p = infile.getPage(i)
  if p.getContents():
    output.addPage(p)

with open('myPdf_wo_blank.pdf', 'wb') as f:
  output.write(f)
```

파이썬 코드를 실행하고 myPdf_wo_blank.pdf의 콘텐츠를 살펴보면 한 페이지가 표시되고 빈 페이지는 제거됐음을 확인할 수 있다.

5. 이제 특정 메타 정보meta information를 파일에 추가하려면 어떻게 해야 할까? 다음과 같은 파이썬 코드로 PDF 파일의 메타데이터를 쉽게 편집할 수 있을 것이다.

```
from PyPDF2 import PdfFileMerger, PdfFileReader
mergerObj = PdfFileMerger()
fp = open('myPdf.pdf', 'wb')

metadata = {u'/edited':u'ByPdfFileMerger',}
mergerObj.addMetadata(metadata)
mergerObj.write(fp)
fp.close()

pdf = open("myPdf.pdf", 'rb')
readerObj = PdfFileReader(pdf)
print "Document Info:", readerObj.getDocumentInfo()
pdf.close()
```

위 코드의 출력은 다음 스크린샷에서 확인할 수 있다. 편집된 메타데이터를 PDF 파일에 성공적으로 추가한 방법을 살펴본다.

```
Document Info: {'/Producer': u'PyPDF2', '/edited': u'ByPdfFileMerger'}
```

6. 개발 관점에서 볼 때 또 하나의 좋은 옵션은 PDF 파일에서 페이지를 회전시키는 것이다. PyPDF2 모듈을 사용해 그렇게 할 수 있다. 다음 코드는 Exercise.pdf의 첫 번째 페이지를 시계 반대 방향으로 90도 회전시킨다.

```
from PyPDF2 import PdfFileReader
fp = open('Exercise.pdf', 'rb')
readerObj = PdfFileReader(fp)
page = readerObj.getPage(0)
page.rotateCounterClockwise(90)

writer = PdfFileWriter()
writer.addPage(page)
```

```
fw = open('RotatedExercise.pdf', 'wb')
writer.write(fw)
fw.close()
fp.close()
```

다음 스크린샷은 시계 반대 방향으로 회전했을 때 파일이 어떻게 표시되는지 보여준다.

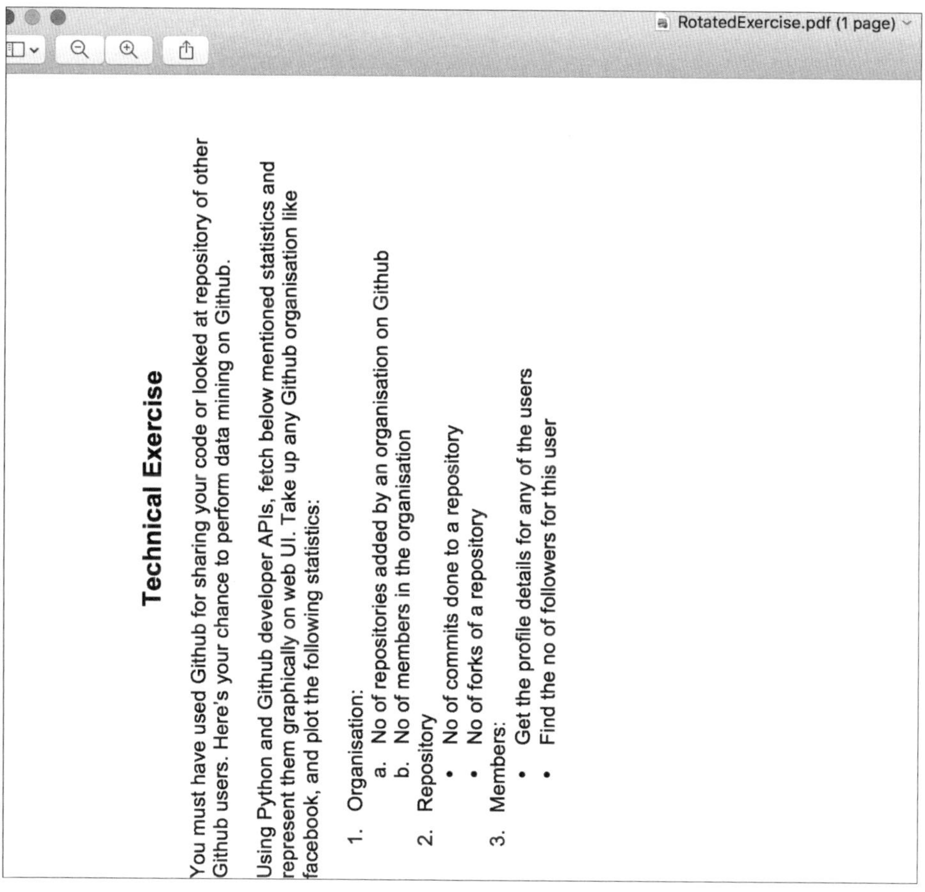

작동원리

첫 번째 코드는 merger라는 PdfFileMerger 클래스의 객체를 생성했다. 그런 다음 현재 작업 디렉토리의 모든 파일을 살펴보고, 파이썬의 리스트 컴프리헨션list comprehension을 사용해 .pdf 확장자를 가진 모든 파일을 선택했다.

다음으로, 파일을 정렬하고 루프를 실행해 한 번에 하나의 파일을 선택하여 읽어 merger 객체에 추가했다.

모든 파일이 병합되면 merger 객체의 write( ) 메소드를 사용해 단일 병합 파일인 output.pdf를 생성했다.

이 예제에서는 output.pdf 파일의 파일 핸들을 생성할 필요가 없다. merger는 내부적으로 처리하고 멋진 PDF 파일을 생성한다.

두 번째 코드는 다음과 같은 작업들을 수행했다.

1. 표준 FPDF 클래스를 상속하고 자신의 클래스인 PDF를 생성했다.
2. PDF 클래스로 새 PDF 파일을 생성할 때 헤더와 푸터를 정의하는 2개의 메소드 header( )와 footer( )를 오버라이드했다.
3. footer( ) 메소드로 모든 페이지에 페이지 번호를 추가했다. 페이지 번호는 폰트 크기 8 및 Arial, Italics로 표시된다. 또한 중심에 위치하고 페이지 하단 15mm 위에 표시했다.
4. header( ) 메소드는 헤더 셀을 생성해 맨 오른쪽에 배치했다. 헤더의 제목은 Automate It!이며 폰트 크기 15 및 Arial, Bold이다. 제목은 셀의 컨텍스트context에서도 가운데에 위치한다. 마지막으로, 헤더 아래에 20픽셀의 구분 라인을 추가했다.
5. 그런 다음, 페이지 형식을 A5로 설정해 자신의 PDF를 생성했다.

6. This is my new line. Line number is <line_no>인 PDF 콘텐츠의 폰트는 Times, 폰트 크기는 12로 설정한다.
7. 생성된 PDF는 '실행 방법' 절의 스크린샷과 같다. 페이지의 크기는 A5이다. 따라서 페이지에 15개의 라인만 추가할 수 있다. 만약 letter 크기였다면, 한 페이지에 적어도 20개의 라인을 수용했을 것이다.

이 레시피에서 세 번째 코드 예제의 getContents()는 주어진 페이지에 콘텐츠가 존재하는지 여부를 확인하는 중요한 작업을 수행한다. 따라서 이전 PDF 파일을 읽기 시작할 때 페이지의 콘텐츠를 확인한다. 콘텐츠가 없는 경우 페이지가 무시되고 새 PDF 파일에 추가되지 않는다.

네 번째는 addMetadata() 메소드를 사용해 메타데이터 정보를 PDF 파일에 추가했다. addMetadata() 메소드는 PDF 파일에 대해 수정해야 하는 속성을 전달할 수 있는 인자로 키 값 쌍을 사용한다. 이 예제에서는 addMetadata() 메소드를 사용해 /edited 메타데이터 필드를 PDF 파일에 추가했다.

마지막 예제는 페이지를 실제로 회전시키는 rotateCounterClockwise() 외의 코드는 따로 설명할 필요가 없다고 생각한다. rotateClockwise()를 사용해 페이지를 시계 방향으로도 회전시킬 수 있다.

더 알아보기

PDF 파일을 읽고 쓰는 법을 배우고 PDF 파일을 조작하는 여러 방법도 살펴봤다. 이제는 실제 삶의 예제를 들어 상황을 살펴볼 때다.

재무 부서의 급여 명세서 생성 자동화

회사의 재무 관리자가 급여 명세서 생성 과정을 더 빠르게 하고자 하는 조직의 사용 사례를 예제로 살펴보자. 재무 관리자는 그 작업이 평범할 뿐만 아니라 많은 시간이 소모된다는 사실을 깨달았다. 더 많은 직원이 회사에 합류하면 어려워질 것이다. 재무 관리자는 과정을 자동화하기로 하고 여러분에게 접근한다. 어떻게 도울 수 있을까?

3장에서 배운 것과 함께, 틀림없이 여러분을 위한 케이크 조각이 될 것이다. 시작하자.

준비하기

이 예제에서는 특별한 모듈이 필요하지 않다. 이전 레시피들에서 설치된 모듈로 충분하다.

실행 방법

우선 급여 명세서 템플릿을 생각해보자. 급여 명세서에는 무엇이 포함되어 있을까?

- 직원 정보
- 회사의 지불
- 공제(정부에 납부하는 세금)
- 총지불액

따라서 직원들의 정보를 얻고, 지불과 공제 표를 추가하고, 해당 월에 지불된 총급여 항목을 추가할 필요가 있다.

이 시나리오의 코드 구현은 다음과 같다.

```
from datetime import datetime

employee_data = [
  { 'id': 123, 'name': 'John Sally', 'payment': 10000, 'tax': 3000, 'total': 7000 },
  { 'id': 245, 'name': 'Robert Langford', 'payment': 12000, 'tax': 4000, 'total':
8000 },
]

from fpdf import FPDF, HTMLMixin

class PaySlip(FPDF, HTMLMixin):
```

```
  def footer(self):
    self.set_y(-15)
    self.set_font('Arial', 'I', 8)
    self.cell(0, 10, 'Page %s' % self.page_no(), 0, 0, 'C')

  def header(self):
    self.set_font('Arial', 'B', 15)
    self.cell(80)
    self.cell(30, 10, 'Google', 1, 0, 'C')
    self.ln(20)

def generate_payslip(data):
  month = datetime.now().strftime("%B")
  year = datetime.now().strftime("%Y")
  pdf = PaySlip(format='letter')
  pdf.add_page()
  pdf.set_font("Times", size=12)
  pdf.cell(200, 10, txt="Pay Slip for %s, %s" % (month, year), ln=3, align="C")
  pdf.cell(50)
  pdf.cell(100, 10, txt="Employeed Id: %s" % data['id'], ln=1, align='L')
  pdf.cell(50)
  pdf.cell(100, 10, txt="Employeed Name: %s" % data['name'], ln=3, align='L')

  html = """
    <table border="0" align="center" width="50%">
    <thead><tr><th align="left" width="50%">
      Pay Slip Details</th><th align="right" width="50%">
      Amount in USD</th></tr></thead>
    <tbody>
      <tr><td>Payments</td><td align="right">""" + str(data['payment']) + """
      </td></tr>
      <tr><td>Tax</td><td align="right">""" + str(data['tax']) + """</td></tr>
      <tr><td>Total</td><td align="right">""" + str(data['total']) + """</td></tr>
    </tbody>
    </table>
    """
  pdf.write_html(html)
  pdf.output('payslip_%s.pdf' % data['id'])

for emp in employee_data:
  generate_payslip(emp)
```

다음은 헤더 및 푸터, 급여 명세서 세부 정보를 보여주는 급여 명세서의 양식이다.

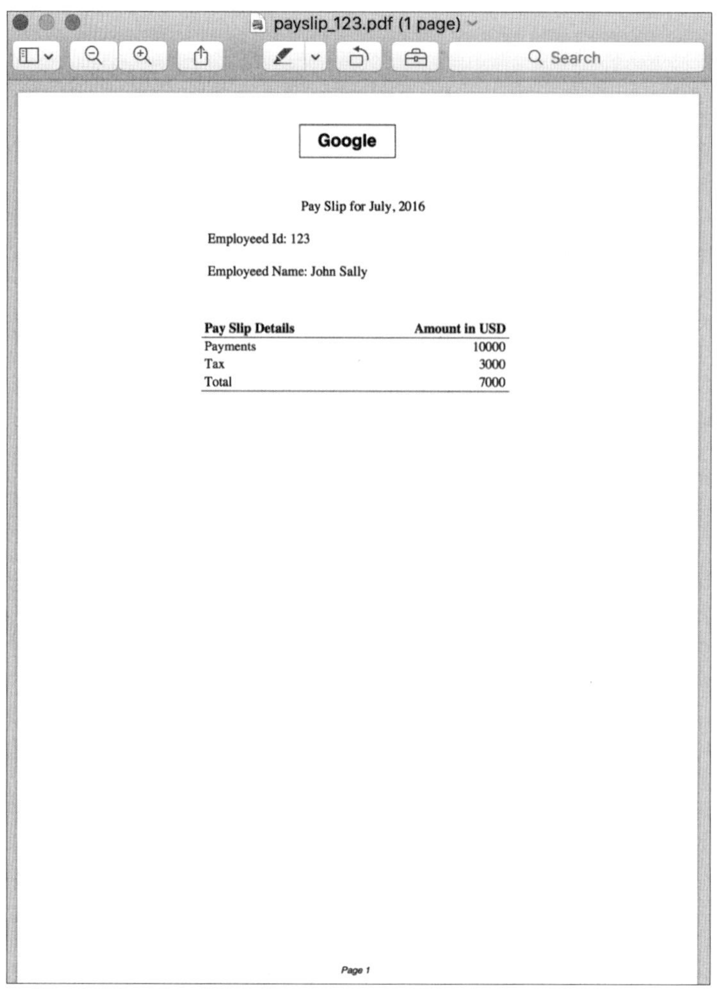

작동원리

먼저 딕셔너리 `employee_data`에서 직원 데이터를 가져온다. (실제 시나리오에서) 직원 테이블에서 가져온 것으로, SQL 질의로 검색할 수 있다. `FPDF` 클래스에서 상속받은 자신의 `PaySlip` 클래스를 작성하고 자신의 헤더와 푸터를 정의했다.

그런 다음, 급여 명세서를 생성하기 위한 자신의 메소드를 썼다. 상단의 회사 이름(이 경우 Google을 말함)이 있는 헤더와 급여 명세서 기간이 포함된다. Employee Id와 Employee Name도 추가했다.

자, 이것은 흥미롭다. 표를 생성하는 HTML 문서를 작성하고 write_html() 메소드로 지불, 세금 및 총급여 정보를 급여 명세서에 추가했다.

결국 output() 메소드로 PDF 파일에 이 모든 정보를 추가하고 급여 명세서를 payslip_<employee_id>로 이름을 붙였다.

더 알아보기

예제를 코드화했지만, 무엇인가 빠진 것 같지 않은가? 그렇다, PDF를 암호화하지 않았다. 패스워드로 급여 명세서를 보호해 해당 직원을 제외한 누구도 볼 수 없게 하는 것이 좋다. 다음 코드는 파일을 암호화하는 데 도움이 될 것이다. 이 예제는 Exercise.pdf를 암호화하고, 패스워드는 P@$$w0rd로 설정하고, EncryptExercise.pdf로 이름을 변경한다.

```
from PyPDF2 import PdfFileWriter, PdfFileReader
fp = open('Exercise.pdf', 'rb')
readerObj = PdfFileReader(fp)

writer = PdfFileWriter()
for page in range(readerObj.numPages):
  writer.addPage(readerObj.getPage(page))

writer.encrypt('P@$$w0rd')

newfp = open('EncryptExercise.pdf', 'wb')
writer.write(newfp)

newfp.close()
fp.close()
```

보안 파일을 열면 패스워드를 묻는다.

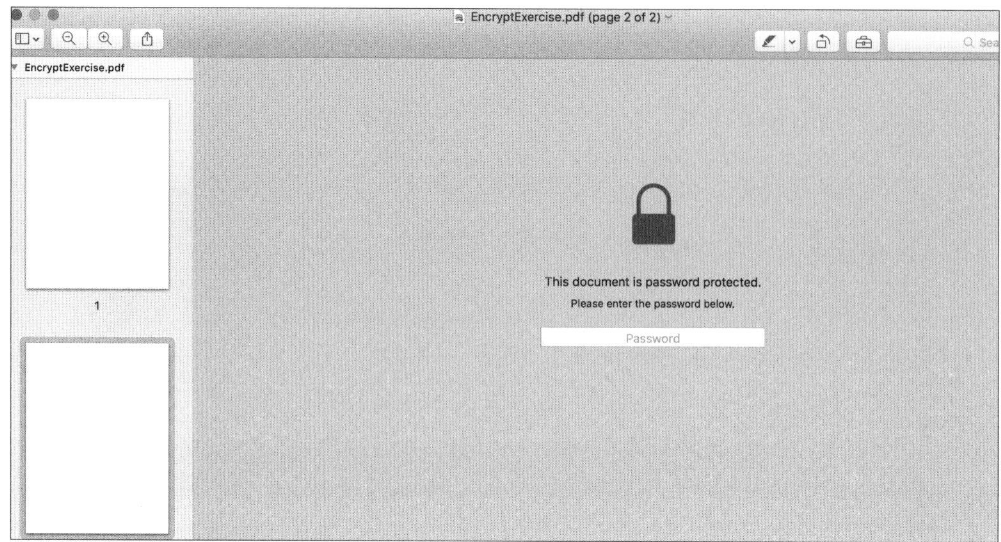

멋진 해결책이다! 재무 관리자는 행복할 것이다. 보안 파일을 복호화하는 방법은 매우 간단하므로 여러분의 몫으로 남겨두겠다. 문서를 참고하자.

PDF 파일 작업의 마무리 단계에 왔다. PDF 파일은 본질적으로 데이터를 바이너리 형식으로 저장하고 살펴본 것처럼 여러 작업을 지원한다. 다음 절에서는 문서(.docx) 작업을 시작할 텐데, 문서에서 제공하는 기능에 감사하게 될 것이다.

워드 문서 읽기

알다시피 마이크로소프트 오피스는 오피스 2007 이후의 워드 문서(.docx)에 대한 새로운 확장자를 제공하기 시작했다. 이 변경으로 문서는 ZIP 압축 기능을 가진 XML 기반 파일 형식(오피스 오픈 XML)으로 변경됐다. 마이크로소프트는 비즈니스 커뮤니티에서 애플리케이션 간에 데이터를 전송하는 데 도움이 될 수 있는 열린 파일 형식open file format을 요구할 때 이러한 변화를 시도했다. 이제 DOCX 파일로의 여행을 시작하자!

준비하기

이번 레시피에서는 python-docx 모듈을 사용해 워드 문서를 읽는다. python-docx는 워드 문서에 대한 읽기 및 쓰기 작업을 모두 수행하는 포괄적인 모듈이다. 이 모듈을 가장 선호하는 도구인 pip로 설치하자.

```
pip install python-docx
```

실행 방법

1. 먼저 자신의 워드 문서를 생성한다. PDF 파일로 작업하는 동안은 이전 절에서 봤던 것과 동일한 작업이다. 표를 추가하고 WExercise.docx로 저장했다. 다음을 참고하자.

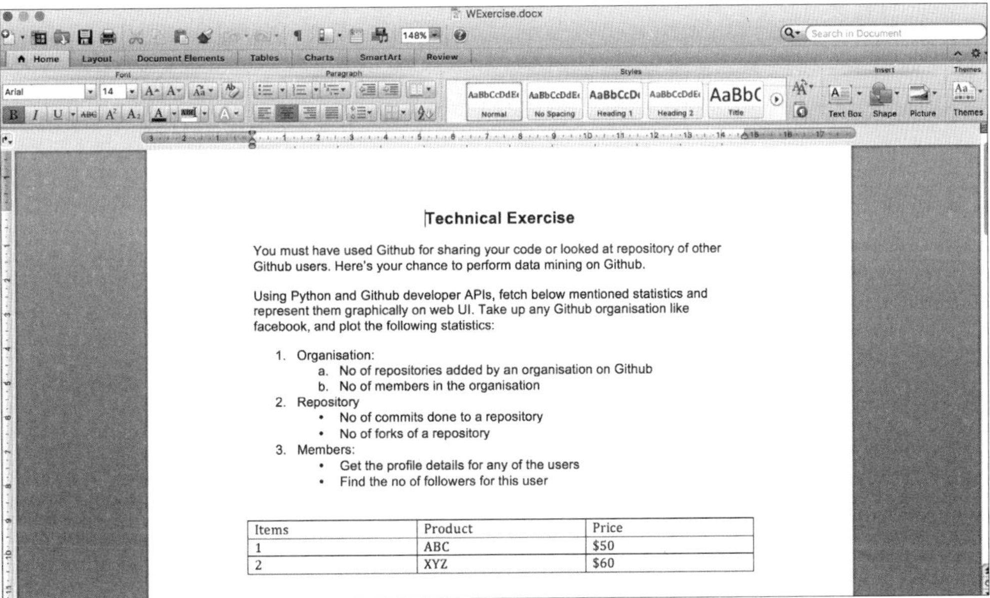

2. 이제 WExercise.docx 파일을 읽는다. 다음 코드는 WExercise.docx 파일을 가리키는 객체를 얻는 데 도움이 된다.

```
import docx

doc = docx.Document('WExercise.docx')
print "Document Object:", doc
```

위 코드의 출력은 다음 스크린샷에 표시된다. 워드 문서를 읽는 것은 개념적으로 파이썬에서 파일을 읽는 것과 유사하다. open( ) 메소드를 사용해 파일 핸들을 생성하는 방법과 마찬가지로 이 코드에서도 문서 핸들document handle을 생성한다.

```
Document Object: <docx.document.Document object at 0x10486bd20>
```

3. 이제 문서의 기본 정보를 얻으려면, 위 코드의 문서 객체인 doc를 사용할 수 있다. 예를 들어, 문서 제목을 가져오려면 다음 코드를 사용할 수 있다. 코드를 자세히 살펴보면 paragraphs 객체를 사용해 텍스트를 가져온다. 단락은 문서에 존재하는 라인이다. 문서의 제목이 문서의 첫 번째 라인이라고 가정하면, 문서의 단락에 대해 0의 색인을 가져오고 제목의 텍스트는 text 속성을 호출해 얻는다.

```
import docx

doc = docx.Document('WExercise.docx')
print "Document Object:", doc

print "Title of the document:"
print doc.paragraphs[0].text
```

다음 스크린샷에서 연습 문제 문서의 제목 출력 방법을 확인한다.

```
Title of the document:
Technical Exercise
```

4. 멋지다! 그럼 이번에는 관심 있는 워드 문서의 기타 속성들을 살펴보자. 동일한 doc 객체를 사용하자.

```
print "Attributes of the document"
print "Author:", doc.core_properties.author
print "Date Created:", doc.core_properties.created
print "Document Revision:", doc.core_properties.revision
```

위 코드의 출력은 다음 스크린샷에 표시된다. 해당 문서의 저자는 Chetan Giridhar 이다. 봤을지도 모르겠지만, 그것은 7월 2일 오전 4시 24분에 생성됐다. 또한 다섯 번째 개정 문서이기 때문에 문서가 다섯 번 변경됐다.

```
Attributes of the document
Author: Chetan Giridhar
Date Created: 2016-07-02 04:24:00
Document Revision: 5
```

5. 이제 좀 더 대담하게 문서 아래쪽의 표를 살펴본다. python-docx 모듈은 표를 분석하는 데 아주 좋다. 다음 코드를 살펴보자.

```
table = doc.tables[0]

print "Column 1:"
for i in range(len(table.rows)):
  print table.rows[i].cells[0].paragraphs[0].text

print "Column 2:"
for i in range(len(table.rows)):
  print table.rows[i].cells[1].paragraphs[0].text

print "Column 3:"
for i in range(len(table.rows)):
  print table.rows[i].cells[2].paragraphs[0].text
```

6. 위의 예제는 tables 객체를 사용해 문서의 표를 읽었다. 문서 전체에 표가 하나만 있기 때문에, tables[0]으로 첫 번째 색인을 가져와서 table 변수에 객체를 저장한다.

7. 각 표는 행과 열을 포함하며, table.rows 혹은 table.columns를 사용해 액세스할 수 있다. table.rows를 사용해 테이블의 행의 개수를 얻는다.

8. 다음으로 모든 행을 반복하고 table.rows[index].cells[index].paragraphs[0].text를 사용해 셀의 텍스트를 읽는다. 셀의 실제 텍스트를 포함하기 때문에 paragraphs 객체가 필요했다(모든 셀에는 단 한 라인의 데이터만 있다고 가정하기 때문에 다시 0번째 색인을 사용했다).

9. 첫 번째 for 루프에서 3개의 행을 모두 읽지만 모든 행의 첫 번째 셀만 읽는다는 사실을 알고 있다. 근본적으로, 열 값을 읽고 있다.

10. 이전 코드의 출력에는 값을 가진 모든 열이 표시된다.

```
Column 1:
Items
1
2
Column 2:
Product
ABC
XYZ
Column 3:
Price
$50
$60
```

11. 이제 워드 문서를 읽는 데 전문가가 됐다. 워드 문서에 데이터를 쓸 수 없다면 어떻게 해야 할까? 다음 레시피에서 .docx 문서를 작성하거나 생성하는 방법을 살펴보자.

워드 문서 데이터 쓰기(헤딩, 이미지, 표 추가)

파일 읽기는 python-docx 모듈을 사용하면 편리하다. 이제 워드 문서 쓰기를 살펴보자. 이 절에서는 문서로 여러 작업을 수행한다.

준비하기

이 레시피는 환상적인 파이썬 모듈 python-docx를 사용한다. 설치에 많은 시간을 쓸 필요가 없다. 시작하자!

실행 방법

1. 먼저 .docx 파일을 생성하는 매우 기본적인 작업부터 시작해 여기에 헤딩을 추가한다. 다음 코드는 이 작업을 수행한다.

```
from docx import Document

document = Document()
document.add_heading('Test Document from Docx', 0)
document.save('testDoc.docx')
```

이 문서의 모양은 다음과 같다.

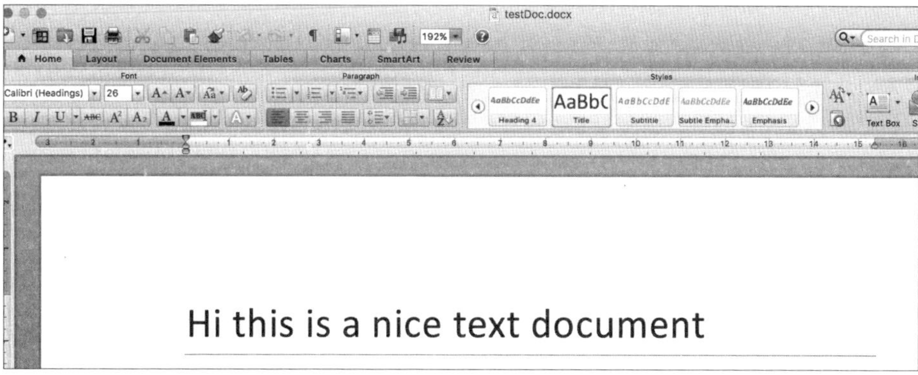

2. 스크린샷을 보면 문자열이 포함된 새 문서가 생성된다. 스크린샷은 Title 텍스트로 표시되는 방식을 보여준다. 이것을 어떻게 달성했을까? 파이썬 코드의 세 번째 라인에서 `0`이 확인되는가? 이것은 헤딩의 종류에 대해 이야기하고 이에 따라 텍스트의 스타일을 적용한다. `0`은 제목을 나타낸다. 1과 2는 Heading 1 혹은 Heading 2로 텍스트를 구성한다.

3. 다음으로 문서에 새 라인을 추가하자. 몇몇 단어는 굵은 서체로, 몇몇 단어는 이탤릭체로 처리한다.

```
document = Document('testDoc.docx')
p = document.add_paragraph('A plain paragraph having some ')
p.add_run('bold words').bold = True
p.add_run(' and italics.').italic = True
document.save('testDoc.docx')
```

4. 이제 다음 스크린샷과 같은 문서가 나타난다. Normal 스타일로 추가된 라인을 살펴본다. 텍스트의 일부 단어는 굵은 서체로 표시되며 일부는 이탤릭체로 표시된다.

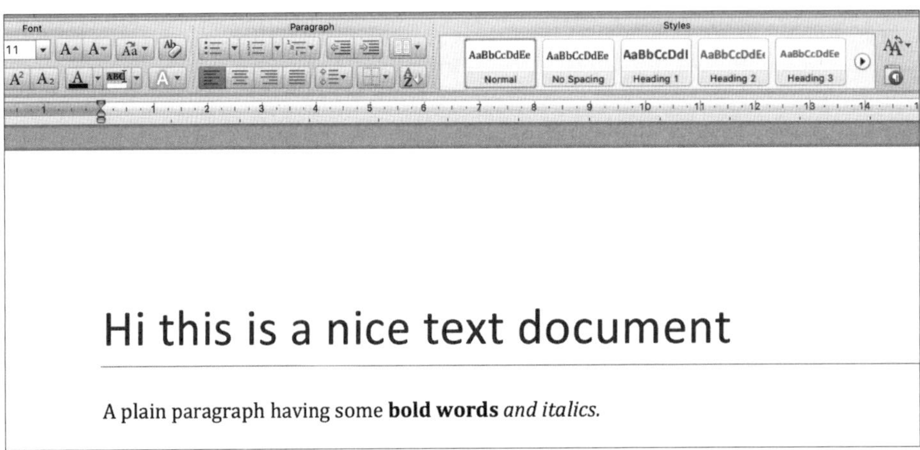

5. 문서의 또 다른 하위 주제를 추가하자. 다음 코드 구현을 살펴본다. 여기서는 Heading 1 스타일로 하위 주제를 생성하고 이 주제 아래에 새 라인을 추가한다.

```
document = Document('testDoc.docx')
document.add_heading('Lets talk about Python language', level=1)
document.add_paragraph(
  'First lets see the Python logo', style='ListBullet'
)
document.save('testDoc.docx')
```

6. 문서는 이제 다음 스크린샷과 같다. 스크린샷을 가져올 때 스크린샷에 나타나는 Heading 1의 라인을 클릭했다. 하위 주제가 글머리 기호bullet point로 표현되는 방식에 유의한다.

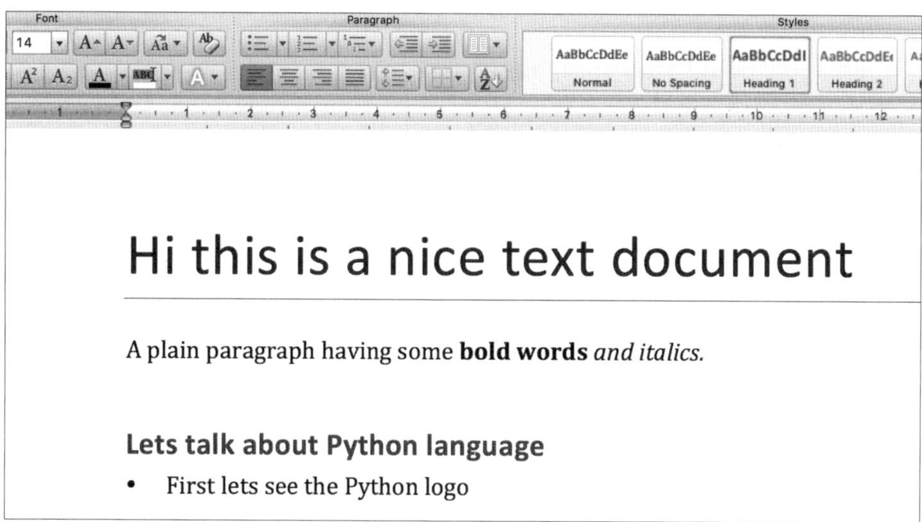

7. 종종 문서에 이미지를 넣어야 할 때가 있는데, 이건 정말 쉽다. 이 단계에서 다음 코드를 확인한다.

```
from docx.shared import Inches
document = Document('testDoc.docx')
document.add_picture('python.png', width=Inches(1.25))
document.save('testDoc.docx')
```

인터프리터에서 파이썬 코드를 실행하면 문서에 멋진 파이썬 로고가 포함되어 있음을 알 수 있다. 스크린샷을 가져오기 전에 이미지를 클릭해서 주의를 끌었기 때문에, 라이브러리에서 끝나지 않았다.

Hi this is a nice text document

A plain paragraph having some **bold words** *and italics.*

Lets talk about Python language

- First lets see the Python logo

8. 마지막으로, 문서에 표를 추가할 수도 있다. 실습해보자. 다음 코드는 DOCX 파일에 표를 추가하는 방법을 보여준다.

```
document = Document('testDoc.docx')
table = document.add_table(rows=1, cols=3)
table.style = 'TableGrid'

data = {'id':1, 'items':'apple', 'price':50}

headings = table.rows[0].cells
headings[0].text = 'Id'
headings[1].text = 'Items'
headings[2].text = 'Price'

row = table.add_row( ).cells
row[0].text = str(data.get('id'))
row[1].text = data.get('items')
row[2].text = str(data.get('price'))

document.save('testDoc.docx')
```

다음 스크린샷은 전체 문서가 표와 함께 보이는 모습을 보여준다.

Hi this is a nice text document

A plain paragraph having some **bold words** *and italics.*

Lets talk about Python language

- First lets see the Python logo

Id	Items	Price
1	apple	50

작동원리

첫 번째 코드는 `Document` 클래스에서 `document` 객체를 생성했다. 그런 다음 `document` 객체를 사용해 `Hi this is a nice text document`라는 텍스트를 포함하는 새로운 헤딩을 추가했다. 나는 이것이 텍스트 문서가 아니라 단지 문자열임을 안다.

두 번째 예제는 `add_paragraph()` 메소드를 사용해 새 라인을 추가한다(`paragraphs`는 이전 절에서 워드 문서의 라인을 읽는 데 사용됨을 기억하자). 그리고 어떻게 스타일을 얻었을까? `add_run()` 메소드를 사용해 `bold` 및 `italic`을 `true`로 설정하면 가능하다.

네 번째 예제는 `add_picture()` 메소드를 사용해 그림을 문서에 추가했다. 이미지의 높이와 너비를 인치로 설정할 수 있다. 이를 위해, 새 클래스 `Inches`를 임포트하고 이미지의 너비를 1.25인치로 설정했다. 간단하고 깔끔하다.

마지막 예제는 다음 단계를 수행해 문서에 표를 추가했다.

1. add_table( ) 메소드로 table 객체 생성을 시작했다. 하나의 행과 3개의 열을 포함하도록 표를 구성했다. 또한 표는 그리드 테이블grid table 스타일로 했다.
2. 이전 절에서 봤듯이 table 객체에는 rows와 columns 객체가 있다. 이것을 사용해 표를 딕셔너리 data로 채운다.
3. 그런 다음 표에 헤딩heading을 추가했다. 헤딩은 표의 첫 번째 행이므로 table.rows[0]을 사용해 그 표의 데이터를 채운다. 첫 번째 열을 Id로, 두 번째 열을 Items로, 세 번째 열을 Price로 채운다.
4. 헤딩 뒤에 새 행을 추가하고 데이터 딕셔너리에서 이 행의 셀을 채운다.
5. 스크린샷을 살펴보면 문서에 표 하나가 추가되고, ID는 1이고, 항목은 apple이고, 가격은 50이다.

더 알아보기

이전 절에서는 DOCX 파일에 일일이 직접 작성하는 작업을 다뤘다. 워드 문서에서 수동으로 작업했기 때문에 훨씬 더 많은 작업을 프로그래밍 방식으로 수행할 수 있다. 이제 비즈니스 사용 사례를 함께 살펴보자.

HR 팀을 위한 자동화된 방식의 개별 신규 채용 오리엔테이션 생성

HR 관리자는 신규 채용에 대한 책임이 있다. 보다시피 매달 최소 15~20명의 신입 직원이 조직에 새로 입사한다. 일단 신입 직원이 회사에서 한 달 동안 일을 마치면, 오리엔테이션 프로그램에서 회사 정책을 수립해야 한다.

이를 위해 새로운 채용 오리엔테이션 세부 정보가 포함된 개별 문서를 전송해야 한다. 데이터베이스에서 직원의 세부 사항을 하나씩 가져오는 것은 지루하다. 게다가 개별 부서에 따라 오리엔테이션에 참여할 직원들을 걸러내야 한다.

이 모든 과정은 시간이 많이 걸리는 작업이며 이를 쉽게 자동화할 수 있다고 생각하면 된다. 지금까지 3장에서 습득한 지식을 사용해 이 프로세스를 자동화하는 방법을 살펴보자.

준비하기

이 레시피는 이전 레시피에서 유용했던 python-docx를 사용한다. 따라서 새로운 모듈을 설치할 필요가 없다.

실행 방법

1. 우선 문제를 분리한다. 우선, 오리엔테이션을 참여할 직원을 모은다. 다음으로, 그들의 부서를 알아야 하고 부서를 토대로 일정 템플릿을 살펴본다. 이런 세부 사항들이 가능해지면 이것을 문서화할 필요가 있다.

2. 이 시나리오의 코드 구현을 살펴본다.

```
from docx import Document

employee_data = [
  {'id': 123, 'name': 'John Sally', 'department': 'Operations',
   'isDue': True},
  {'id': 245, 'name': 'Robert Langford', 'department': 'Software',
   'isDue': False},
]

agenda = {
  "Operations": ["SAP Overview", "Inventory Management"],
  "Software": ["C/C++ Overview", "Computer Architecture"],
  "Hardware": ["Computer Aided Tools", "Hardware Design"]
}

def generate_document(employee_data, agenda):
  document = Document()
  for emp in employee_data:
    if emp['isDue']:
      name = emp['name']
      document.add_heading('Your New Hire Orientationn', level=1)
      document.add_paragraph('Dear %s,' % name)
      document.add_paragraph('Welcome to Google Inc. You have been
selected for our new  hire orientation.')
      document.add_paragraph('Based on your department you will go
through below sessions:')
```

```
        department = emp['department']
        for session in agenda[department]:
          document.add_paragraph(
            session , style='ListBullet'
          )
        document.add_paragraph('Thanks,n HR Manager')
        document.save('orientation_%s.docx' % emp['id'])

generate_document(employee_data, agenda)
```

3. 이 코드를 실행하면, 오리엔테이션의 모든 관련 세부 정보를 문서에 표시하는 방법이 될 것이다. 좋다! 하지만 어떻게 작동했는가? '작동원리' 절에서 확인할 수 있다.

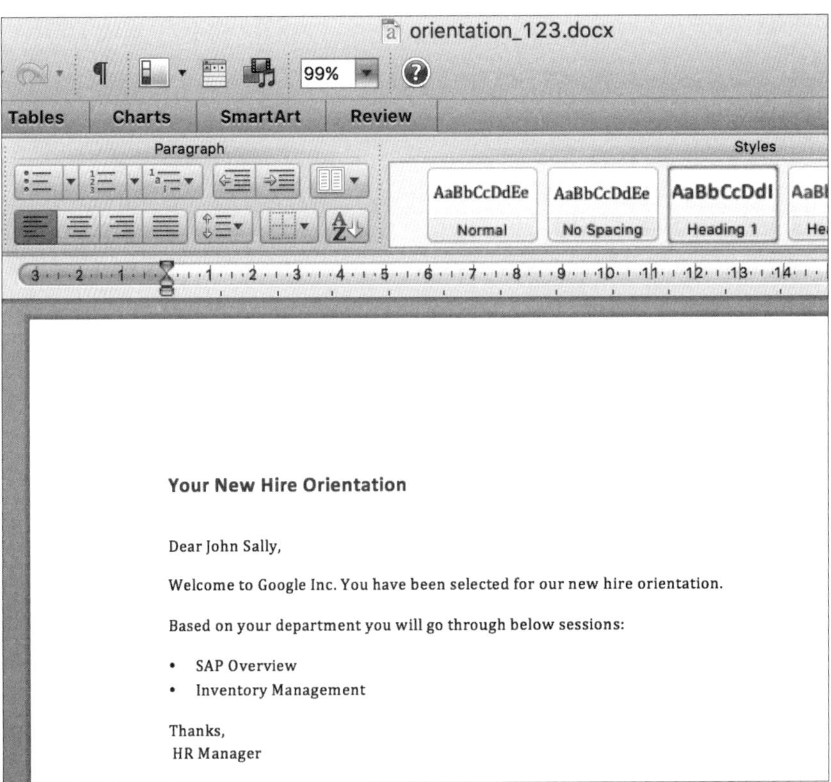

작동원리

앞의 코드에는 직원 정보가 들어 있는 미리 작성된 딕셔너리인 employee_data가 있다. 이 딕셔너리에는 직원의 오리엔테이션 여부도 포함된다. 부서에 따라서 다른 세션을 위한 템플릿으로서 agenda 딕셔너리가 있다. 이 예제에서는 이 모든 데이터를 파이썬 딕셔너리에 수동으로 추가했지만, 실제로는 조직의 데이터베이스에서 가져와야 한다.

다음으로, employee_data와 agenda를 취하는 generate_document( ) 메소드를 작성한다. 이 메소드는 모든 직원을 반복해 해당 직원이 오리엔테이션에 참가할 예정인지 여부를 확인하고 문서를 작성하기 시작한다. 먼저 제목을 추가하고 그다음에는 직원 개인 이름을 덧붙이고, 부서에 따라 직원들이 참석해야 하는 세션으로 넘어간다.

결국 모든 텍스트는 파일 이름이 orientation_〈emp_id〉.docx인 문서로 저장된다.

멋지다! 시간을 절약했다고 상상해보자. HR 관리자로서 얼마나 행복한가? 새로운 기술을 습득하고 신속하게 팀의 이익을 위해 적용했다. 굉장하다!

PDF 파일과 문서를 읽고, 쓰고, 조작하는 방법은 3장의 끝에서 다뤘다. 그 과정이 즐거웠고 사무실이나 학교에서 각자의 일에 적용할 수 있는 많은 새로운 내용을 배웠기를 바란다. 물론 더 할 수 있다. 이 모듈을 각자가 재미있게 사용해보기를 강력히 권한다.

4
SMS와 음성 알림

클라우드 텔레포니cloud telephony는 전화 시스템을 클라우드로 이동하는 기술이다. 4장은 클라우드 텔레포니에 대한 소개로 시작하며, 파이썬의 텍스트 메시지와 음성 메시지로 비즈니스 사용 사례의 자동화를 다룬다.

4장에서 다루는 내용은 다음과 같다.

- 클라우드 텔레포니 공급자 등록
- 텍스트 메시지 전송
- SMS 메시지 수신
- 도미노의 SMS 워크플로우
- 음성 메시지 전송
- 음성 통화 수신
- 나만의 고객 서비스 소프트웨어 구축

소개

3장에서는 평문 및 CSV[comma-separated value] 파일을 사용한 작업을 살펴본 다음 범위를 확장해 엑셀 워크시트, 워드 문서 및 PDF 파일 작업에 대해 살펴봤다. 엑셀, 워드, PDF 파일은 이진 형식으로 제공되며 수식 연산, 표, 차트 등 여러 작업을 지원한다. 파이썬으로 자동화할 수 있는 흥미로운 비즈니스 사용 사례도 살펴봤다.

4장에서는 클라우드 텔레포니의 흥미로운 세계를 살펴본다. 인터넷의 출현으로 기업들은 커뮤니케이션 시스템을 클라우드로 이전했다. 인터넷 기반의 호스팅된 텔레포니는 PBX 같은 기존의 전화 장비를 대체했다. 이로 인해 클라우드 텔레포니를 사용해 비즈니스 요구사항을 해결할 수 있는 가능성이 열렸고 파이썬도 마찬가지다. 비즈니스에서 클라우드 텔레포니를 사용하면 여러 통화와 SMS를 동시에 주고받을 수 있다. 통화 전송, 녹취, 대량 SMS 같은 서비스는 클라우드 텔레포니를 활용할 수 있는 놀라운 기능이다.

클라우드 텔레포니는 품질, 비용 및 추가적인 인프라에 투자하지 않고도 비즈니스 요구사항을 관리할 수 있다.

4장의 레시피에서는 SMS 메시지 및 음성 통화[voice call]를 송수신하는 데 도움이 되는 파이썬 모듈을 살펴볼 것이다. 클라우드 텔레포니 공급자에 등록하고 파이썬 API를 사용해 흥미로운 비즈니스 플로우를 자동화하는 방법을 다룬다. 특히 트윌리오[Twilio] 텔레포니 공급자와 함께 작업할 것이고, 4장에서 사용하는 파이썬 모듈은 다음과 같다.

- `flask`(http://flask.pocoo.org/)
- `twilio`(https://pypi.python.org/pypi/twilio)

> 트윌리오(Twilio) 클라우드 텔레포니 공급자를 살펴보겠지만 그 밖의 공급자도 있다. 이들 각각은 훌륭한 API를 갖고 있으며 파이썬 라이브러리로 작동한다. 솔루션을 구현할 경우, http://www.capterra.com/telephony-software/에서 다양한 종류를 살펴볼 수 있다.

클라우드 텔레포니 공급자 등록

클라우드 기반 텔레포니 서비스를 사용하려면 텔레포니 공급자와 계정을 등록해야 한다. 인터넷을 검색해보면 사용 가능한 다수의 인기 있는 클라우드 공급자가 있다. 4장에서는 트윌리오(https://www.twilio.com/)를 사용한다. 계정을 등록하는 방법을 살펴보자.

준비하기

클라우드 텔레포니 API를 사용하려면 AccountSID 및 AuthToken을 얻기 위해 트윌리오 계정에 등록해야 한다. 또한 SMS와 음성 관련 절의 레시피를 위한 번호를 임대해야 한다. 이번 레시피에서 트윌리오 API를 사용하는 방법을 살펴보자.

실행 방법

1. 컴퓨터에서 가장 선호하는 브라우저를 열고 https://www.twilio.com/try-twilio[1]를 탐색한다.

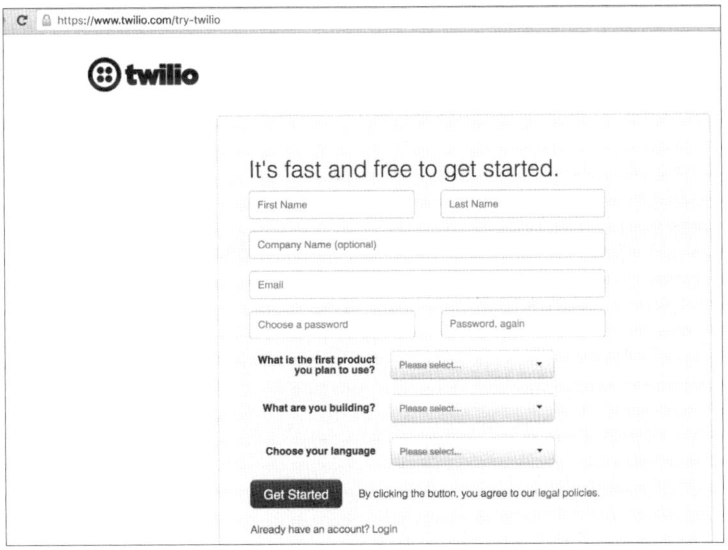

1 현 첨부 이미지와 페이지가 약간 다르지만 기능은 동일하다. - 옮긴이

2. 계정을 생성했으면 계정에 로그인하고 Billing 페이지에서 계정 대시보드의 드롭다운 옵션으로 사용할 수 있는 금액을 추가한다. 이미 로그인한 경우 Billing 페이지(https://www.twilio.com/user/billing)를 직접 검색할 수도 있다.

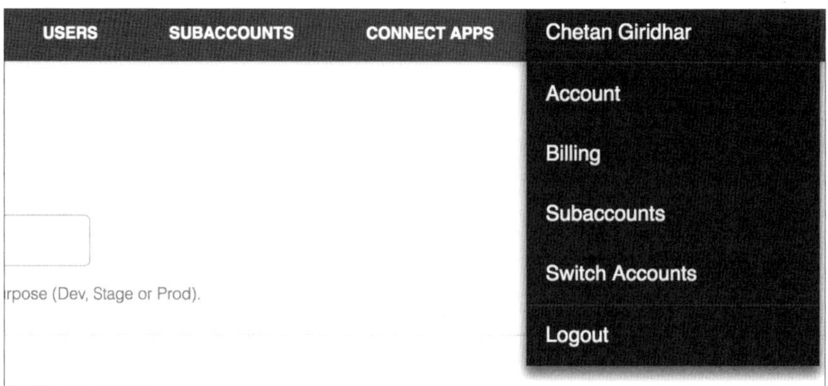

3. 트윌리오 API를 호출하려면 AccountSID 및 AuthToken이 필요하다. 드롭다운의 Account 섹션을 클릭하거나 https://www.twilio.com/user/account/settings를 직접 탐색해 이러한 세부 정보를 얻을 수 있다. 이 페이지에서는 다음 스크린샷과 같은 API 자격증명credentials을 받는다. 지금은 2단계 인증을 걱정 말고 계정에서 SSL Certification Validation이 가능한지 확인한다.

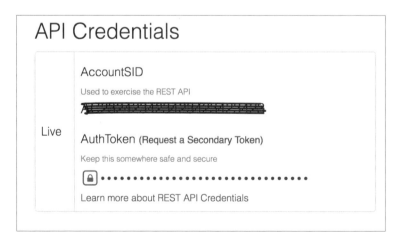

API Credentials

Live

AccountSID

Used to exercise the REST API

AuthToken (Request a Secondary Token)

Keep this somewhere safe and secure

••••••••••••••••••••••••••••••••

Learn more about REST API Credentials

4. 이제 https://www.twilio.com/user/account/phone-numbers/search를 직접 탐색해 전화번호를 임대하자.

5. Buy a Number를 클릭하면 국가country 및 지역번호prefix 혹은 지역 코드area code로 번호를 임대할 수 있는 페이지가 표시된다. 여기서는 United States를 국가로 선택하고 510을 지역번호로 사용한다. 또한 SMS 메시지와 음성 통화를 모두 처리할 수 있는 번호를 임대한다.

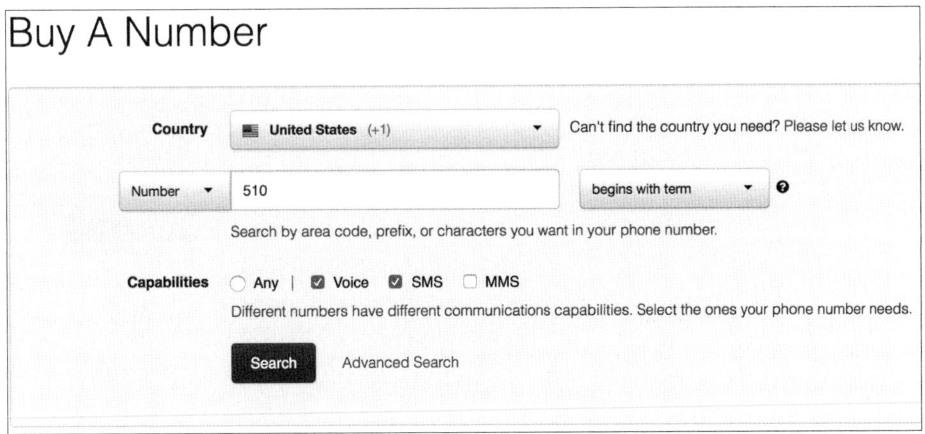

6. 이제, 이 페이지 하단의 Advanced Search 옵션을 클릭해 다음 스크린샷과 같이 모든 옵션을 펼쳐본다. 기본 설정인 All로 진행하거나 Local 혹은 Toll-Free 번호를 임대할 수 있다. 지역이나 국가의 현지 규칙에 따라 번호를 임대할 때는 주소의 증빙 자료를 제공해야 하지만, 이 모든 정보가 필요하지 않은 Any 옵션을 선택할 수도 있다. Beta Numbers는 특정 국가의 트윌리오에 새로 추가된 번호이며, 국가 목록을 지원하기 위해 추가됐다. 이번 레시피에서는 Beta Numbers 옵션을 신경 쓸 필요가 없으므로 빈칸으로 둔다.

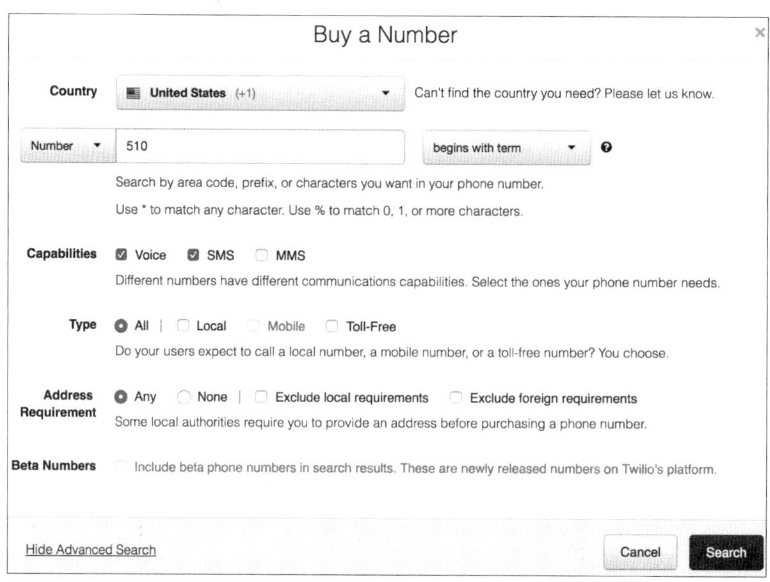

7. Search를 클릭하면 이 페이지는 결과 화면으로 이동해 사용 가능한 번호를 구입할 수 있다. 음성 및 SMS를 사용할 수 있는 번호를 구입했는지 확인한다. Toll-Free 번호는 비싸기 때문에 이번 실습을 위해서는 Local 번호를 구입하는 것이 가장 좋다.

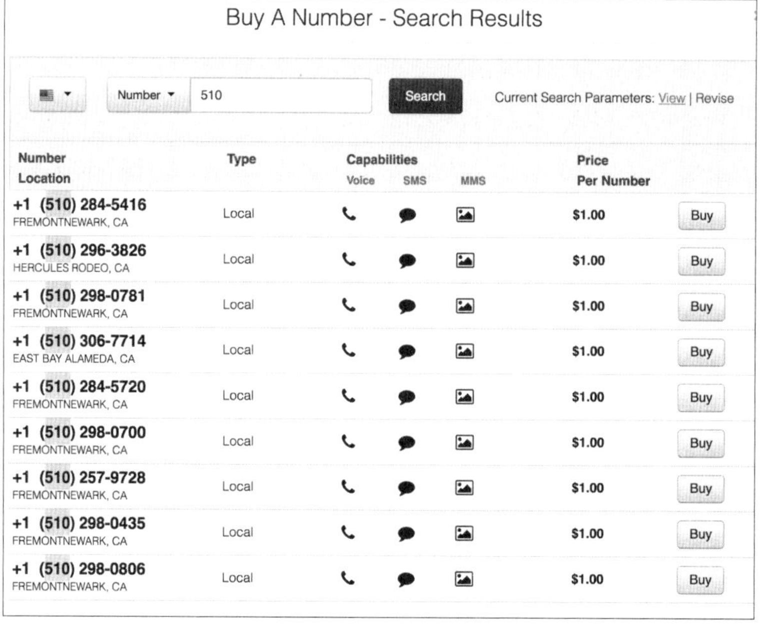

Number Location	Type	Capabilities Voice SMS MMS	Price Per Number	
+1 (510) 284-5416 FREMONTNEWARK, CA	Local		$1.00	Buy
+1 (510) 296-3826 HERCULES RODEO, CA	Local		$1.00	Buy
+1 (510) 298-0781 FREMONTNEWARK, CA	Local		$1.00	Buy
+1 (510) 306-7714 EAST BAY ALAMEDA, CA	Local		$1.00	Buy
+1 (510) 284-5720 FREMONTNEWARK, CA	Local		$1.00	Buy
+1 (510) 298-0700 FREMONTNEWARK, CA	Local		$1.00	Buy
+1 (510) 257-9728 FREMONTNEWARK, CA	Local		$1.00	Buy
+1 (510) 298-0435 FREMONTNEWARK, CA	Local		$1.00	Buy
+1 (510) 298-0806 FREMONTNEWARK, CA	Local		$1.00	Buy

8. 축하한다! 이제 SMS 메시지 및 음성 통화를 파이썬 API와 함께 사용하는 방법을 살펴본다.

작동원리

앞서 설명했듯이, 트윌리오 API를 사용하려면 계정을 등록해야 한다. 트윌리오는 계정을 생성하면 고유한 AccountSID 및 AuthToken을 제공하는데, 이는 요청을 검증하고 계정에 API 호출에 대한 요금이 청구되게 한다.

트윌리오의 전화번호는 발신자 ID[caller ID]로 사용되어 텍스트 메시지 혹은 음성 통화를 전송한다. 발신자 ID(발신자 식별로도 알려짐)는 착신자의 장비(유선 전화 혹은 휴대 전화)에서 깜박이는 발신자 번호다. 이 경우 트윌리오에서 임대한 번호가 발신자 ID로 사용된다.

더 알아보기

계정을 생성하고, AccountSID와 AuthToken을 얻고, 트윌리오를 사용해 전화번호를 생성하는 방법을 살펴봤다. 이제 다음 레시피에서 이것을 사용해보자.

텍스트 메시지 전송

첫 번째 레시피는 텍스트 메시지 작업을 살펴본다. 이 레시피는 수신자에게 SMS 메시지를 전송한다. 다음 작업 수행을 위해 계정에 비용을 청구해야 할 수도 있다.

준비하기

트윌리오 API를 사용해 SMS 메시지를 전송하는 것으로 시작한다. 이 절에서는 수행 방법을 살펴보자. 이렇게 하기 전에 파이썬 가상 환경을 생성하고, 다음 단계를 따라 `flask` 및 `twilio` 모듈을 설치한다.

flask를 사용해 간단한 웹 서비스를 호스팅할 것이며, 이를 텔레포니 공급자 트윌리오가 호출할 것이다. 이후 flask 앱이 트윌리오의 콜백을 기반으로 필요한 비즈니스 작업을 수행한다. 레시피를 살펴보면 이것에 대해 더 알게 될 것이다.

가상 환경 설정 및 모듈 설치는 컴퓨터의 커맨드 라인에서 수행해야 한다. 파이썬 pip를 사용해 flask와 twilio 모듈을 설치한다.

```
virtualenv ~/book/ch05/
source ~/book/ch05/
pip install flask
Collecting flask==0.10.1
  Downloading Flask-0.10.1.tar.gz (544kB)
    100% |████████████████████████████████| 544kB
    774kB/s
Collecting Werkzeug>=0.7 (from flask==0.10.1)
  Downloading Werkzeug-0.11.10-py2.py3-none-any.whl (306kB)
    100% |████████████████████████████████| 307kB
    1.5MB/s
Collecting Jinja2>=2.4 (from flask==0.10.1)
  Downloading Jinja2-2.8-py2.py3-none-any.whl (263kB)
    100% |████████████████████████████████| 266kB
    2.4MB/s
Collecting itsdangerous>=0.21 (from flask==0.10.1)
  Downloading itsdangerous-0.24.tar.gz (46kB)
    100% |████████████████████████████████| 49kB
    6.2MB/s
Collecting MarkupSafe (from Jinja2>=2.4->flask==0.10.1)
  Downloading MarkupSafe-0.23.tar.gz
Building wheels for collected packages: flask, itsdangerous, MarkupSafe
  Running setup.py bdist_wheel for flask
  Stored in directory:
/Users/chetan/Library/Caches/pip/wheels/b6/09/65/5fcf16f74f334a215447c26769
e291c41883862fe0dc7c1430
  Running setup.py bdist_wheel for itsdangerous
  Stored in directory:
/Users/chetan/Library/Caches/pip/wheels/fc/a8/66/24d655233c757e178d45dea2de
22a04c6d92766abfb741129a
  Running setup.py bdist_wheel for MarkupSafe
```

```
  Stored in directory:
/Users/chetan/Library/Caches/pip/wheels/a3/fa/dc/0198eed9ad95489b8a4f45d14d
d5d2aee3f8984e46862c5748
  Successfully built flask itsdangerous MarkupSafe
  Installing collected packages: Werkzeug, MarkupSafe, Jinja2,
itsdangerous, flask
  Successfully installed Jinja2-2.8 MarkupSafe-0.23 Werkzeug-0.11.10
flask-0.10.1 itsdangerous-0.24
```

다음으로, 아래 커맨드를 사용해 twilio를 설치한다.

```
pip install Twilio
Collecting twilio
  Downloading twilio-5.4.0.tar.gz (193kB)
    100% |████████████████████████████████| 196kB
    2.2MB/s
Collecting httplib2>=0.7 (from twilio)
  Downloading httplib2-0.9.2.zip (210kB)
    100% |████████████████████████████████| 212kB
    2.0MB/s
Collecting six (from twilio)
  Downloading six-1.10.0-py2.py3-none-any.whl
Collecting pytz (from twilio)
  Downloading pytz-2016.6.1-py2.py3-none-any.whl (481kB)
    100% |████████████████████████████████| 483kB
    1.0MB/s
Building wheels for collected packages: twilio, httplib2
  Running setup.py bdist_wheel for twilio
  Stored in directory:
/Users/chetan/Library/Caches/pip/wheels/91/16/85/2ea21326cf1aad3e32f88d9e81
723088e1e43ceb9eac935a9b
  Running setup.py bdist_wheel for httplib2
  Stored in directory:
/Users/chetan/Library/Caches/pip/wheels/c7/67/60/e0be8ccfc1e08f8ff1f50d99ea
5378e204580ea77b0169fb55
  Successfully built twilio httplib2
  Installing collected packages: httplib2, six, pytz, twilio
  Successfully installed httplib2-0.9.2 pytz-2016.6.1 six-1.10.0
twilio-5.4.0
```

실행 방법

1. 먼저 트윌리오 AccountSID 및 AuthToken을 포함하는 설정을 생성하는 것으로 시작하자. 설정에서 발신자 ID[caller ID]에 임대 번호[rented number]를 추가하고 메시지를 전송할 커스텀 번호[custom number]도 추가한다. 이 필드에 나만의 번호를 추가해 적합한지 확인할 수 있다.

2. 설정 파일은 다음과 같고 config.py로 저장한다.

```
TWILIO_ACCOUNT_SID = '<Your Account SID>'
TWILIO_AUTH_TOKEN = '<Your Auth Toke>'
CALLERID = '<Caller ID>'
MYNUMBER = '<Your number>'
BASE_URL = 'https://<your ngrok ID>.ngrok.io'
```

3. 이제 실제로 이 메시지를 전송할 애플리케이션을 작성해보자. send_sms.py로 저장하고 config.py의 설정을 임포트한다.

```
import config
from flask import Flask
from twilio.rest import TwilioRestClient

app = Flask(__name__)
client = TwilioRestClient(config.TWILIO_ACCOUNT_SID,
                          config.TWILIO_AUTH_TOKEN)

message = client.messages.create(
  to=config.MYNUMBER,
  from_=config.CALLERID,
  body="Hey, this is cool!")
```

4. 터미널 혹은 선호하는 편집기에서 이 코드를 실행한다. 휴대 전화를 확인해보고, 임대 번호로부터 Hey, this is cool!이라는 메시지를 받아야 한다. 정말로 멋지다! 통신사[carrier]와 네트워크 정체에 따라 메시지 도착까지 2~3분이 걸릴 수 있으므로 기다린다. 다음 스크린샷의 수신 메시지를 참조하라.

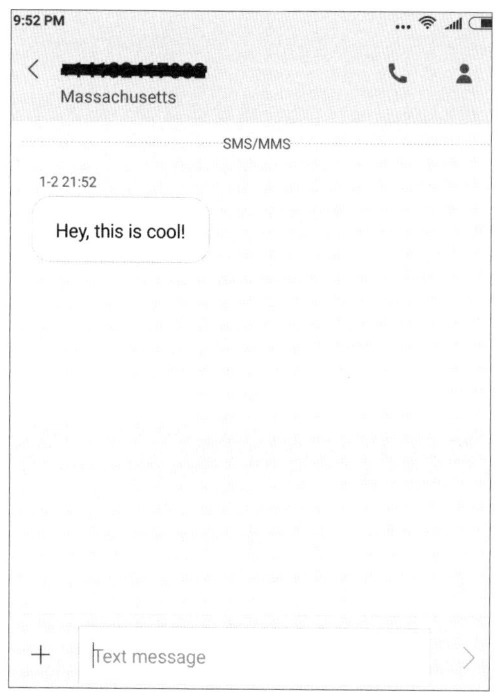

작동원리

먼저 설정 파일을 생성하고 필요한 모든 필드를 채운다. send_sms.py 파일에서 config.py를 임포트해 이 설정 파일을 임포트하고, `flask` 및 `twilio` 파이썬 모듈 같은 필수 모듈도 가져온다.

그런 다음 `twilio.rest` 모듈에서 임포트된 `TwilioRestClient` 클래스를 사용해 `twilio` 객체인 `client`를 생성했다. AccountSID 및 AuthToken을 사용해 객체를 생성한다.

이후 `client.messages` 클래스의 `create()` 메소드를 사용해 메시지를 전송한다. 여기서 `to`는 메시지를 수신하는 번호이고, `from_`는 발신자 ID이며 `body`는 전송한 텍스트다. 왜 `from`이 아니라 `from_`일까? 그 이유는 모듈을 임포트하는 데 사용되는 파이썬의 `from` 키워드와 충돌하기 때문이다.

더 알아보기

무척 간단하지 않은가? 텍스트 메시지를 번호로 전송하는 것은 쉽다. 이제, 나만의 애플리케이션을 작성할 수 있을까? 어디 한번 생각해보자. 여러분의 생일 파티에 나를 초대하는 메시지를 전송해보는 건 어떨까?

하지만 들어오는 메시지를 수신하는 방법을 모른다면 무슨 재미가 있겠는가? 다음 절에서는 이것을 실행하는 방법을 살펴보자.

SMS 메시지 수신

SMS 메시지를 전송하는 다양한 사용 사례와 마찬가지로, 텍스트 메시지를 수신하는 기능도 똑같이 중요하다. 따라서 자동 응답 메시지 앱으로 살펴보자.

준비하기

이번 레시피에서는 ngrok 소프트웨어를 사용한다. ngrok(https://ngrok.com/) 소프트웨어는 로컬 머신을 인터넷으로 터널링하는 것을 도와준다. 이는 NAT 혹은 방화벽Firewall 뒤에 있는 로컬 서버를 인터넷에 노출할 수 있음을 의미한다. 정말로 강력한 유틸리티다! 다음 레시피를 위해, ngrok를 다운로드(https://ngrok.com/download)하고 터미널의 커맨드를 사용해 포트 5000으로 실행한다. 인터넷에 연결되어 있는 경우 인스턴스가 실행되고 있음을 확인할 수 있다.

```
./ngrok http 5000
```

다음 스크린샷은 ngrok가 앱을 인터넷과 URL(https://〈uuid〉.ngrok.io/)로 표시하는 방법을 보여준다.

```
ngrok by @inconshreveable

Tunnel Status                 online
Update                        update available (version 2.1.3, Ctrl-U to update)
Version                       2.0.24/2.1.1
Region                        United States (us)
Web Interface                 http://127.0.0.1:4040
Forwarding                    http://21d45a11.ngrok.io -> localhost:5000
Forwarding                    https://21d45a11.ngrok.io -> localhost:5000

Connections                   ttl     opn     rt1     rt5     p50     p90
                              0       0       0.00    0.00    0.00    0.00
```

아직 ngrok를 시작하지 않아도 된다. 레시피 중에 ngrok를 시작한다.

실행 방법

1. SMS 수신을 위한 서버 작성을 시작하자. recv_sms.py라고 부를 것이다. 서버의 코드는 다음과 같다.

```
from flask import Flask
import twilio.twiml

app = Flask(__name__)

@app.route("/insms", methods=['GET', 'POST'])
def respond_sms():
  resp = twilio.twiml.Response()
  resp.message("Thanks for your query. We will get back to you soon")
  return str(resp)

if __name__ == "__main__":
  app.run(debug=True)
```

2. 다음 커맨드를 사용해 터미널에서 파이썬으로 서버를 실행한다.

```
python recv_sms.py
```

3. 다음 커맨드로 ngrok를 시작한다.

```
./ngrok http 5000
```

4. 서버가 작동한다! Request URL을 추가해 트윌리오 번호를 구성하자. 이를 위해 트윌리오에 로그인하고 Phone Numbers 섹션으로 이동해 임대 번호를 클릭한다. 여기서 Messaging 섹션으로 이동해 다음 스크린샷과 같은 Request URL을 입력한다. URL이 이전 단계에서 실행된 ngrok 인스턴스를 가리키는지 확인한다.

▾ Messaging View Message

Configure with ◉ URL ○ TwiML App ○ Messaging Service

Request URL https://3c25ee0b.ngrok.io/insms HTTP POST

이제 끝났다. 따라서 누군가가 임대 번호로 메시지를 전송하면, 그들은 Thanks for your query. We will get back to you soon이라는 자동 응답을 수신할 것이다.

훌륭하다! 그런데 어떻게 작동할까?

작동원리

들어오는 메시지를 수신하는 서버는 플라스크Flask로 작성되고 포트 5000에서 실행된다. 이렇게 하면 서버가 로컬 머신에서 실행된다. 인터넷에서 사용할 수 있도록, ngrok를 실행하고 포트 5000인 플라스크 서버와 동일한 포트에서 실행되게 한다.

들어오는 메시지를 플라스크 서버로 라우팅하는 트윌리오 전화번호를 구성한다. 이를 위해, Request URL을 Twilio에 추가한다. 따라서 메시지가 임대 번호로 전송될 때마다, ngrok를 통해 플라스크 서버로 라우팅된다. 앱에서는 https://〈ngrokId〉.ngrok.io/insms로 라우팅됐다.

플라스크 서버를 살펴보면 이미 URL /insms로 구성된 라우트route가 있다. 이 라우트는 Thanks for your query. We will get back to you soon으로 응답하는 트윌리오 서버(Request URL 설정)에서 POST 호출을 얻는다.

더 알아보기

트윌리오를 사용해 텍스트 메시지를 송수신하는 방법을 살펴봤다. 이미 사용 사례를 다루고 있으며, 텍스트 메시지를 활용해 이를 해결할 수 있는 방법을 안다. 식품 소매업 예제를 살펴보자.

도미노의 SMS 워크플로우

미국의 도미노 피자 매장의 소유자인 존은 피자 판매를 향상할 방법을 찾는 중이다. 판매를 향상하는 한 가지 방법은 피자를 주문하는 과정을 좀 더 쉽게 만드는 것이다. 존은 고객이 주문 및 배송 상태를 업데이트할 수 있도록 워크플로우도 자동화하려고 한다. 존은 인터넷도 좋긴 하지만, 고객들이 네트워크 수신이 어려운 지역에 있을 때도 피자를 주문하고 싶어 할 수 있다고 생각한다. 존이 무엇을 해야 한다고 생각하는가?

준비하기

사용 사례를 생각해보고 무엇이 필요한지 적어보자. 여기 생각한 몇 가지가 있다.

- 들어오는 메시지 수신 기능
- 주문 상태 유지 및 조회
- 발송 상태 메시지 전송

실행 방법

솔루션을 살펴보고 도미노 매장의 작동 방법을 파악한다.

다음 코드는 세 가지 주요 측면으로 나뉜다. flask 라우트를 통해 들어오는 메시지를 수신하는 기능, 주문을 조회하는 고객의 주문 상태를 유지하는 기능, Flask 앱에서 아웃바운드 메시지를 전송하는 기능이다.

```
from flask import Flask, request
import twilio.twiml

class Pizza:
  def __init__(self):
    self.status = None

  def setStatus(self, status):
    self.status = status

  def getStatus(self):
    return self.status

app = Flask(__name__)
@app.route("/insms", methods=['GET', 'POST'])
def respond_sms():
  content = request.POST['Body']
  resp = twilio.twiml.Response()
  if content == 'ORDER':
    resp.message("Thanks! We're already on your order!")
    pizza = Pizza()
    pizza.setStatus('complete')
    return str(resp)
  if content == 'STATUS':
    pizza = Pizza()
    status = pizza.getStatus()
    if status == 'complete':
      resp.message("Your order is ready!")
```

```
        return str(resp)
      else:
        resp.message("Sorry! could not locate your order!")
        return str(resp)
    else:
      resp.message("Sorry! Wrong selection")
      return str(resp)

if __name__ == "__main__":
    app.run(debug=True)
```

작동원리

들어오는 메시지를 수신하는 앱을 이미 갖고 있다. 따라서 이 앱을 사용하고 필요에 따라 확장할 수 있다. 임대 번호는 광고에서 번쩍이는 도미노 번호가 된다.

- 이 경우 도미노 고객들이 사용할 수 있는 2개의 키워드, 즉 ORDER 및 STATUS를 사용하기로 결정했다.
- 고객이 도미노에 ORDER 메시지를 전송하면 원하는 피자를 주문할 수 있다. 피자 가게는 이미 그 주문을 작업 중이라고 말함으로써 적극적으로 응답한다.
- 고객이 주문 상태를 알고 싶으면 STATUS라는 텍스트를 사용해 주문 상태를 확인할 수 있다. 우리의 경우, 고객이 주문에 대해 문의를 하면 피자 가게에서 주문을 준비한다는 응답을 받는다. 이 응답을 받았을 때 고객이 느끼는 만족도를 상상해보자.
- 고객은 주문 상태를 알아보기가 매우 쉽다고 느끼고, 앞으로 더 많은 주문을 할 것이다. 적어도 난 그럴 것이다.
- 존은 너무나 기쁜 마음으로 IT 관리자의 월급을 인상하기로 결정하고, 우연히도 바로 여러분에게 적용된다!

더 알아보기

이제, 피자 가게에 의해 혹은 피자 가게로 전송된 메시지를 살펴보면 메시지는 임대 번호로 전송될 것이다. DOMP(Domino's Pizza의 약자) 같은 사용자 정의 코드로 메시지를 전송하는 것은 어떨까? SMS 단축 코드로 그 효과를 볼 수 있다. 무료로 사용할 수 없기 때문에 비싼 가격으로 구입해야 한다.

참고사항

- SMS 메시지의 모든 레시피가 끝났다. 여러분은 몇 가지를 배웠기를 바라며 그중 몇 가지를 이익을 위해 실행할 것이다. 도미노 로고를 사용해 존경하는 고객에게 오퍼offer 같은 MMS 메시지를 전송할 수 있을까? 도전해볼 만한 과제다.
- 다음 레시피에서는 음성 통화를 시작하고 무엇을 할 수 있는지 살펴본다. 음성 메시지로 멋진 일을 할 수 있을까? 다음 레시피에서 살펴보자.

음성 메시지 전송

VoIP를 들어본 적이 있는가? VoIP는 Voice over Internet Protocol의 약어로, 인터넷 자체와 같은 인터넷 프로토콜 네트워크를 통해 음성 및 멀티미디어를 전송하는 데 사용되는 기술이다. VoIP는 소비자와 엔터프라이즈 도메인에서 통신 솔루션을 제공하는 스카이프Skype와 구글 토크Google Talk 같은 제품으로 인터넷 통신을 위한 완전히 새로운 세계를 열었다.

트윌리오 같은 텔레포니 API 공급자는 VoIP 프로토콜을 사용해 음성 메시지도 전송한다. 이 절에서는 트윌리오 API를 사용해 음성 통화를 송신하거나 수신하는 방법을 배워본다. 이제 API를 사용해보자!

준비하기

이 레시피에서는 이전 레시피에서 사용한 것과 동일한 `twilio` 및 `flask` 모듈을 사용한다. 따라서 이 절에서는 새로운 설치가 필요하지 않다.

실행 방법

1. 먼저 설정 파일을 생성한다. 음성 메시지를 전송하는 것은 텍스트 메시지를 전송하는 것처럼 쉽지 않다. 트윌리오 AccountSID와 AuthToken도 필요하다. 음성 메시지를 전송하려면 발신자 ID와 번호가 필요하다. 설정을 살펴보자.

```
TWILIO_ACCOUNT_SID = '<Account SID>'
TWILIO_AUTH_TOKEN = '<Auth Token>'
CALLERID = '<Rented Number>'
MYNUMBER = '<Number to call>'
```

2. 이제 플라스크 서버 코드를 작성하자. 다음 코드는 트윌리오 파이썬 API를 사용해 음성 통화를 생성하는 데 도움이 된다. 파일을 voice_outbound.py로 저장한다.

```
import config
from flask import Flask, Response, request
from twilio import twiml
from twilio.rest import TwilioRestClient

app = Flask(__name__)
client = TwilioRestClient(config.TWILIO_ACCOUNT_SID,
                          config.TWILIO_AUTH_TOKEN)

@app.route('/call', methods=['POST'])
def outbound_call():
  response = twiml.Response()
  call = client.calls.create(
    to=config.MYNUMBER,
    from_=config.CALLERID,
    record='true',
```

```
    )
    return Response(str(response), 200, mimetype="application/xml")

if __name__ == '__main__':
    app.run(debug=True)
```

3. 다음 커맨드로 플라스크 서버를 실행한다. 기본 포트 5000에서 플라스크 서버가 실행될 것이다.

```
python voice_outbound.py
```

4. 포트 5000에서 다음 커맨드로 ngrok를 시작한다. ngrok에서 제공하는 터널링 기능으로 인터넷에서 서버가 이용 가능하게 할 수 있다. ngrok가 실행되고 있는 URL을 복사한다. 이전 절에서 본 것처럼 https://〈ngrokid〉.ngrok.io/ 형식일 것이다.

```
./ngrok http 5000
```

이제 서버는 통화를 할 준비가 되었으므로 https://〈ngrokid〉.ngrok.io/call로 이동해 POST 요청을 하면, 구성 파일에 추가된 대로 여러분의 번호로 통화가 수신된다.

정말, 멋지다! 하지만 전화를 수신하면 어떻게 될까? 통화가 끊어진다. 왜일까? 트윌리오에서는 모든 음성 통화에 콜백 URL이 포함되기 때문에 콜백 URL은 일단 선택되면 다음 명령을 실행할 것이다. 이것은 코드에 정의되어 있지 않으므로 오류가 발생해 통화가 끊어진다. 이 문제를 해결하자.

5. 이제 응답 콜백 URL을 추가하고 서버 코드를 완성하자.

```
import config
from flask import Flask, Response, request
from twilio import twiml
from twilio.rest import TwilioRestClient

app = Flask(__name__)
client = TwilioRestClient(config.TWILIO_ACCOUNT_SID,
                          config.TWILIO_AUTH_TOKEN)
```

```
@app.route('/call', methods=['POST'])
def outbound_call():
  response = twiml.Response()
  call = client.calls.create(
    to=config.MYNUMBER,
    from_=config.CALLERID,
    record='true',
    url=config.BASE_URL + '/answer_url',
  )
  return Response(str(response), 200, mimetype="application/xml")

@app.route('/answer_url', methods=['POST'])
def answer_url():
  response = twiml.Response()
  response.addSay("Hey! You are awesome. Thanks for answering.")
  return Response(str(response), 200, mimetype="application/xml")

if __name__ == '__main__':
  app.run(debug=True)
```

6. `outbound_call()` 메소드의 `url` 매개변수를 살펴보면 `BASE_URL`을 가리킨다. 이는 `/answer_url` 접미사가 추가된 ngrok URL과 동일하다. 이제 https://〈ngrokid〉.ngrok.io/call에 `POST` 요청을 하면 번호는 전화를 수신할 것이다. 전화를 수신하면 https://〈ngrokid〉.ngrok.io/answer_url에 콜백 `POST` 요청이 이뤄지고 "Hey! You are awesome. Thanks for answering" 메시지가 들릴 것이다. 좋다!

7. 서버 로그는 다음과 같다.

```
* Detected change in '/Users/chetan/book/ch05/app.py',
  reloading
* Restarting with stat
* Debugger is active!
* Debugger pin code: 608-057-122

127.0.0.1 - - [16/Jul/2016 21:35:14] "POST
              /call HTTP/1.1" 200 -
127.0.0.1 - - [16/Jul/2016 21:35:22] "POST
              /answer_url HTTP/1.1" 200 -
```

작동원리

그렇다면, 어떻게 작동할까? SMS 절을 마친 후에는 이해하기가 수월해야 한다. 코드를 단계별로 살펴보자.

1. 우선 twilio.rest 모듈의 TwilioRestClient 클래스를 사용해 twilio 객체인 client를 생성한다.
2. Flask 앱 라우트를 /call로 정의하고 POST 메소드 호출을 받아들인다. 이 라우트는 번호로 음성 통화를 한다.
3. 실제 호출은 client.calls 클래스의 create( ) 메소드를 사용해 outbound_call( ) 라우트 메소드에서 수행된다.
4. create( ) 호출에서는 다음과 같은 매개변수를 정의한다.
    - to: 호출되는 모바일/유선 전화번호다.
    - from_: 트윌리오의 임대 번호다.
    - record: 통화 기록 여부를 결정한다.
    - url: 음성 통화에 응답할 때 호출되는 콜백 응답 url이다.
5. Flask 앱에서는 통화가 수신될 때 호출되는 새로운 라우트인 /answer_url을 정의했다. 이제, 이것을 이해하는 것은 흥미로운 작업이다. 트윌리오는 트윌리오 마크업 언어Twilio markup language라고도 하는 TwiML의 철학에 공을 들인다. 마크업을 살펴보면 XML 마크업과 꽤 흡사하다. TwiML은 들어오는 SMS 혹은 음성 통화와 관련해 트윌리오에게 필요한 것을 알리는 데 사용할 수 있는 지시사항이다. 따라서 addSay( ) 메소드는 다음과 같다.

    ```
    <?xml version="1.0" encoding="UTF-8"?> <Response>
    <Say>Hey! You are awesome. Thanks for answering</Say>
    </Response>
    ```

더 알아보기

따라서 주어진 번호로 음성 통화를 송신하는 방법과, 전화를 받을 때 응답 콜백 URL이 호출되는 방법을 다뤘다. 이제 들어오는 음성 통화를 처리하는 방법에 대해 살펴보자.

음성 통화 수신

음성 통화의 수신은 클라우드 텔레포니를 사용해 앱을 개발하는 데 중요한 측면이다. 많은 비즈니스 사례(상상했던 대로)가 들어오는 음성 통화에 의존한다. 트윌리오 API를 사용해 수신 음성 통화를 처리하는 방법을 살펴보자.

준비하기

이 레시피에서는 이전의 SMS 레시피에서 사용한 것과 같은 `twilio` 및 `flask` 모듈을 사용한다. 따라서 이 절에서는 새로운 설치가 필요하지 않다.

실행 방법

1. 먼저 설정 파일을 생성한다. 트윌리오 AccountSID 및 AuthToken도 필요하다. 이 경우 임대 번호 자체는 발신자 ID이므로 발신자 ID가 필요하지 않다.
2. 이제 플라스크 서버를 살펴보자. 코드는 다음과 같다. 이를 voice_inbound.py라고 한다.

```
import config
from flask import Flask, Response, request
from twilio import twiml
from twilio.rest import TwilioRestClient

app = Flask(__name__)
client = TwilioRestClient(config.TWILIO_ACCOUNT_SID,
                          config.TWILIO_AUTH_TOKEN)
```

```
@app.route('/incall', methods=['POST'])
def inbound_call():
  response = twiml.Response()
  response.addSay("Thanks for calling our customer service."
                "Please hold while we connect you to our advisors.")
  return Response(str(response), 200, mimetype="application/xml")

if __name__ == '__main__':
  app.run(debug=True)
```

3. 다음 커맨드로 플라스크 서버를 실행한다. 그러면 기본 포트 5000에서 플라스크 서버가 실행된다.

```
python voice_outbound.py
```

4. 그러면 포트 5000에서 다음 커맨드로 ngrok를 시작한다. 이는 ngrok가 제공한 터널링 기능으로 서버가 인터넷에서 이용 가능하게 할 것이다. ngrok가 실행 중인 URL을 복사한다. 이전 절에서 살펴본 것처럼 https://〈ngrokid〉.ngrok.io/ 형식이다.

```
./ngrok http 5000
```

5. 이제 트윌리오에 로그인해 들어오는 음성 통화의 임대 번호를 구성한다. Request URL이 ngrok URL을 가리키도록 구성한다. 임대 번호에 Request URL을 추가하는 방법을 알기 위해 다음 스크린샷을 살펴본다.

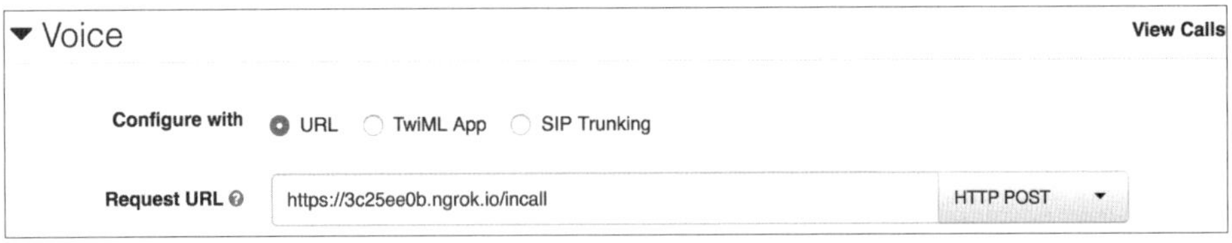

▾ Voice　　View Calls
Configure with　◉ URL　○ TwiML App　○ SIP Trunking
Request URL　https://3c25ee0b.ngrok.io/incall　HTTP POST ▾

6. 트윌리오의 서버가 실행되고 구성이 설정되면 스카이프Skype나 구글 토크Google Talk를 통해 임대 번호로 전화한다. 이는 플라스크 서버에 POST 호출을 하게 되고, "Thanks for calling our customer service. Please hold while we connect you to our advisors"라고 TwiML 응답으로 다시 응답할 것이다.

작동원리

들어오는 메시지를 받아들이는 서버는 플라스크로 작성되고 포트 5000에서 실행된다. 이것은 머신의 로컬이고, 인터넷에서 사용할 수 있도록 ngrok로 터널링을 생성한다.

이제 임대 번호가 누군가에게 수신을 받을 때, 트윌리오는 Request URL을 찾고 이 URL에 요청해 임대 번호로 걸려오는 전화가 있음을 알려준다.

플라스크 서버는 임대 번호가 들어오는 통화를 수신할 때 호출되는 `/incall`(Request URL과 일치) 라우트를 정의한다. `/incall` 라우트는 차례로 <Response> 마크업에 <Say>를 추가하는 TwiML 응답을 생성하고, 발신자caller는 <Say> XML에 추가된 메시지를 얻는다.

다음 스크린샷은 트윌리오에서 TwiML 응답이 어떻게 나타나는지 보여준다. 그런데 트윌리오 인터페이스에서 수신하거나 송신된 모든 통화 혹은 SMS를 볼 수 있다.

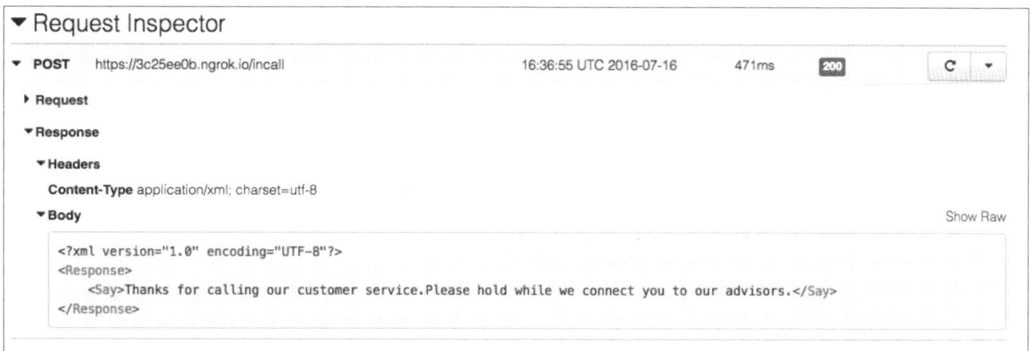

나만의 고객 서비스 소프트웨어 구축

폴은 회사에서 고객 서비스를 담당한다. 회사는 채팅으로 고객 불만이나 질문을 받을 수 있는 기능을 갖춘 멋진 웹사이트를 운영한다. 폴은 고객이 제품에 문제가 생겨 회사 직원과 연락해 신속하게 해결하고자 할 때 채팅 시스템이 유용하지 않다는 의견을 종종 받는다. 폴의 삶을 더 편하게 할 수 있을까?

준비하기

사용 사례에 대해 생각하고 무엇이 필요한지 적어보는 것이 어떨까? 생각할 수 있는 몇 가지가 있다.

- 들어오는 통화 수신 기능
- 고객 지원 엔지니어에게 전화 연결

실행 방법

그 해결책을 살펴보고, 폴에게 어떻게 작용할지 이해해본다.

이 코드에서 임대 번호로 걸려오는 전화를 받을 수 있는 기능을 추가하고 통화 전송 기능도 추가할 것이다.

```
import config
from flask import Flask, Response, request
from twilio import twiml
from twilio.rest import TwilioRestClient

app = Flask(__name__)
client = TwilioRestClient(config.TWILIO_ACCOUNT_SID,
                          config.TWILIO_AUTH_TOKEN)

@app.route('/call', methods=['POST'])
def inbound_call():
  call_sid = request.form['CallSid']
  response = twiml.Response()
  response.dial().conference(call_sid)
  call = client.calls.create(to=config.MYNUMBER,
                             from_=config.CALLERID,
                             url=config.BASE_URL + '/conference/' + call_sid)
  return Response(str(response), 200, mimetype="application/xml")

@app.route('/conference/<conference_name>', methods=['GET', 'POST'])
```

```
def conference_line(conference_name):
  response = twiml.Response()
  response.dial(hangupOnStar=True).conference(conference_name)
  return Response(str(response), 200, mimetype="application/xml")

if __name__ == '__main__':
  app.run(debug=True)
```

작동원리

들어오는 통화를 수신하는 앱을 이미 생성했다. 고객이 임대 번호로 전화를 걸면 inbound_call() 메소드로 정의한 /call 라우트로 POST 호출을 수행하도록 이 앱을 사용 사례로 확장한다.

flask 라우트는 들어오는 통화를 받아서 TwiML 명령어의 도움으로 컨퍼런스conference에 추가한다. 여러분도 알다시피, 컨퍼런스는 하나의 컨퍼런스에서 서로 연결된 통화로 이뤄진다.

response.dial().conference(conference_name) 메소드는 컨퍼런스에 콜 레그call leg를 추가하는 데 도움이 되는 메소드다. 이것은 TwiML이 보이는 방법이다. <Dial>과 <Conference> 태그가 있는 <Response> 태그를 확인할 수 있다.

▾Body Show Raw

```
<?xml version="1.0" encoding="UTF-8"?>
<Response>
    <Dial>
        <Conference>CA2590b80c06540af40f61667eb0a3ad4b</Conference>
    </Dial>
</Response>
```

flask 라우트는 고객 지원 엔지니어에게 즉시 통화할 수 있게 한다(MYNUMBER로 식별됨). 고객 지원 엔지니어에 대한 발신 통화는 url 매개변수('음성 메시지 전송' 절에서 봤듯이 응답 URL)로 구성된다. 따라서 지원 엔지니어가 전화를 받으면 콜백 응답 URL이 호출되고 엔지니어 콜 레그는 들어오는 콜 레그와 동일한 컨퍼런스에 추가됐다.

콜 레그와 이제 고객에게서 걸려오는 통화와 지원 엔지니어와의 통화가 모두 하나의 컨퍼런스로 연결되어 대화를 나눌 수 있다. 고객은 자신의 질문을 신속하게 해결하고 폴은 행복하다!

더 알아보기

클라우드 텔레포니 API를 사용해 나만의 SMS 및 음성 애플리케이션을 생성하는 방법을 살펴봤다. 그러나 필요에 맞게 이미 구축된 솔루션을 활용하는 데 정말로 관심이 있다면 합리적인 비용으로 효율적인 사용 사례 자동화에 도움이 되는 콜허브[CallHub](https://callhub.io/) 같은 표준 소프트웨어 애플리케이션을 살펴볼 수 있다. API로 나만의 콜 센터 솔루션을 구축할 수도 있다. 그래서 다음에 무엇을 만들 계획인가?

여러분이 4장을 즐겼으리라 확신한다. 5장은 좀 더 재미있게 즐겨보자. 우리가 갖고 있는 것을 살펴보자!

5
재미있는 이메일

이메일e-mail 통신은 지난 몇십 년 동안 정보 교환의 주요한 방식이 돼왔다. 여러분은 여러 가지 이유로 매일 이메일을 작성한다. 하지만 파이썬으로 받은편지함을 조작할 수 있다는 생각을 해본 적은 없는가?

5장에서 다루는 내용은 다음과 같다.

- 이메일 메시지 전송
- 이메일 암호화
- MIME로 이메일 메시지 꾸미기
- 첨부 파일과 이메일 메시지
- 받은편지함 연결
- 이메일 메시지 가져오기 및 읽기
- 이메일 메시지 표시
- 받은편지함의 이메일 메시지 삭제
- 이메일 응답과 고객 지원 흐름 자동화

소개

5장에서는 이메일 및 파이썬을 사용한 이메일로 수행할 수 있는 수많은 작업을 다룬다. 실제 비즈니스 사용 사례를 통해 이메일로 비즈니스 프로세스를 자동화하는 방법도 살펴볼 것이다.

그럼 무엇을 기다리는가? 이메일의 역사와 기술 구현에 대해 배워보자.

이메일은 컴퓨터 사용자 간에 디지털 메시지를 교환하는 방법이다. 이메일은 정보 교환을 위해 인터넷을 사용할 수 있는 컴퓨터 네트워크에서 작동한다. 인기 있는 이메일 클라이언트에 로그인해 이메일 서버에 저장된 메시지 작업을 시작할 수 있다. 가장 널리 사용되는 웹 클라이언트는 지메일Gmail이다.

이메일의 역사는 매우 흥미롭다. 과거에는 이메일 통신이 성공하려면 발신자와 수신자가 온라인 상태여야 했다. 점차 시간이 지남에 따라 이메일 서버가 지능화되고 저장 전달store and forward 철학으로 작동했다. 오늘날 이메일 메시지는 서버에 비동기적으로 저장되므로 수신자는 나중에 편리하게 확인할 수 있다. 따라서 이메일 서버는 메시지 수락, 전달 및 표시 같은 기능을 제공할 수 있다.

이메일 메시지는 아스키ASCII 전용 문자로 시작했고, 나중에 서식 있는 텍스트 및 첨부파일을 위한 MIMEMultipurpose Internet Mail Extensions로 확장됐다. 프로토콜의 관점에서 보면 이메일은 처음에 컴퓨터 간에 메시지를 전송하기 위해 FTPFile Transfer Protocol로 작업했지만, 알다시피 SMTPSimple Mail Transfer Protocol는 이메일 작업에 가장 널리 사용되는 프로토콜이다.

이메일 서버 설정은 이 책에서 다루지 않는다. 인터넷을 살펴보면 설정을 시작하는 데 도움이 되는 더 많은 리소스를 찾을 수 있다. 5장의 목적은 파이썬 프로그램을 사용해 이메일로 할 수 있는 일을 알려주는 데 있다. 지메일 웹 클라이언트에 적용되는 예제를 살펴보면, 여러분이 파이썬을 사용해 직접 이메일 서버를 설정하지 않고도 코드 예제를 신속하게 적용해 이메일 작업을 자동화할 수 있음을 이해할 수 있다. 지메일을 예제로 사용하고 있지만, 이러한 일부 정보는 이메일 전송을 위한 SMTP와 이메일 검색을 위한 IMAP을 지원하는 그 밖의 이메일 서버와도 연동된다.

5장에서는 파이썬을 사용해 이메일 작업을 하는 방법을 살펴볼 것이다. 아래에 나열된 여러 파이썬 모듈을 사용해 이메일 메시지의 다양한 작업도 수행한다.

- `smtplib`(https://docs.python.org/2/library/smtplib.html)
- `email`(https://docs.python.org/2/library/email.html)
- `imaplib`(https://docs.python.org/2/library/imaplib.html)
- `gmail`(https://github.com/charlierguo/gmail)

> 파이썬을 사용해 이메일로 작업하려면 메시지를 작성하는 데 도움이 되는 모듈 그리고 이메일을 전송할 수 있는 모듈, 메시지를 검색하고 업데이트하는 데 도움이 되는 모듈이 필요하다.

이메일 메시지 전송

이메일 클라이언트를 통해 달성하고자 하는 가장 중요한 일은 친구 혹은 동료의 이메일 주소로 메시지를 전송하는 것이다. 파이썬에서 이것을 어떻게 달성할 수 있는지 살펴보자.

준비하기

이메일 메시지를 전송하려면 파이썬 `smtplib` 모듈이 필요하다. 이름에서 알 수 있듯이 이 라이브러리는 SMTP 프로토콜을 사용해 이메일 메시지를 전송한다. 다음 커맨드와 같이 선호하는 `pip` 도구로 `smtplib`를 설치할 수 있다. 하지만 파이썬의 기본 설치에는 이미 이 모듈이 포함되어 있다.

```
pip install smtplib
```

실행 방법

1. 컴퓨터에서 선호하는 편집기를 열고 다음 코드를 추가한다. 이를 config.py라고 한다. 설정 파일에는 이메일 주소, 패스워드 및 이메일을 전송해야 하는 이메일 주소와 같은 로그인 세부 정보가 있다.

```
fromaddr = "abc@gmail.com"
password = "xyz@123"
toaddr = "abc@gmail.com"
```

2. 이제 이 설정 파일을 사용해 이메일을 전송하는 코드를 작성하자.

```
import smtplib
import config

server = smtplib.SMTP('smtp.gmail.com', 587)
server.starttls()

server.login(config.fromaddr, config.password)

msg = "Some nice msg"
server.sendmail(config.fromaddr, config.toaddr, msg)

server.quit()
```

3. 위의 코드를 basic_email.py로 저장하고 다음 커맨드를 사용해 코드를 실행한다.

```
python basic_email.py
```

4. 위의 코드를 실행하면 `SMTPAuthenticationError` 예외[exception]가 표시되고 프로그램은 종료 코드[exit code] 1로 실패한다. 예외는 다음과 같다.

```
/System/Library/Frameworks/Python.framework/Versions/2.7/bin/python2.7 /Users/chetan/book/ch06/basic_email.py
Traceback (most recent call last):
  File "/Users/chetan/book/ch06/basic_email.py", line 8, in <module>
    server.login(config.fromaddr, config.password)
  File "/System/Library/Frameworks/Python.framework/Versions/2.7/lib/python2.7/smtplib.py", line 622, in login
    raise SMTPAuthenticationError(code, resp)
smtplib.SMTPAuthenticationError: (534, '5.7.14 <https://accounts.google.com/signin/continue?sarp=1&scc=1&plt=AKgn

Process finished with exit code 1
```

5. 결과는 나쁘지만, 반대로는 좋게 생각할 수 있다. 서버에 로그인해도 문제가 없었지만 예외는 지메일에서 메시지를 전송하는 것을 블록했다. 이제 지메일에 로그인하면 보안성이 낮은 앱에서 로그인이 감지됐음을 알리는 이메일이 표시된다. 파이썬 프로그램에서 지메일 계정에 액세스하려고 했기 때문이다. 구글 계정에 악의적인 활동이 있는 경우 보안 위반 가능성을 알리는 이메일을 구글로부터 수신받는 이유다. 구글의 이메일 메시지는 다음 스크린샷에서 확인할 수 있다.

Review sign-in from a less secure app

Hi Chetan,
Google just blocked someone from signing into your Google Account [illegible]r@gmail.com from an app that may put your account at risk.

Less secure app
Sunday, July 24, 2016 9:41 AM (India Standard Time)
Bengaluru, Karnataka, India*

Don't recognize this activity?
If you didn't recently receive an error while trying to access a Google service, like Gmail, from a non-Google application, someone may have your password.

SECURE YOUR ACCOUNT

Are you the one who tried signing in?
Google will continue to block sign-in attempts from the app you're using. To continue using this app, you can allow access to less secure apps, but your account may be more vulnerable.

ALLOW ACCESS

Best,
The Google Accounts team

6. 그러나 분명히 이것은 구글 계정을 사용하려는 합법적인 시도였으므로 구글에 적용하자. 구글의 이메일 메시지를 열고 ALLOW ACCESS를 클릭한다. 다음 스크린샷과 같이 이 설정을 설정할 수 있는 Less secure apps 페이지로 이동한다.

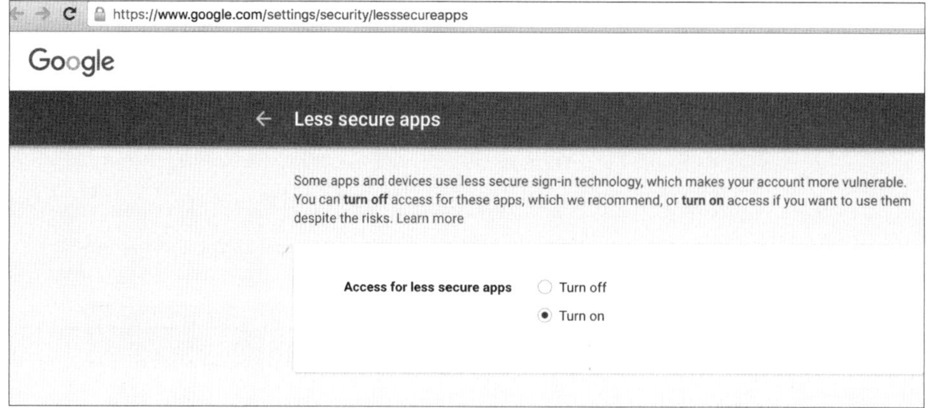

7. 이제, 지메일 웹 클라이언트를 로그아웃하고 다시 로그인해 이 설정이 계정에 적용되게 한다. 이 과정이 정상적으로 진행된 경우 구글에서 Access for less secure apps is turned on이라는 이메일을 받을 것이다. 구글의 확인 이메일은 다음 스크린샷과 유사하다.

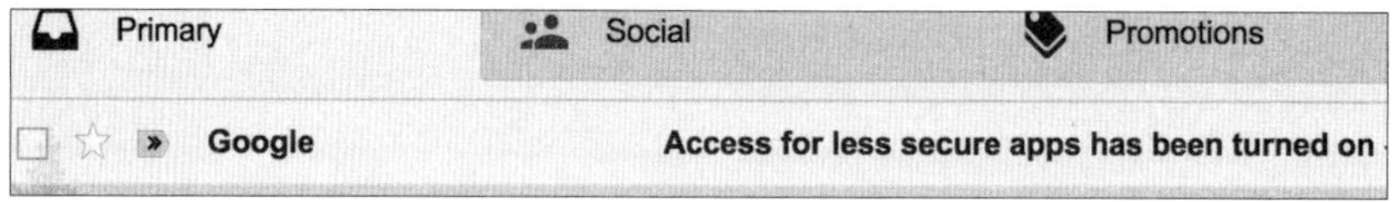

이제 파이썬 프로그램을 다시 실행하면 성공적으로 실행되고 받은편지함에서 이메일을 수신한다.

8. 메시지 콘텐츠는 코드에 추가한 것과 같음을 유의하라. 또한 `from` 및 `to` 주소가 동일하기 때문에 이메일은 여러분이 전송한 것이지만, 제목이 없으므로 좋지 않다. 다음 레시피에서 이 문제를 살펴볼 것이다.

작동원리

앞서 설명했듯이, SMTP는 이메일 메시지를 전송하는 데 사용된다. 이 목적으로 파이썬 모듈인 smtplib를 사용한다.

앞의 코드를 살펴보면 smtplib.SMTP( ) 생성자를 사용해 지메일의 SMTP 설정을 구성하고 이메일 서버에 액세스할 수 있다. 지메일의 SMTP 서버는 smtp.gmail.com 및 포트 587에서 실행된다.

서버 객체인 server가 존재하면 server를 사용해 사용자 이름과 패스워드로 지메일에 로그인한다. 앞의 코드에는 server.starttls( )라는 또 다른 행이 있는데, 5장의 뒷부분에서 다룬다.

테스트 메시지를 생성해 변수 msg에 저장한 다음 sendmail 메소드('fromaddr', 'toddr', msg)를 사용해 전송된다.

마지막으로, server.quit( )를 사용해 이메일 서버에 대한 연결을 닫는다.

더 알아보기

지메일에 로그인하고 SMTP 프로토콜과 파이썬의 smptlib 라이브러리를 사용해 기본적인 이메일을 전송하는 방법을 살펴봤다. 이 레시피로 첫걸음을 내디뎠으나, 다음 레시피에서 좀 더 자세히 조사할 사항이 있다.

이메일 암호화

이메일은 정보 유출이 쉽다. 현재 대부분의 이메일은 일반 텍스트 형식으로 전송된다. 이메일 암호화는 이메일의 내용을 암호화하거나 위장해 의도한 수신자가 내용을 읽을 수 있게 한다. 이메일을 다룰 때는 항상 보안이 가장 중요하다는 사실을 기억하자. 파이썬으로 이메일을 암호화하는 방법을 살펴보겠다.

준비하기

이전 레시피에서 기본적인 이메일 전송을 살펴봤지만, starttls() 메소드는 무엇인가? 이메일 암호화는 어떻게 작동할까? 이 절에서는 이러한 질문에 대한 답을 얻을 것이다.

실행 방법

1. 우선 가장 선호하는 편집기를 열고 다음 코드를 입력하자.

```
import smtplib
server = smtplib.SMTP('smtp.gmail.com', 587)
try:
  server.set_debuglevel(True)

  print "Sending ehlo"
  server.ehlo()

  if server.has_extn('STARTTLS'):
    print "Starting TLS Session"
    server.starttls()

    print "Sending ehlo again"
    server.ehlo()
finally:
  server.quit()
```

2. 이제, 파이썬 코드를 실행하고 무엇을 출력하는지 살펴보자. 세 가지 세그먼트segment로 결과를 보여준다. 첫 번째는 이메일 서버에 ehlo() 메시지를 전송할 때다.

```
Sending ehlo
send: 'ehlo [127.0.0.1]\r\n'
reply: '250-smtp.gmail.com at your service, [106.51.129.41]\r\n'
reply: '250-SIZE 35882577\r\n'
reply: '250-8BITMIME\r\n'
reply: '250-STARTTLS\r\n'
reply: '250-ENHANCEDSTATUSCODES\r\n'
reply: '250-PIPELINING\r\n'
```

3. 두 번째는 server 객체에서 starttls() 메소드를 호출할 때다. 다음 스크린샷을 확인한다.

```
Starting TLS Session
reply: '250-CHUNKING\r\n'
reply: '250 SMTPUTF8\r\n'
reply: retcode (250); Msg: smtp.gmail.com at your service, [106.51.129.41]
SIZE 35882577
8BITMIME
STARTTLS
ENHANCEDSTATUSCODES
PIPELINING
CHUNKING
SMTPUTF8
send: 'STARTTLS\r\n'
reply: '220 2.0.0 Ready to start TLS\r\n'
reply: retcode (220); Msg: 2.0.0 Ready to start TLS
```

4. 세 번째는 ehlo()를 사용해 이메일 서버에 다시 연결할 때다.

```
Sending ehlo again
send: 'ehlo [127.0.0.1]\r\n'
reply: '250-smtp.gmail.com at your service, [106.51.129.41]\r\n'
reply: '250-SIZE 35882577\r\n'
reply: '250-8BITMIME\r\n'
reply: '250-AUTH LOGIN PLAIN XOAUTH2 PLAIN-CLIENTTOKEN OAUTHBEARER XOAUTH\r\n'
reply: '250-ENHANCEDSTATUSCODES\r\n'
reply: '250-PIPELINING\r\n'
reply: '250-CHUNKING\r\n'
reply: '250 SMTPUTF8\r\n'
reply: retcode (250); Msg: smtp.gmail.com at your service, [106.51.129.41]
SIZE 35882577
8BITMIME
AUTH LOGIN PLAIN XOAUTH2 PLAIN-CLIENTTOKEN OAUTHBEARER XOAUTH
ENHANCEDSTATUSCODES
PIPELINING
CHUNKING
SMTPUTF8
send: 'quit\r\n'
reply: '221 2.0.0 closing connection ps2sm30604983pab.10 - gsmtp\r\n'
reply: retcode (221); Msg: 2.0.0 closing connection ps2sm30604983pab.10 - gsmtp
```

작동원리

기본부터 시작하자. 이메일 암호화는 이메일 메시지가 의도한 당사자가 아닌 다른 사람이 읽지 못하도록 보호하는 것을 의미한다. 이메일은 일반적으로 평문clear text으로 전송되며 서드파티third party에서 스니핑할 수 있다. 이를 방지하기 위해 프로토콜 계층에서 이메일을 암호화한다. 여기에는 인증도 포함될 수 있다.

SMTP 서버는 일반적으로 SSL/TLS 프로토콜을 사용해 포트 25에서 이메일을 전송한다. 하지만 STARTTLS(SMTP 상위 계층)의 출현과 메시지 제출을 위한 포트 587의 사용으로, 지메일 같은 이메일 클라이언트는 이메일 전송에 STARTTLS와 포트 587을 사용한다. 지메일에도 인증이 구현된다. 지메일 서버의 로그인을 위해 `server.login(username, password)`가 사용됐음을 기억한다.

STARTTLS를 서버와 클라이언트에서 사용하려면 클라이언트가 먼저 서버가 이 프로토콜을 지원하는지 알아야 한다. `server.ehlo()`를 발생시키면 프로그램은 SMTP 서버에 `EHLO` 메시지를 전송해 통신을 수립한다. 첫 번째 스크린샷에서 볼 수 있듯이 서버는 메시지 및 허용된 확장extension으로 응답한다.

이제 코드에서 서버가 `server.has_extn('STARTTLS')`를 사용해 STARTTLS 확장을 지원하는지 확인한다. 첫 번째 스크린샷에서 봤듯이 SMTP 서버는 STARTTLS 확장으로 응답했다. 이것은 지메일이 STARTTLS 프로토콜 계층을 지원한다는 뜻이다.

이제 `server.starttls()`를 사용해 서버와 통신한다. 서버는 `Ready to start TLS`라는 메시지를 전송해서 이에 응답한다. 이 방법으로 세션session은 암호화된다. 세 번째 스크린샷을 살펴보면, `server.ehlo()`를 전송할 때 TLS 세션을 통해 서버를 식별할 수 있다. 또한 스크린샷에서는 서버가 인증 확장authentication extension을 구현하는 것을 제안한다.

마지막으로, `server.quit()`를 사용해 SMTP 세션을 종료하고, 세 번째 스크린샷과 같이 `closing connection`으로 응답한다.

더 알아보기

꽤 자세하게 설명했으니, 잠시 시간을 내어 이해해본다. 간단한 이메일 메시지를 전송할 때 일어나는 일은 실제로 흥미롭다. 그러나 너무 많이 걱정하진 말고, 재미있게 더 많은 예제를 살펴보자.

MIME로 이메일 메시지 꾸미기

처음 몇 가지 레시피는 간단하고 오래된 평문 형식으로 이메일 메시지를 전송했다. MIME 인터넷 표준은 비 아스키ASCII 문자, 멀티파트multipart 메시지 및 이미지를 사용해 메시지를 작성하도록 도와준다. 첨부 및 그 밖의 많은 작업에도 도움이 된다. 이렇게 하면 풍부한 이메일 메시지를 구성할 수 있다. 이 레시피에서는 MIME 형식이 어떻게 사용되는지 살펴보자.

준비하기

이 레시피는 동일한 모듈인 `smtplib`를 사용해 이메일 메시지를 전송한다. MIME 형식으로 더 나은 이메일 메시지를 생성하는 데 도움이 되는 또 다른 모듈인 `email`을 다룬다. `email` 모듈은 파이썬 설치와 함께 제공된다. 따라서 새로운 모듈 혹은 설치가 필요하지 않다. 이 절에서는 MIME 속성을 사용해 이메일을 전송하는 좀 더 나은 방법을 살펴본다.

실행 방법

1. 필요한 모든 모듈을 임포트하자.

```
import smtplib
from email.mime.multipart import MIMEMultipart
from email.mime.text import MIMEText
import config
import email.utils
```

2. 이제 MIME 모듈을 사용해 이메일 메시지를 구성하자. 다음 코드는 메시지를 생성한다.

```
fromaddr = config.fromaddr
toaddr = config.toaddr

msg = MIMEMultipart()
msg['Subject'] = "Hello from the Author of Automate It!"
```

```
msg['To'] = email.utils.formataddr(('Recipient', toaddr))
msg['From'] = email.utils.formataddr(('Author', fromaddr))
body = "What a wonderful world!"
msgBody = MIMEText(body, 'plain')
msg.attach(msgBody)
```

3. 자, 이제 누구에게 이메일을 전송할 것인지에 대한 세부 사항을 얻었다. MIME 형식의 이메일 메시지도 구성했다. 무엇을 기다리고 있는가? 다음 코드를 사용해 전송하자.

```
server = smtplib.SMTP('smtp.gmail.com', 587)
server.starttls()
server.login(fromaddr, config.password)

text = msg.as_string()
print "Text is:", text
server.sendmail(fromaddr, toaddr, text)

server.quit()
```

수신된 이메일은 다음과 같다.

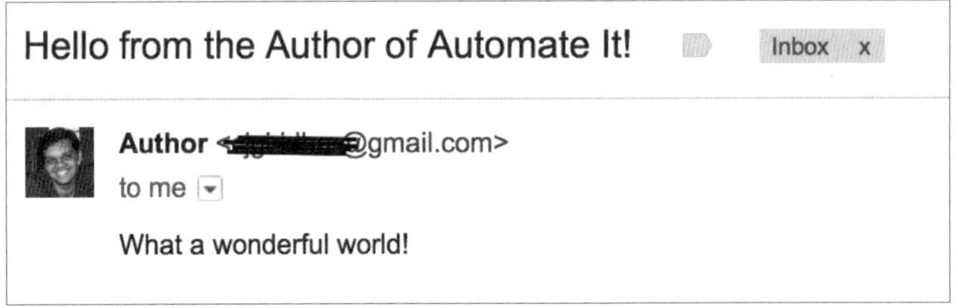

굉장하다! 그런데, 어떻게 작동했을까?

작동원리

앞의 예제에서는 SMTP 서버에 로그인하기 위해 `fromaddress` 및 `password`가 있는 설정 파일과 이메일 메시지를 전송할 `toaddress`를 가져왔다.

이제 메시지를 전송하기 전에 새로운 MIME 메시지 객체를 생성한다. 파이썬 email.mime.multipart 모듈의 MIMEMultipart( ) 클래스를 사용한다. 모르는 사람을 위해, MIME 멀티파트 메시지는 단일 이메일의 HTML과 텍스트 콘텐츠 모두를 의미한다. 따라서 이 코드에서는 새로운 멀티파트 MIME 메시지를 생성한 다음 텍스트 콘텐츠를 추가한다.

이메일의 본문인 텍스트 콘텐츠는 email.mime.text 모듈의 MIMEText( ) 생성자로 생성되고 attach( ) 메소드를 사용해 멀티파트 메시지에 첨부된다.

구성된 MIME 메시지는 Content-Type이 multipart이고 MIME 버전이 1.0이고 Subject, To, From 세부 정보가 예상대로이며 이메일 본문에 예상된 텍스트는 다음 스크린샷에 표시된다.

```
Text is: Content-Type: multipart/mixed; boundary="===============9144934212570870897=="
MIME-Version: 1.0
Subject: Hello from the Author of Automate It!
To: Recipient <[redacted]@gmail.com>
From: Author <author@packt.com>
Subject: Test from us

--===============9144934212570870897==
Content-Type: text/plain; charset="us-ascii"
MIME-Version: 1.0
Content-Transfer-Encoding: 7bit

What a wonderful world!
--===============9144934212570870897==--
```

메시지와 수신자 세부 정보가 있으면 SMTP.sendmail( ) 메소드를 사용해 평소대로 이메일을 전송한다.

첨부 파일과 이메일 메시지

이메일에서 가장 많이 사용되는 간단한 사용 사례 중 하나는 이메일 메시지에 첨부 파일을 추가하는 기능이다. 이 절에서는 파이썬으로 이메일에 첨부 파일을 추가하는 방법을 다룬다.

준비하기

이 예제에서는 동일한 smtplib 및 email 모듈을 사용한다. 따라서 설치할 모듈을 걱정할 필요가 없다. 레시피를 계속 진행하자.

실행 방법

1. 작은 텍스트 파일을 빠르게 만드는 것으로 시작하자. 이름은 attach.txt로, 그 콘텐츠는 다음 스크린샷에 표시된다.

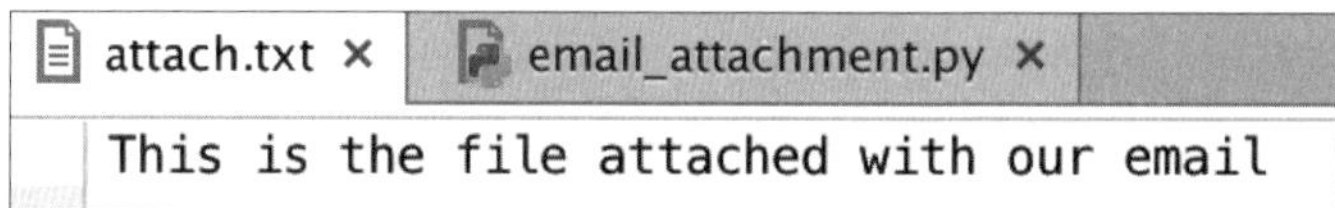

2. 이메일에 첨부 파일을 추가하는 다음 코드를 살펴보자.

```
import smtplib
from email.mime.multipart import MIMEMultipart
from email.mime.text import MIMEText
from email.mime.base import MIMEBase
from email import encoders

import config
fromaddr = config.fromaddr
toaddr = config.toaddr

msg = MIMEMultipart()
msg['From'] = fromaddr
msg['To'] = toaddr
msg['Subject'] = "Email with an attachment"
body = "Click to open the attachment"
msg.attach(MIMEText(body, 'plain'))

filename = "attach.txt"
attachment = open(filename, "rb")
```

```
part = MIMEBase('application', 'octet-stream')
part.set_payload((attachment).read())
encoders.encode_base64(part)
part.add_header('Content-Disposition', "attachment; filename= %s" %
filename)

msg.attach(part)

server = smtplib.SMTP('smtp.gmail.com', 587)
server.starttls()
server.login(fromaddr, config.password)

text = msg.as_string()
server.sendmail(fromaddr, toaddr, text)

server.quit()
```

3. 위의 코드를 실행하면 받은편지함에 이메일이 전송되고 다음 스크린샷과 유사할 것이다.

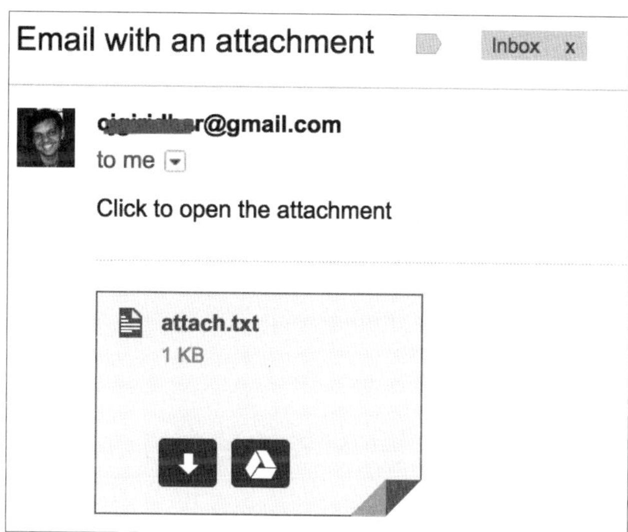

작동원리

이미 MIME 메시지 객체를 생성하는 데 익숙하다. 따라서 이 코드에서는 멀티파트 메시지 객체인 msg를 생성한다. 그런 다음, msg.attach()를 사용해 텍스트 메시지를 추가한다. 본문은 Click to open the attachment를 보여준다.

이 레시피는 텍스트 파일을 첨부하는 데 사용될 email 모듈의 새로운 클래스인 MIMEBase를 사용한다. 이미 attach.txt 파일을 생성했으므로 파이썬 open() 메소드를 사용해 파일을 열고 파일 핸들 attachment를 얻는다. 그런 다음 MIMEBase 객체인 part를 생성하고 페이로드payload로 파일의 콘텐츠를 이 객체에 할당한다. 파일의 콘텐츠는 attachment.read()로 얻고 페이로드는 set_payload() 메소드로 설정한다.

파일을 첨부하려면, MIMEBase 객체는 base64로 인코딩되고 Content-Disposition 헤더는 part 객체에 추가돼야 한다. 이제 part 객체가 있으므로, 본문과 마찬가지로 attach() 메소드를 사용해 멀티파트 객체 msg에 추가될 수 있다.

완전한 MIME 메시지와 그 메시지를 누구에게 보낼지에 대한 세부 사항을 갖추고, 첨부 파일이 포함된 이메일을 전송한다. 성취하고자 했던 것을 수행했다.

받은편지함 연결

5장에서는 파이썬으로 이메일을 전송하는 방법을 다뤘다. 그러나 경우에 따라 받은편지함을 검색해 수신되는 메시지를 읽을 수도 있다. 그래서 어떻게 그 일을 할 수 있을까? 이번 레시피에서 그 방법을 살펴보자.

준비하기

이 레시피는 받은편지함에서 메시지를 가져오는 데 도움이 되는 새로운 파이썬 모듈을 사용한다. 파이썬 모듈인 imaplib를 사용하는데, 기본 파이썬 설치로 사용 가능하다. 시작해보자.

실행 방법

1. 먼저 이메일과 패스워드를 저장하기 위해 생성한 설정 파일을 사용해 서버에 로그인한다. 그런 다음 코드를 추가해 받은편지함에서 사용할 핸들 혹은 객체를 생성한다. 코드는 다음과 같다.

   ```
   import config, imaplib

   M = imaplib.IMAP4_SSL("imap.gmail.com", 993)
   M.login(config.fromaddr, config.password)
   print "Inbox:", M
   M.logout()
   ```

   위의 코드를 실행하면 결과는 다음과 같다.

   ```
   Inbox: <imaplib.IMAP4_SSL instance at 0x108308098>
   ```

2. 기본적으로 지메일에 로그인하면 기본 받은편지함이 선택되지만, 다른 받은편지함도 생성됐다면 코드 라인을 추가해 목록을 가져올 수 있다. 이제 모든 라벨에서, 특히 Inbox를 선택하려는 경우에도 이를 달성할 수 있다. 다음 코드 예제를 살펴보자.

   ```
   import config, imaplib

   M = imaplib.IMAP4_SSL("imap.gmail.com", 993)
   M.login(config.fromaddr, config.password)
   print M.list()
   M.select('INBOX')
   print "Inbox:", M
   M.logout()
   ```

   위 코드의 출력은 다음 스크린샷에 표시된다. 라벨을 여러 개 생성했는데도 더 적은 라벨로 스크린샷을 보여준다.

   ```
   ('OK', ['(\\HasNoChildren) "/" "ACM"',
   ```

작동원리

5장을 시작하면서 살펴본 바와 같이, 이메일로 작업할 수 있는 세 가지 주요 프로토콜이 있다. 이메일을 전송하기 위해 SMTP를 많이 사용했지만 이메일을 읽는 동안 POP 혹은 IMAP을 사용해 이메일 서버에서 메시지를 검색할 수 있다. 단계적으로 그 코드를 살펴볼 것이다.

파이썬 `imaplib` 라이브러리는 IMAP(Internet Message Access Protocol)을 사용해 메일박스(mailbox)에 연결할 수 있게 도와준다. 지메일 서버는 imap.gmail.com 및 포트 '993'에서 실행되는 서버로 IMAP으로 구성된다.

예제 코드는 생성자 `IMAP4_SSL("imap.gmail.com", 993);`을 사용해 `imaplib` 유형의 객체를 생성한다. 이 객체를 `M`이라고 부른다.

암호화와 관련해 SSL 소켓으로 암호화된 통신을 사용하기 때문에 `IMAP4_SSL`을 사용해 서버에 연결한다. 내부적으로 평문 소켓을 사용하는 `IMAP4` 클래스의 사용을 배제한다.

이제 객체 `M`을 사용해 사용자 이름과 패스워드로 지메일에 로그인하여 받은편지함에 연결할 수 있다.

`M` 객체에서 `list()` 메소드를 호출하면 이미 생성한 모든 라벨이 반환된다. 이제, 내 경우에는 `ACM` 라벨(내 작업을 위한 ACM)을 생성했고, 따라서 `ACM` 라벨은 내 라벨 목록에 나타난다.

코드 예제를 살펴보면, `select()` 메소드를 사용해 `INBOX`에 명시적으로 연결할 수 있다. 받은편지함에 연결되면 받은편지함에서 이메일 메시지를 가져올 수 있다.

마지막으로, `M.logout()` 메소드를 사용해 받은편지함과 연결을 종료한다.

더 알아보기

이번 레시피에서 받은편지함에 연결하는 방법을 다뤘지만, 아마도 메시지를 읽고, 표시하고, 그것에 대해 흥미로운 행동을 하고 싶어 할 것이다. 다음 레시피에서 메시지 작업을 수행하는 방법을 살펴보자.

이메일 메시지 가져오기 및 읽기

imaplib로 이메일 메시지를 검색하는 방법도 쉽다. 여기서는 파이썬 코드를 사용해 이를 수행하는 방법을 살펴본다. 이 레시피에서는 특정 제목의 이메일을 검색해 미리 정의된 조건과 일치하는 최신 메시지를 받은편지함에서 가져온다.

준비하기

이메일 메시지를 읽기 위해 imaplib 모듈을 계속 사용하므로 이 레시피에서는 새로 설치할 필요가 없다.

실행 방법

1. 설정 파일을 사용해 fromaddress, password, toaddress를 읽어와서 서버에 로그인한다. 일단 로그인하면 기본 받은편지함을 선택하고 이메일 메시지를 가져와서 읽는다. 전체 코드를 살펴보자.

```
import config, imaplib

M = imaplib.IMAP4_SSL("imap.gmail.com", 993)
M.login(config.fromaddr, config.password)

M.select("INBOX")

typ, data = M.search(None, 'SUBJECT', "Email with an attachment")
```

```
typs, msg = M.fetch(data[0].split()[-1], '(RFC822)')
print "Message is ", msg[0][1]
M.close()

M.logout()
```

2. 위의 파일을 inbox_search.py로 저장하고 다음 커맨드를 사용해 코드를 실행한다.

```
python inbox_search.py
```

3. 위 코드의 출력은 다음 스크린샷에 표시된다.

```
Return-Path: <cjgiridhar@gmail.com>
Received: from [127.0.0.1] ([106.51.129.41])
        by smtp.gmail.com with ESMTPSA id f10sm31889193pfc.79.2016.07.24.03.01.51
        for <cjgiridhar@gmail.com>
        (version=TLS1 cipher=AES128-SHA bits=128/128);
        Sun, 24 Jul 2016 03:01:52 -0700 (PDT)
Message-ID: <57949210.0a6a620a.38b7f.d075@mx.google.com>
Date: Sun, 24 Jul 2016 03:01:52 -0700 (PDT)
Content-Type: multipart/mixed; boundary="===============0768011610242518496=="
MIME-Version: 1.0
From: cjgiridhar@gmail.com
To: cjgiridhar@gmail.com
Subject: Email with an attachment

--===============0768011610242518496==
Content-Type: text/plain; charset="us-ascii"
MIME-Version: 1.0
Content-Transfer-Encoding: 7bit

Click to open the attachment
--===============0768011610242518496==
Content-Type: application/octet-stream
MIME-Version: 1.0
Content-Transfer-Encoding: base64
Content-Disposition: attachment; filename= attach.txt

VGhpcyBpcyB0aGUgZmlsZSBhdHRhY2hlZCB3aXRoIG91ciBlbWFpbA==
--===============0768011610242518496==--
```

작동원리

앞의 코드에서는 우선 적절한 IMAP 설정을 사용해 IMAP_SSL4()의 객체를 생성한다. 그 후 IMAP 객체의 도움으로 설정 파일의 자격 증명을 사용해 클라이언트에 로그인한다. 그런 다음, 검색 작업을 수행할 수 있도록 INBOX를 선택한다.

IMAP 객체에서 호출되는 M.search( ) 메소드는 제목이 'Email with an attachment'인 이메일을 검색하도록 도와준다. search( ) 메소드는 검색 기준과 일치하는 메시지 배열을 반환한다.

이제 특정 메시지를 가져와야 한다면, 그리고 기준과 일치하는 최신 이메일 메시지를 읽어야 하므로 M.fetch( ) 메소드를 사용한다. fetch( ) 메소드는 주어진 메시지 객체와 가져오려는 메시지의 일부가 필요하다. 따라서 이 코드 예제에서는 기준과 일치하는 가장 최신 이메일 객체를 전달하고, RFC 822 형식의 이메일 본문을 원하는 RFC822를 전달한다.

fetch( )에서 획득한 메시지를 출력하면, 검색과 일치하는 최신 이메일 본문의 콘텐츠를 가져온다.

지금, 여러분은 해당 이메일의 콘텐츠를 기억하는가? 이메일 첨부 파일을 보여주는 데 사용된 이전 레시피 중의 하나에서 전송한 이메일 메시지와 같다.

더 알아보기

이제 메시지를 검색하고 가져올 수 있다. 받은편지함에 표시하고 싶은 메시지를 비롯한 더 세분화된 작업이 많이 있다. 다음 레시피에서 살펴보자.

이메일 메시지 표시

이전 레시피에서는 메시지를 가져와서 읽는 방법을 살펴봤다. 너무 복잡하지 않은가? 검색이나 읽기 같은 간단한 작업을 하는 동안 그렇게 많은 세부 정보를 처리해야 할까? 이 절에서는 검색 혹은 읽기를 더 쉽게 하고 이메일에서 다양한 작업을 수행할 수 있는 또 다른 라이브러리를 살펴보겠다.

준비하기

이 절에서는 gmail 모듈을 설치한다. 다음과 같이 pip 커맨드를 사용해 터미널로 이 모듈을 설치할 수 있다.

```
pip install gmail
```

gmail API를 사용해 이메일을 검색하고 읽는 방법을 살펴보자. gmail 모듈로 시작하게 될 것이다. 다음 코드는 2016년 7월 22일 이후 수신된 이메일을 검색한다. 그런 다음, 가장 최근의 메시지를 가져왔다. 일단 메시지를 가져오면, 먼저 이메일 본문을 읽는다.

```
import gmail, config
from datetime import date

g = gmail.login(config.fromaddr, config.password)

mails = g.inbox().mail(after=date(2016, 7, 22))
mails[-1].fetch()

print "Email Body:\n", mails[-1].body

g.logout()
```

위 코드의 출력은 다음 스크린샷에 표시된다. Quora의 이메일 다이제스트를 받은 것으로 보인다.

```
Email Body:
Top Stories from Your Feed
Your Quora Digest

-----


Question: What would have happened had Gandhi not been not in the freedom fight?

Answer from Sam Jake
It wouldn't have mattered in any way!
```

다음은 받은편지함의 스크린샷이다.

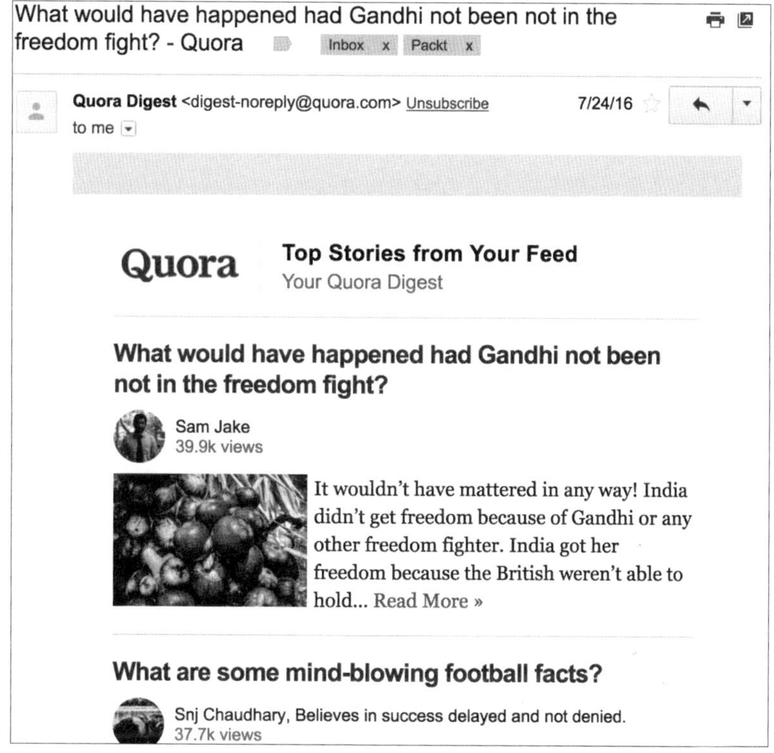

너무 쉽지 않았는가? 그런데 gmail 모듈이 imaplib 위에 있지만 더 나은 API가 있으니, 이 모듈을 이용해 환상적인 작업을 수행해보자.

실행 방법

1. 받은편지함을 열고 특정 조건과 일치하는 읽지 않은 메시지를 찾고 메시지를 읽음으로 표시한다. 다음 코드로 쉽게 수행할 수 있다.

```
import gmail, config

g = gmail.login(config.fromaddr, config.password)
```

```
mails = g.inbox().mail(unread=True, sender='noreply@glassdoor.com')

mails[-1].fetch()
mails[-1].read()

g.logout()
```

이 프로그램을 실행하기 전에, 받은편지함에는 내가 읽지 않은 https://glassdoor.com의 이메일 하나가 있다. 내 받은편지함에서 다음과 같이 보인다.

Glassdoor New Reviews: McAfee - Glassdoor Jobs | Reviews | Sign in Get free mobile app 4 updates from companies that you 7:13 pm

코드 실행 후 이 이메일이 noreply@glassdoor.com의 읽지 않은 메시지 기준과 일치한다는 사실을 확인했고, 내 메시지를 읽은 것으로 표시했다. 지메일은 읽은 메시지로 표시하기 위해 굵은 글씨체로 표시된 것을 제거해 내 받은편지함은 다음과 같이 표시된다.

Glassdoor New Reviews: McAfee - Glassdoor Jobs | Reviews | Sign in Get free mobile app 4 updates from companies that you' 7:13 pm

2. 또 다른 예제를 살펴보자. 나는 2016년 1월부터 아마존 나우Amazon Now의 많은 홍보용 이메일을 받았다. 내 편지함은 다음과 같이 보인다.

Amazon Now Inbox 20% cashback on Fruits, Vegetables, Dairy products & more on 1st order at Amazon Now App - = Jul 23
Amazon Now Inbox Monsoon Savings | Up to 50% Off + 15% Back on First Order at Amazon Now - = Jul 16
Amazon Now Inbox Monsoon Savings | Up to 50% Off + 15% Back on First Order at Amazon Now - = Jul 9
Amazon Now Inbox Start July with Super Savings | Up to Rs.900 back on Amazon Now Super Value Day - = Jul 1
Amazon Now Inbox Up to 50% Off + 15% Back on First Order at Amazon Now - = Jun 25
Amazon Now Inbox Up to 50% Off + 15% Back on First Order at Amazon Now - = Jun 18
Amazon.in Inbox Just for 2 days | Flat 60% off Jack & Jones, Vero Moda, ONLY - 13th, 14th June only. http://www.amazon Jun 13
Amazon Now Inbox 1550+ Deals & 15% Back on First Order | Shop at Amazon Now - = Jun 11

3. 이제, 이 모든 것을 읽음으로 표시하고 AMAZON이라는 하나의 라벨에 위치시키고 싶다. 어떻게 할 수 있을까? 다음 코드는 이 작업을 수행한다.

```
import gmail, config
from datetime import date
```

```
g = gmail.login(config.fromaddr, config.password)

mails = g.inbox().mail(unread=True, sender='store-news@amazon.in',
                       after=date(2016, 01, 01))

for email in mails:
  email.read()
  email.add_label("AMAZON")

g.logout()
```

4. 이 코드를 실행하면 받은편지함에 AMAZON이라는 이름으로 새로운 라벨이 나타난다. 이제 받은편지함에서 라벨 AMAZON의 모든 이메일을 검색하면 이러한 모든 이메일 메시지가 읽음으로 표시됐음을 알 수 있다. AMAZON 라벨이 있는 이메일을 검색하는 다음 스크린샷을 살펴본다.

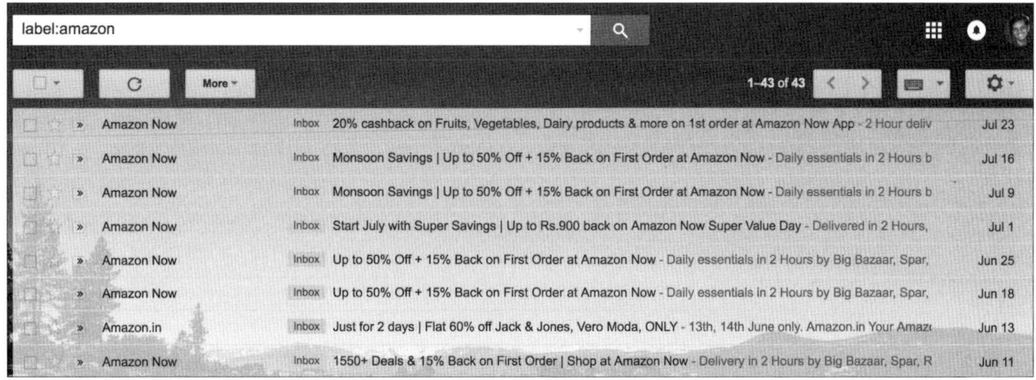

작동원리

첫 번째 단계에서는 지메일 서버에 로그인해 객체 g를 생성했다. 객체를 생성하기 위한 IMAP 설정 혹은 포트 같은 매개변수는 전달하지 않았다. gmail 모듈이 내부적으로 처리한다.

이제 이 객체를 사용해 noreply@glassdoor.com에서 전송된 읽지 않은 이메일을 검색하기 시작하고 이 기준과 일치하는 모든 메일 객체는 mails에 저장된다.

이후에 최신 레코드를 fetch() 메소드로 가져와서 read() 메소드를 이용해 읽은 메일로 표시한다.

마찬가지로, 두 번째 레시피에서는 store-news@amazon.in에서 2016년 1월 1일 이후 나에게 전송한 모든 unread 이메일 메시지를 검색한다.

각 메일은 이후 read() 메소드를 통해 읽음으로 표시되고 AMAZON이라는 라벨에 추가된다. 생각처럼 잘 작동한다.

더 알아보기

이메일 메시지에서 수행할 수 있는 몇 가지 작업을 살펴봤지만, 더 많은 것이 가능하다. gmail 모듈을 사용하면 메일을 읽지 않은 메일로 표시하거나, 별표와 함께 중요한 것으로 만들 수 있다. 받은편지함을 정리할 수 있는 예제를 살펴보자.

받은편지함의 이메일 메시지 삭제

마지막으로, 이 레시피에서는 받은편지함의 이메일 메시지를 삭제할 수 있는 단계를 다룬다. 예상대로, 프로그래밍 방식으로 이메일을 삭제하는 방법은 매우 간단하다.

이메일 클라이언트에서 메시지를 삭제하더라도 이메일 서버는 메시지를 저장하도록 선택할 수 있다. 따라서 메시지를 삭제할 때 서버 구현에 따라 이메일 서버에서 계속 유지할 수 있도록 메시지를 받은편지함에서 숨김 상태로 표시하면 된다.

준비하기

이메일 메시지를 삭제하기 위해 imaplib 모듈을 계속 사용하므로 이 레시피에서는 새로 설치할 필요가 없다.

실행 방법

1. 설정 파일을 활용해 fromaddress, password, toaddress를 가져와서 서버에 로그인한다.
2. 전체 코드는 다음과 같다.

```
import gmail, config

g = gmail.login(config.fromaddr, config.password)

emails = g.inbox().mail(sender='junk@xyz.com')

if emails:
  for mail in emails:
    mail.delete()
```

3. 위의 파일을 inbox_delete.py로 저장하고, 다음 커맨드를 사용해 코드를 실행한다.

```
python inbox_delete.py
```

작동원리

앞의 예제에서 봤던 것과 비슷하지만, 먼저 환경 파일의 로그인 자격 증명을 사용해 지메일에 로그인한다.

그런 다음, 받은편지함에 연결해 junk@xyz.com에서 전송한 이메일을 검색한다. 이 기준과 일치하는 이메일을 찾으면 그것을 삭제해야 한다.

그래서 mail 객체를 반복해 delete() 작업을 수행한다. 받은편지함은 이제 정크[junk]로 간주하는 모든 메시지로부터 자유롭다.

더 알아보기

이제 이메일 메시지 전송, 첨부 파일 추가, 그리고 이것을 가져오고 읽는 방법을 알았다. 메시지를 읽음으로 표시하고, 적절한 라벨을 추가하며, 필요하면 이 메시지를 삭제하는 방법도 다뤘다. 이러한 지식을 바탕으로, 문제를 겪고 있는 켈리를 위해 무엇을 할 수 있을까?

이메일 응답과 고객 지원 흐름 자동화

고객 지원 담당 이사인 켈리는 현재 문제가 있다. 고객 지원 엔지니어 대부분은 결국 고객들이 이미 웹사이트에서 찾을 수 있는 정보 수준의 레벨 1 지원 요청에 응답한다. 고객은 스스로 검색을 시도하지 않고 지원 요청 이메일을 전송한다.

이러한 행동은 고객 및 고객 지원 엔지니어에게 비생산적이다. 고객은 단순히 웹사이트에서 직접 정보를 얻는 대신 정보를 기다리고, 고객 지원 엔지니어는 웹사이트에서 고객에게 수동으로 FAQ^Frequently Asked Questions^ 섹션에 대한 포인터를 전송한다. 켈리는 이 흐름을 자동화해 지원에 소요되는 시간을 단축하고자 한다. 켈리를 도울 수 있는 방법이 있을까?

준비하기

물론, 이는 해결해야 할 더 큰 문제이지만 적어도 흐름을 자동화하는 데 도움이 되는 것을 할 수 있다. 지원 팀이 이메일로 새 티켓을 받으면 티켓에 자동으로 티켓 수신 확인을 응답할 수 있고, 회사 웹사이트 FAQ 섹션의 링크도 전송할 수 있다. 이렇게 하면 고객은 FAQ 섹션에서 필요한 정보를 찾아볼 수 있다. 또한 자동 응답 이메일로 이미 고객 문의를 해결했을 뿐만 아니라 신속하게 이를 해결할 수도 있기 때문에 고객 지원 엔지니어의 부담도 줄여준다.

자, 이제 실제로 무엇이 필요할까? 지원 받은편지함을 모니터링하고, 새로운 고객 문의 사항이 있으면 살펴본 다음, 템플릿 이메일로 자동 응답해야 한다.

실행 방법

1. 해결책으로 바로 넘어가자. 파이썬 파일을 생성하고 다음과 같은 코드를 복사한다. 지원 흐름을 자동화하는 데 필요한 것을 정확히 수행한다.

```
from email.mime.multipart import MIMEMultipart
from email.mime.text import MIMEText
from email.mime.image import MIMEImage
import config, time, gmail

def send_email(strTo):
  strFrom = config.fromaddr
  msgRoot = MIMEMultipart('related')
  msgRoot['Subject'] = 'Thanks for your ticket'
  msgRoot['From'] = strFrom
  msgRoot['To'] = strTo

  msgRoot.preamble = 'This is a multi-part message in MIME format.'
  msgAlternative = MIMEMultipart('alternative')
  msgRoot.attach(msgAlternative)
  msgText = MIMEText('This is the alternative plain text message.')
  msgAlternative.attach(msgText)
  msgText = MIMEText('Hi there, <br><br>Thanks for your query with us today.'
    ' You can look at our <a href="https://google.com">FAQs</a>'
    ' and we shall get back to you soon.<br><br>'
    'Thanks,<br>Support Team<br><br><img src="cid:image1">', 'html')
  msgAlternative.attach(msgText)

  fp = open('google.png', 'rb')
  msgImage = MIMEImage(fp.read())
  fp.close()
  msgImage.add_header('Content-ID', '<image1>')
  msgRoot.attach(msgImage)
```

```
  import smtplib
  server = smtplib.SMTP('smtp.gmail.com', 587)
  server.starttls()
  server.login(config.fromaddr, config.password)
  server.sendmail(config.fromaddr, config.toaddr, msgRoot.as_string())
  server.quit()

while True:
  g = gmail.login(config.fromaddr, config.password)

  mails = g.inbox().mail(unread=True)
  mails[-1].fetch()
  from_ = mails[-1].fr

  send_email(from_)

  time.sleep(60)
```

2. 위의 코드를 파이썬으로 실행하면 프로그램이 여전히 실행 중임을 알 수 있다. 이 상황에서 실제로 고객 지원 엔지니어에 대한 고객의 요청인 새로운 이메일을 기다리고 있다.
3. 고객이 고객 지원에 이메일을 전송하면 파이썬 프로그램으로 자동 응답을 받는다.

이 경우 지원 받은편지함은 내 이메일 주소이지만, 고객 요청이 여러분 회사의 이메일로 전달되도록 쉽게 설정할 수 있다.

자동 응답 이메일은 다음과 같다.

Hi there,

Thanks for your query with us today. You can look at our FAQs and we shall get back to you soon.

Thanks,
Support Team

작동원리

1분(60초)마다 실행되는 `while` 루프에서 시작한다. 각 반복마다 지원 받은편지함을 읽고 읽지 않은 이메일을 검색한다.

`while` 루프가 읽지 않은 이메일을 발견하는 동안 이메일을 가져오고 `fr` 속성을 얻는다. `fr` 속성은 이메일 메시지의 `from` 필드를 가져온다. `from` 필드는 고객 지원 엔지니어의 정보를 요청하는 고객의 이메일 주소다.

고객의 이메일 주소를 받으면 받은편지함에서 고객에게 자동 응답을 전송한다. 앞의 스크린샷은 자동 응답이 어떻게 표시되는지 정확히 보여준다.

이제 고객이 고객 지원 엔지니어에게 이메일을 전송해 질문을 하면, 고객은 FAQ Frequently Asked Questions 섹션의 링크가 있는 자동 이메일 응답을 수신한다.

이렇게 하면 고객은 FAQ 링크에서 필요한 정보를 신속하게 얻을 수 있다. 고객 지원 엔지니어가 평상시의 지원 요청에 수동으로 응답하지 않아도 되므로 고객 지원 엔지니어의 부담도 줄어든다.

이 개선으로 켈리는 행복해하리라고 확신한다. 켈리는 고객 지원 흐름이 어느 정도 자동화된다는 것을 이해하고 있으며, 곧 생산성이 향상되리라 기대하고 있다.

더 알아보기

그 밖에도 이메일로 할 수 있는 많은 일이 있다. 이메일 첨부 파일을 다운로드하는 건 어떨까? 각자 시도해보자.

6
프레젠테이션 활용

오늘 사장님께 보고할 프레젠테이션이 하나 더 있다. 단순히 수동으로 다시 수행하는 대신에 프로그램을 실행해 프레젠테이션을 생성할 수 있을까? 더는 걱정할 필요가 없다. 6장에서 모두 해결할 수 있다. 파이썬을 사용해 자동으로 프레젠테이션을 생성할 수 있는 다양한 방법을 살펴보자.

6장에서 다루는 내용은 다음과 같다.

- 파워포인트 프레젠테이션 읽기
- 프레젠테이션 생성 및 수정, 슬라이드 추가
- 레이아웃 및 플레이스홀더, 텍스트박스 활용
- 다양한 모양 및 표 추가
- 그림과 차트를 이용한 시각화
- 주간 판매 보고서 자동화

소개

데이터 혹은 작업 관리 상태를 보고하거나 아이디어를 제시할 때 파워포인트PowerPoint 프레젠테이션은 최선의 선택이다. 파워포인트는 대화식 멀티미디어 슬라이드를 생성해 정보를 제공할 수 있다. 비즈니스 파트너에게 물어보자. 전문가들은 프레젠테이션에서 거의 모든 것을 생각한다(**파워포인트**(즉, PPT) 프레젠테이션 슬라이드를 중심으로 생각 프로세스가 구성되어 있다).

6장에서는 파이썬으로 커스텀 파워포인트 프레젠테이션을 생성하는 방법을 살펴본다. PPT 파일을 읽고 쓰고 조작하는 방법을 다룬다. PPT는 표 추가, 이미지 및 차트 표시 등의 기능을 제공한다. 파이썬을 사용해 이 모든 흥미로운 기능을 다루는 법을 살펴본다.

바이너리 파일 형식인 .pptx로 작업하는 방법을 6장에서 다룬다. PPTX 프레젠테이션은 마이크로소프트 오피스 2007에서 도입된 마이크로소프트 오픈 XML 형식을 사용한다는 점에서 PPT 버전과 다르다.

6장의 레시피는 PPTX 파일에서 여러 작업을 수행하는 데 도움이 되는 파이썬 모듈을 살펴본다. 특히 다음과 같은 파이썬 모듈을 다룬다.

- `python-pptx`(https://python-pptx.readthedocs.io/en/latest/index.html)
- `pandas`(http://pandas.pydata.org/)

> 파워포인트 프레젠테이션과 관련해 수행할 수 있는 모든 주요 작업을 다룰 때는 더 많은 작업을 수행할 수 있는 가능성이 항상 존재한다. 따라서 파이썬과 함께하면서 여러 가지 기능을 배우는 것을 적극 추천한다.
>
> python-pptx 모듈을 사용하는 대신 윈도우 운영체제에서 PPT 작업을 하기 위해 윈도우의 Win32 COM API를 사용할 수도 있다(6장에서 다룰 것이다).

파워포인트 프레젠테이션 읽기

파워포인트 프레젠테이션 경험을 통해 알고 있듯이, PPT 파일에는 슬라이드가 포함되어 있으며 각 슬라이드에는 청중에게 보여줘야 할 세부 정보가 포함되어 있다. 이 레시피에서는 python-pptx 모듈을 사용해 PPTX 파일에서 정보를 추출하는 방법을 살펴볼 것이다.

준비하기

이 레시피를 단계적으로 실행하려면 python-pptx 모듈을 설치해야 한다. 파이썬 pip로 모듈을 설치한다.

```
chetans-MacBookPro:ch08 Chetan$ sudo pip install python-pptx
Password:
Downloading/unpacking python-pptx
  Downloading python-pptx-0.6.0.tar.gz (6.3MB): 6.3MB downloaded
  Running setup.py (path:/private/tmp/pip_build_root/python-pptx/setup.py)
egg_info for package python-pptx
Requirement already satisfied (use --upgrade to upgrade): lxml>=3.1.0 in
/Library/Python/2.7/site-packages (from python-pptx)
Requirement already satisfied (use --upgrade to upgrade): Pillow>=2.6.1 in
/Library/Python/2.7/site-packages (from python-pptx)
Requirement already satisfied (use --upgrade to upgrade): XlsxWriter>=0.5.7
in /Library/Python/2.7/site-packages (from python-pptx)
Installing collected packages: python-pptx
  Running setup.py install for python-pptx
Successfully installed python-pptx
Cleaning up...
```

모듈이 설치됐는가? 시작하자.

실행 방법

1. 우선 마이크로소프트 파워포인트 2013으로 PPTX 파일을 생성한다. 이 파일을 샘플로 사용해 프레젠테이션에서 데이터를 읽고 추출하는 방법을 살펴본다. 이 책의 코드 샘플을 다운로드하면 파일을 얻을 것이다. 이 파일을 myprofile.pptx 라고 한다. 파일은 2개의 슬라이드로 이뤄지고 책의 저자에 관한 정보를 담고 있다. 다음 스크린샷은 파일 콘텐츠를 보여준다.

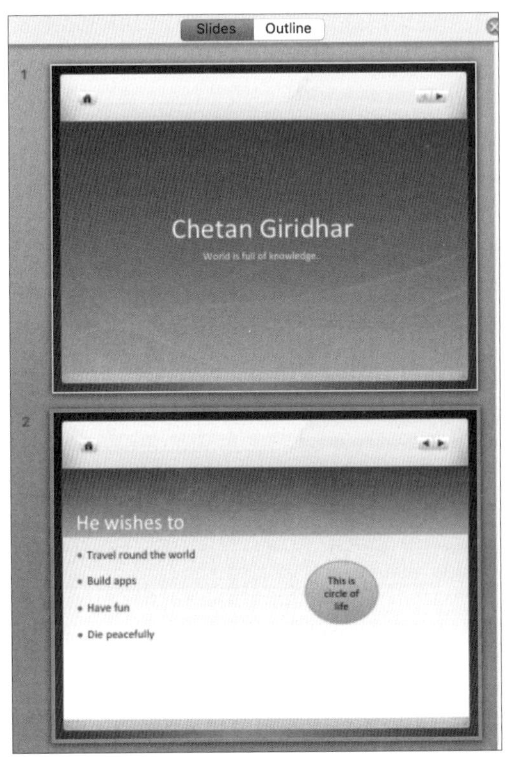

2. 프레젠테이션을 보면 첫 번째 슬라이드에는 2개의 텍스트 항목이 있다. 제목은 Chetan Giridhar이고 부제는 World is full of knowledge...이다. 두 번째 슬라이드에는 더 많은 데이터가 있다. 슬라이드 제목은 저자의 네 가지 소원을 담은 He wishes to이고, 원형 모양으로 콘텐츠 This is circle of life를 나타내는 다른 레이아웃을 갖는다. 흥미롭다!

3. 컴퓨터에서 터미널로 이동해 vim을 사용하거나 선호하는 편집기를 선택한다. PPT 파일을 읽으려면 우선 파이썬 코드를 사용해 myprofile.pptx에 대한 프레젠테이션 객체를 생성한다.

```
from pptx import Presentation
path_to_presentation = 'myprofile.pptx'
prs = Presentation(path_to_presentation)
print "Presentation object for myprofile file: \n", prs
```

위 코드의 출력은 다음과 같다.

```
Presentation object for myprofile file:
<pptx.presentation.Presentation object at 0x10e56e550>
```

4. 프레젠테이션 객체가 생겼으니, 슬라이드 객체를 얻는 데 사용하자. 프레젠테이션에는 2개의 슬라이드가 있다. 다음 코드는 슬라이드 객체를 가져온다. 슬라이드는 slide 객체의 파이썬 목록으로 표시되고, for 루프로 반복될 수 있다.

```
print "Slides are:"
for slide in prs.slides:
  print "Slide object:", slide
```

5. 위의 코드는 프레젠테이션 객체인 prs를 사용해 슬라이드 객체를 검색한다. 코드의 출력은 다음과 같다.

```
Slides are:
Slide object: <pptx.slide.Slide object at 0x10e59f500>
Slide object: <pptx.slide.Slide object at 0x10e59f460>
```

6. 멋지다! 한 단계 더 깊이 가서 slides 객체의 몇 가지 속성을 살펴보자. 다음 코드는 slide 객체의 몇 가지 속성을 출력한다.

```
print "Slide has following objects:"
slide1, slide2 = prs.slides[0], prs.slides[1]
print "Slide Ids: \n", slide1.slide_id, ",", slide2.slide_id
print "Slide Open XML elements: \n", slide1.element, ",", slide2.element
print "Slide layouts: \n", slide1.slide_layout.name, ",",
slide2.slide_layout.name
```

7. 이 경우 첫 번째 슬라이드의 레이아웃은 Title Slide이고, 다음 슬라이드는 Title and Content이다. Slide Ids와 Open XML elements도 출력한다.

```
Slide has following objects:
Slide Ids:
256, 257
Slide Open XML elements:
<Element {http://schemas.openxmlformats.org/
          presentationml/2006/main}sld at 0x109fc2d60>,
<Element {http://schemas.openxmlformats.org/
          presentationml/2006/main}sld at 0x109fc23c0>
Slide layouts:
Title Slide, Title and Content
```

8. 이제 모든 슬라이드는 여러 모양shape이 포함된다. 예를 들어, 첫 번째 슬라이드에는 2개의 텍스트 플레이스홀더placeholder인 제목과 부제가 있다. 두 번째 슬라이드에는 2개의 플레이스홀더가 있지만 원형 모양도 있다. 다음 코드는 이 정보를 출력한다.

```
print "Shapes in the slides"
i=1
for slide in prs.slides:
  print 'Slide', i
  for shape in slide.shapes:
    print "Shape: ", shape.shape_type
  i +=1
```

위 코드의 출력은 다음과 같다. 첫 번째 슬라이드는 텍스트 프레임을 포함하고, 두 번째 슬라이드에는 오토 셰이프auto shape가 있음을 확인할 수 있다.

```
Shapes in the slides
Slide 1
Shape: PLACEHOLDER (14)
Shape: PLACEHOLDER (14)

Slide 2
Shape: PLACEHOLDER (14)
Shape: PLACEHOLDER (14)
Shape: AUTO_SHAPE (1)
```

9. 이제 슬라이드, 슬라이드 레이아웃 및 슬라이드 모양이 완성됐다. 슬라이드와 모든 모양의 텍스트 콘텐츠를 가져온다. 다음 코드는 필요로 하는 것을 정확하게 수행한다.

```
text_runs = []

for slide in prs.slides:
  for shape in slide.shapes:
    if not shape.has_text_frame:
      continue
    for paragraph in shape.text_frame.paragraphs:
      for run in paragraph.runs:
        text_runs.append(run.text)

print "Text is: ", text_runs
```

코드 예제의 출력은 다음과 같다. 두 슬라이드의 모든 텍스트를 포함한다. python-pptx 세계의 **text runs**로 불린다.

```
Text is: [u'Chetan Giridhar', u'World is full of knowledge..', u'He wishes
to', u'Travel round the world', u'Build apps', u'Have fun', u'Die
peacefully', u'This is circle of life']
```

작동원리

이 레시피에서는 전체 프레젠테이션을 읽고 두 슬라이드의 콘텐츠를 얻었다.

마이크로소프트 파워포인트 2013을 사용해 수동으로 PPTX 파일을 생성하고 myprofile.pptx 파일 prs의 객체를 pptx 모듈의 Presentation 클래스를 사용해 생성했다. 이 객체를 사용해 presentation 객체의 prs.slides 메소드로 두 슬라이드 모두를 액세스할 수 있다.

그런 다음 slides 객체를 사용해 slides.shapes로 슬라이드 둘 다에서 사용 가능한 모든 모양을 가져올 수 있다. 이 객체를 반복하면 슬라이드에서 PLACEHOLDER 및 AUTO_SHAPE 같은 모양을 얻을 수 있다. 6장의 뒷부분에서 슬라이드와 모양에 대해 더 살펴본다.

이후 shape.has_text_frame 속성을 사용해 모양에 텍스트 프레임이 있는지 확인하고, 가능한 경우 텍스트 프레임에서 paragraphs 객체를 가져온다. paragraph 객체의 runs 속성에는 실제 텍스트 데이터 목록이 포함되며, 이 목록은 배열 text_runs에 저장된다.

더 알아보기

프레젠테이션 객체, 슬라이드, 레이아웃, 모양, 텍스트 프레임, 단락 등 많은 것을 하나의 레시피에서 다뤘다. 이것으로 PPTX 파일을 쉽게 읽을 수 있다.

이 모든 것은 훌륭하지만, 새로운 PPTX 파일을 생성하고 싶지 않은가? 더불어, 프레젠테이션 생성을 자동화하고 싶은가? 이제 파이썬을 사용해 이러한 작업을 수행하는 방법을 살펴보자.

프레젠테이션 생성 및 수정, 슬라이드 추가

이 절의 레시피는 python-pptx 모듈을 계속 사용한다. 따라서 새로운 모듈을 설치할 필요가 없다. 빈 프레젠테이션을 생성하고 프레젠테이션에 슬라이드를 추가하는 방법과 슬라이드에 콘텐츠를 추가하는 방법을 살펴본다.

실행 방법

1. Yo! Python이 쓰여 있는 새 PPT를 생성하는 아주 간단한 예제부터 시작하자. 다음 코드는 프레젠테이션을 생성하는 데 도움이 된다.

```
from pptx import Presentation

prs = Presentation()
slide = prs.slides.add_slide(prs.slide_layouts[0])
slide.shapes.title.text = "Yo, Python!"
```

```
slide.placeholders[1].text = "Yes it is really awesome"

prs.save('yoPython.pptx')
```

위의 코드를 실행하면 제목이 Yo, Python!인 PPTX 파일이 생성된다. 그리고 부제는 Yes it is really awesome이다.

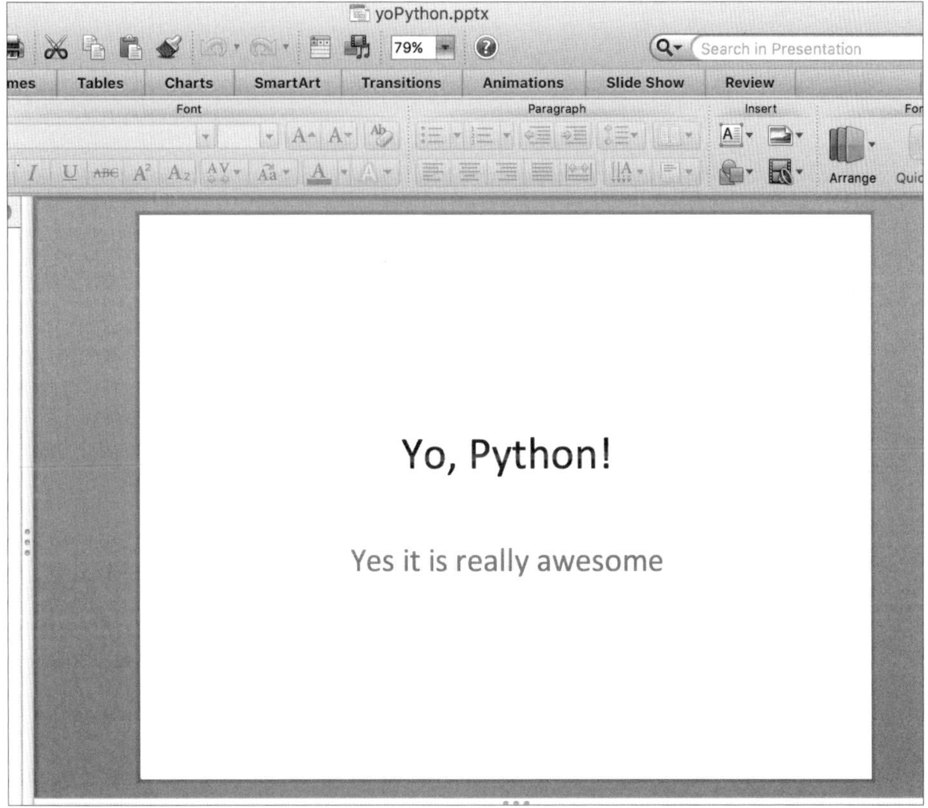

또한 슬라이드 레이아웃이 Title Slide인지 확인한다.

2. 기존 프레젠테이션으로 새로운 프레젠테이션을 생성할 수도 있다. 다음 코드 예제에서는 파워포인트 템플릿을 가져와서 새로운 PPT를 생성하고 슬라이드에 텍스트 콘텐츠를 추가한다. 이 예제에서는 다음 템플릿을 사용한다.

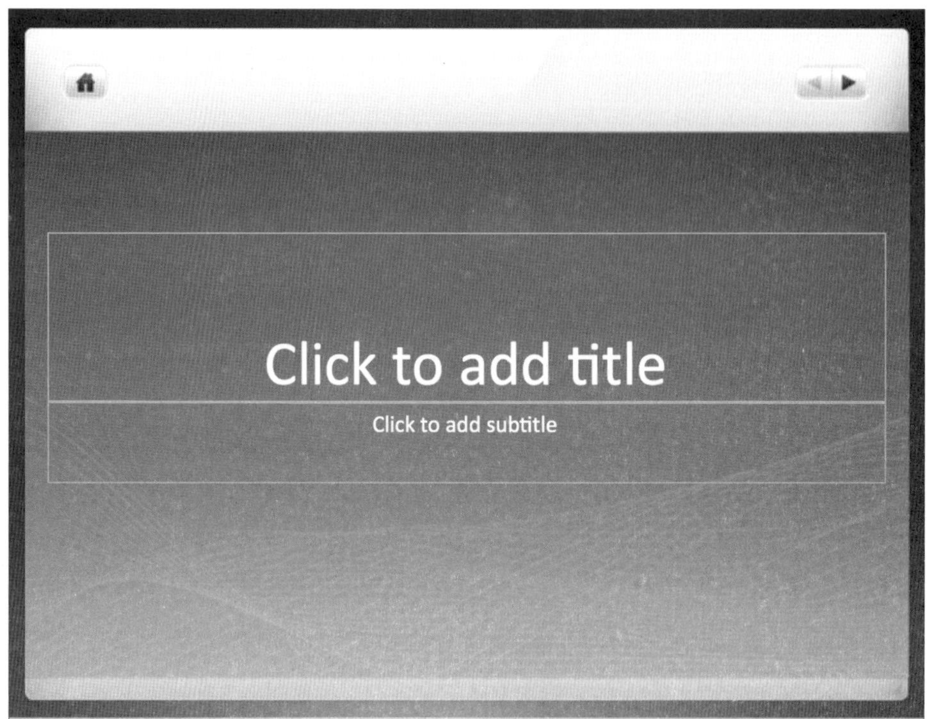

템플릿 프레젠테이션에서 아래 프로그램을 실행하면, 다음 스크린샷과 같이 새로운 PPT를 얻는다.

```
from pptx import Presentation
prs = Presentation('sample_ppt.pptx')

first_slide = prs.slides[0]
first_slide.shapes[0].text_frame.paragraphs[0].text = "Hello!"

slide = prs.slides.add_slide(prs.slide_layouts[1])
text_frame = slide.shapes[0].text_frame
p = text_frame.paragraphs[0]
```

```
p.text = "This is a paragraph"

prs.save('new_ppt.pptx')
```

3. 슬라이드 1은 제목 텍스트가 Hello!로 수정되고, 레이아웃, 제목 및 콘텐츠를 가진 새 슬라이드에는 텍스트 This is a paragraph가 추가된다. 다음 스크린샷은 새로 생성된 프레젠테이션 new_ppt.pptx를 보여준다.

작동원리

이 절에서는 파이썬으로 프레젠테이션을 생성하는 방법을 다뤘다. 앞의 코드에서 세 가지를 달성했다.

먼저 기본 템플릿을 사용해 Title Slide를 생성하고 제목 텍스트와 부제 텍스트를 추가했는데, 그 방법은 다음과 같다.

1. pptx 모듈의 Presentation 클래스를 사용해 프레젠테이션 객체 prs를 생성했다.
2. prs 객체는 add_slide( ) 메소드를 사용해 새 슬라이드를 추가했다. 레이아웃 0은 add_slide( )의 인자로 전달되고, 이는 Title 유형의 새 슬라이드와 변수 slide에 의해 참조됐음을 나타낸다.
3. 타이틀 레이아웃은 일반적으로 제목과 부제를 포함한다. 제목 텍스트의 콘텐츠는 slide.shape.title.text 속성으로 추가되고, 부제의 콘텐츠는 slide.placeholders.text 속성의 도움으로 추가됐다.

다음으로, 기존 PPT 템플릿에서 새 프레젠테이션을 생성했다. sample_ppt.pptx 파일에 저장된 템플릿은 이미 빈 레이아웃 슬라이드를 포함하고 있다. 이번 레시피에서 달성한 것이 이것이다.

1. PPT 템플릿에서 프레젠테이션 객체 prs를 생성했다. 그런 다음 프레젠테이션 객체를 사용해 변수 first_slide에 저장된 첫 번째 슬라이드 prs.slides[0]을 참조했다.
2. first_slide 객체는 제목 텍스트인 첫 번째 모양을 액세스하는 데 사용됐다. 제목 텍스트는 콘텐츠 Hello!로 수정됐다.
3. 이후에 Layout 1(Title and Content)로 새 슬라이드를 추가하고 새 슬라이드는 slide 변수로 참조됐다. 새롭게 생성한 슬라이드의 첫 번째 모양은 콘텐츠 This is a paragraph가 추가된 텍스트 프레임이다.
4. 결국 새롭게 생성된 프레젠테이션을 new_ppt.pptx라는 이름으로 저장했다.

더 알아보기

처음부터 새로운 프레젠테이션을 생성하고, 기존 템플릿을 수정하고, 새로운 콘텐츠를 추가하고 프레젠테이션을 생성하고, 마지막으로 다른 종류의 레이아웃과 불릿 데이터[bullet data]로 프레젠테이션을 생성하는 방법을 다뤘다. 다음 레시피에서는 파이썬을 사용해 프레젠테이션으로 또 무엇을 할 수 있는지 살펴보자.

레이아웃 및 플레이스홀더, 텍스트박스 활용

이제 PPT에 대한 흥미로운 작업을 수행해보자. 자주 사용되는 중요한 작업을 살펴본다.

준비하기

이 레시피는 특정 모듈이 필요하지 않다. 이전 레시피에서 설치된 python-pptx 모듈을 사용할 것이다. 이 레시피에서는 모양과 텍스트를 활용해 다양한 슬라이드 레이아웃으로 작업한다.

실행 방법

1. 이제 더 나아가서 다양한 유형의 슬라이드 레이아웃과 불릿 콘텐츠bulleted content를 사용한다. 다음의 코드는 우리가 필요로 하는 것을 수행한다.

```
from pptx import Presentation

prs = Presentation()
two_content_slide_layout = prs.slide_layouts[3]
slide = prs.slides.add_slide(two_content_slide_layout)
shapes = slide.shapes

title_shape = shapes.title
title_shape.text = 'Adding a Two Content Slide'

body_shape = shapes.placeholders[1]
tf = body_shape.text_frame
tf.text = 'This is line 1.'

p = tf.add_paragraph()
p.text = 'Again a Line 2..'
p.level = 1

p = tf.add_paragraph()
```

```
p.text = 'And this is line 3...'
p.level = 2

prs.save('two_content.pptx')
```

위의 파이썬 코드를 실행할 때 불릿 콘텐츠가 추가된 2-콘텐츠two content 슬라이드로 새로운 PPT를 얻는다. 다음 스크린샷은 새로 생성된 프레젠테이션의 출력을 보여준다. 슬라이드 왼쪽의 플레이스홀더에 불릿 콘텐츠를 추가할 수 있다.

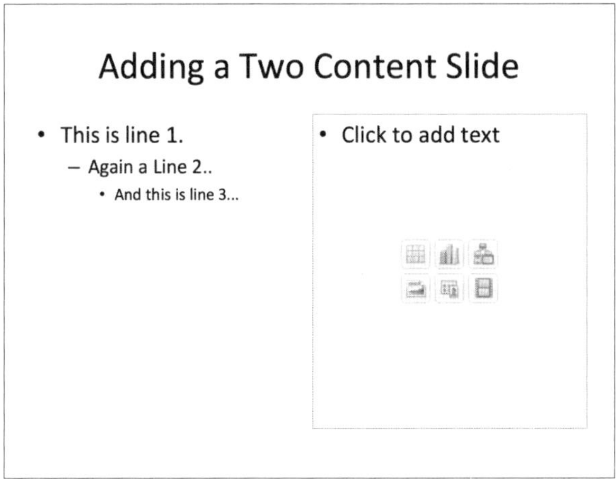

2. 이제 창의력을 발휘해 슬라이드에 다른 유형의 모양, 즉 텍스트박스를 추가해보자. 다음 코드는 슬라이드에 텍스트박스를 추가한다.

```
from pptx import Presentation
from pptx.util import Inches, Pt
prs = Presentation()
blank_slide_layout = prs.slide_layouts[6]
slide = prs.slides.add_slide(blank_slide_layout)

txBox = slide.shapes.add_textbox(Inches(2), Inches(2), Inches(5),
        Inches(1))
tf = txBox.text_frame

tf.text = "Wow! I'm inside a textbox"
```

```
p = tf.add_paragraph()
p.text = "Adding a new text"
p.font.bold = True
p.font.italic = True
p.font.size = Pt(30)

prs.save('textBox.pptx')
```

다음 스크린샷은 새로 생성된 PPTX 파일의 모습을 보여준다. 주의 깊게 살펴보면 텍스트박스를 추가했고 텍스트박스 안의 두 번째 텍스트의 스타일은 굵은 글씨체, 이탤릭체 및 폰트 크기 30이다.

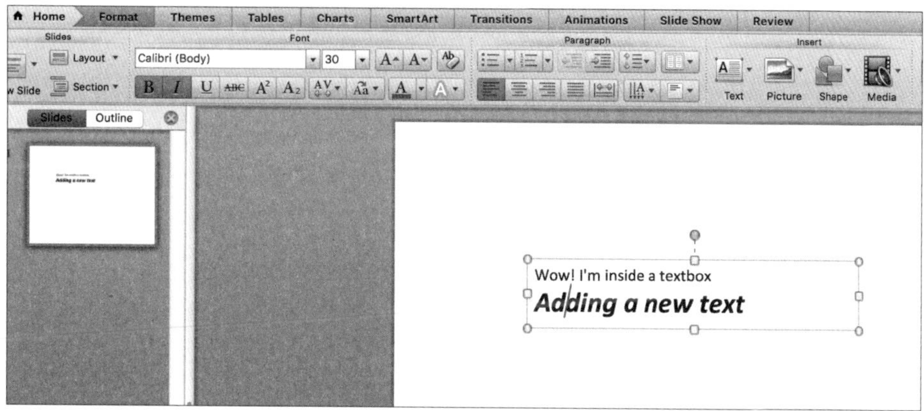

작동원리

이 레시피는 빈 템플릿을 사용해 2-콘텐츠two content 레이아웃 슬라이드를 추가했다. 그 위에 무엇을 했는지 살펴보자.

1. 코드에서 prs.slide_layouts[3]을 사용해 프레젠테이션 객체 prs에 전달하고 2-콘텐츠 레이아웃 슬라이드를 추가했다. 2-콘텐츠 레이아웃에도 제목 텍스트가 있으며, 이 텍스트는 shapes.title 속성을 사용해 Adding a Two Content Slide로 수정했다.

2. 다음으로, 플레이스홀더를 살펴보자. 플레이스홀더는 콘텐츠를 추가할 수 있는 사전에 지정된 컨테이너다. 플레이스홀더는 모양의 분류이므로 여러 모양의 플레이스홀더가 있을 수 있다. 예를 들어, 오토 셰이프auto shape(첫 번째 레시피에서 본 원형 모양)는 플레이스홀더다. 그림 혹은 그래픽 프레임은 플레이스홀더가 될 수 있다. 2-콘텐츠 슬라이드는 왼쪽과 오른쪽에 각각 하나씩, 2개의 플레이스홀더가 있다. 왼쪽을 shapes.placeholders[1]로 선택해, shapes.placeholders[1].text_frame을 참조하는 텍스트 프레임에 첫 번째 라인 This is line 1.을 추가했다.
3. 그런 다음 text_frame에 add_paragraph( ) 메소드로 단락을 추가해 불릿 라인bulleted line을 추가하고 레벨 1에는 텍스트 Again a line 2..를, 레벨 2에는 And this is line 3...을 추가했다.
4. 기본적으로, 모든 모양이 텍스트를 포함하는 것은 아니지만 shape.has_text_frame 속성을 사용해 모양이 텍스트를 지원하는지 확인하는 것이 좋다. 이 레시피는 모양이 텍스트 콘텐츠를 처리할 수 있는 플레이스홀더를 포함하고 있음을 알고 있다. 따라서 text_frame 속성을 사용해 첫 번째 텍스트 라인을 추가했다. 마찬가지로, level 속성을 사용해 불릿 기호로 연속적인 라인을 추가하기 위해 add_paragraph( ) 메소드를 사용했다.
5. 결국 새로운 프레젠테이션을 two_content.pptx라는 이름으로 저장했다. 스크린샷을 살펴보면 슬라이드의 왼쪽 텍스트 프레임에 추가된 텍스트에 불릿 기호가 표시된다.

다음으로 프레젠테이션에 텍스트박스를 추가했다. 텍스트박스는 프레젠테이션에서 매우 일반적으로 사용된다. 사람들은 텍스트박스를 사용해 포인트를 강조하고 텍스트박스의 크기 조정 및 이동 기능을 효과적으로 사용한다. 레시피에서 한 일은 다음과 같다.

1. 먼저 레이아웃 6으로 빈 슬라이드를 생성하고 add_slide( ) 메소드를 사용해 프레젠테이션에 추가했다.

2. 다음으로 적절한 차수dimension의 텍스트박스를 생성했다. 왼쪽 및 상단 좌표는 Inches(2)를 사용하고, 너비 및 높이를 각각 Inches(5) 및 Inches(1)로 설정했다. 여기서 인치는 1in = 2.54cm인 실제 세계의 동일한 엔티티에 매핑된다. 이 텍스트박스를 add_textbox( ) 메소드로 슬라이드에 추가했다.
3. 텍스트박스 객체를 사용해 text_frame 속성으로 텍스트 프레임 객체 tf를 추가했다.
4. 이전 레시피에서도 볼 수 있듯이 텍스트 프레임에 텍스트 Wow! I'm inside a textbox를 추가했다.
5. add_paragraph( ) 메소드로 단락을 추가하고 이 단락에 Adding a new text를 추가한 다음 텍스트를 굵은 글씨체, 이탤릭체 및 폰트 크기 30으로 만들었다.
6. 마지막으로, 파일을 textBox.pptx로 저장했다.

플레이스홀더 및 텍스트 프레임을 살펴봤다. 텍스트 프레임과 단락을 사용해 슬라이드에 텍스트를 추가하는 방법을 다뤄봤고, 슬라이드 데크deck에 필요한 차수의 텍스트박스를 추가하는 방법도 살펴봤다.

다양한 모양 및 표 추가

이제 다양한 모양, 표 혹은 그림을 추가해 프레젠테이션을 더욱 재미있게 만들어보자. 왜 기다리고 있는가? 신속하게 행동하자.

준비하기

이 레시피는 특정 모듈이 필요하지 않다. 이전 레시피에서 설치한 python-pptx 모듈을 사용할 것이다.

실행 방법

1. 이 레시피는 프레젠테이션에 몇 가지 모양을 추가한다. 모양은 실제 객체를 나타낼 수 있고 관계를 나타낼 수도 있으며 청중(프레젠테이션을 듣고 있는 사용자)에게 시각적인 피드백을 제공하므로 프레젠테이션에 매우 유용하다. 이 레시피에서는 Home 버튼을 추가하고 Rectangular Callout을 추가해 Home 버튼의 위치를 표시한다. 콜아웃callout 요소에 커스텀custom 색상도 채울 것이다. 다음 코드는 모양을 프레젠테이션에 추가한다.

```
from pptx import Presentation
from pptx.enum.shapes import MSO_SHAPE
from pptx.util import Inches
from pptx.dml.color import RGBColor

prs = Presentation()
title_only_slide_layout = prs.slide_layouts[5]
slide = prs.slides.add_slide(title_only_slide_layout)
shapes = slide.shapes

shapes.title.text = 'Adding Shapes'

shape1 = shapes.add_shape(MSO_SHAPE.RECTANGULAR_CALLOUT, Inches(3.5),
Inches(2), Inches(2), Inches(2))
shape1.fill.solid()
shape1.fill.fore_color.rgb = RGBColor(0x1E, 0x90, 0xFF)
shape1.fill.fore_color.brightness = 0.4
shape1.text = 'See! There is home!'

shape2 = shapes.add_shape(MSO_SHAPE.ACTION_BUTTON_HOME, Inches(3.5),
Inches(5), Inches(2), Inches(2))
shape2.text = 'Home'

prs.save('shapes.pptx')
```

위의 코드를 실행한 후 다음 스크린샷과 같은 새로운 프레젠테이션 shapes.pptx를 얻는다.

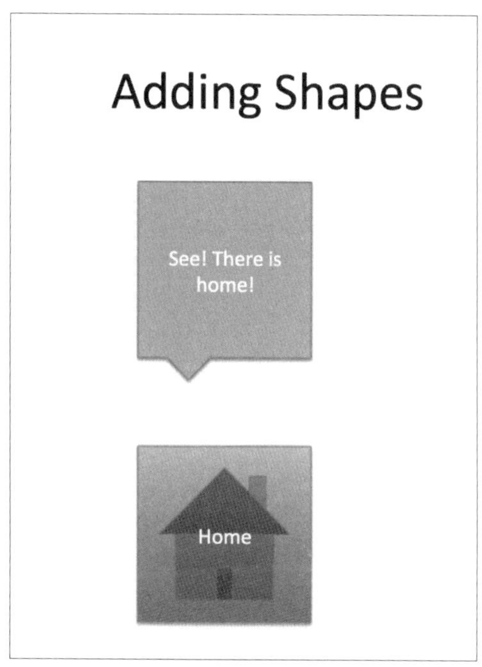

2. 깔끔하다! 이제 프레젠테이션에 표를 추가할 수 있는지 살펴보자. 표는 프레젠테이션에서 데이터를 표시하고 정보에 입각한 결정을 내리는 데 사용된다. 발표자(프레젠테이션을 담당하는 사람)는 종종 표로 특정 프로젝트에 대한 사실을 제시하고 청중에게 토론이나 피드백을 구한다. 다음 코드를 참조하면 파이썬에서 프레젠테이션에 표를 추가하는 방법은 간단하다. 여기에는 세 학생에 대한 정보가 담긴 표가 추가된다.

```
from pptx import Presentation
from pptx.util import Inches

prs = Presentation()
title_only_slide_layout = prs.slide_layouts[5]
slide = prs.slides.add_slide(title_only_slide_layout)
shapes = slide.shapes
shapes.title.text = 'Students Data'

rows = 4; cols = 3
```

```
left = top = Inches(2.0)
width = Inches(6.0)
height = Inches(1.2)

table = shapes.add_table(rows, cols, left, top, width, height).table

table.columns[0].width = Inches(2.0)
table.columns[1].width = Inches(2.0)
table.columns[2].width = Inches(2.0)

table.cell(0, 0).text = 'Sr. No.'
table.cell(0, 1).text = 'Student Name'
table.cell(0, 2).text = 'Student Id'

students = {
  1: ["John", 115],
  2: ["Mary", 119],
  3: ["Alice", 101]
}

for i in range(len(students)):
  table.cell(i+1, 0).text = str(i+1)
  table.cell(i+1, 1).text = str(students[i+1][0])
  table.cell(i+1, 2).text = str(students[i+1][1])

prs.save('table.pptx')
```

이 코드를 실행하면 모든 학생 데이터가 포함된 프레젠테이션에서 생성된 표가 표시된다. 다음 스크린샷을 참조한다.

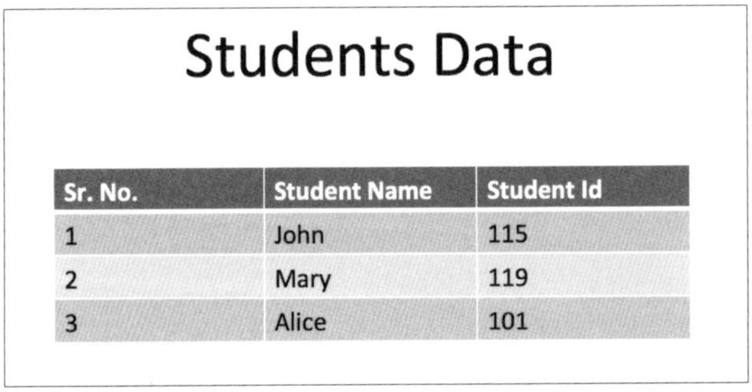

Students Data

Sr. No.	Student Name	Student Id
1	John	115
2	Mary	119
3	Alice	101

작동원리

첫 번째 코드에서는 다음과 같은 작업을 수행해 프레젠테이션에 몇 가지 모양을 추가했다.

1. 모양의 형태를 입력으로 사용하는 add_shape( ) 메소드로 모양을 추가했다.
2. 이 코드에서는 MSO_SHAPE 열거형enumeration(모든 모양이 나열되어 있음)의 도움을 받아, MSO_SHAPE.RECTANGULAR_CALLOUT 및 MSO_SHAPE.ACTION_BUTTON_HOME이라는 두 가지 모양을 가져온다. 텍스트박스의 경우와 같이 add_shape( ) 메소드는 Inches( ) 메소드로 정의된 모양의 크기도 필요하다.
3. SlideShape 클래스의 fill 메소드를 사용해 콜아웃 셰이프callout shape의 커스텀 색상을 정의할 수도 있다. shape.fill.fore_color.rgb 속성은 콜아웃 셰이프의 색상을 설정하는 데 사용된다. 사용된 RGB 색상은 스크린샷에서 볼 수 있듯이 밝은 블루 색상인 1E90FF이다. shape.fill.fore_color.brightness 속성으로 색상 밝기도 조절한다.
4. 물론 shape.text 속성을 설정해 모든 모양에 텍스트를 추가했다. 마지막으로, 파일을 shapes.pptx로 저장했다.

두 번째 예제는 파이썬 코드를 사용해 멋진 표를 프레젠테이션에 추가했다. 우리가 한 일은 다음과 같다.

1. Title only 레이아웃으로 프레젠테이션을 생성하고 add_slide( ) 메소드를 사용해 단일 슬라이드를 추가했다. 또한 슬라이드의 제목을 Students Data로 정의했다.
2. 표를 추가하는 것은 모양을 추가하는 것만큼 간단하다. add_table( ) 메소드를 사용해 프레젠테이션에 표를 추가했다. 예상대로 add_table( ) 메소드는 행과 열을 예상하는 동시에 표의 크기를 예측한다. 예를 들어 행은 4, 열은 3으로 설정하고 표의 크기는 Inches(2), Inches(2), Inches(6), Inches(1.2)로 설정했는데, 이것은 표가 왼쪽에서 2인치, 슬라이드 상단top에서 2인치 아래에 위치해 있고, 표 너비는 6인치이며, 높이는 1.2인치(15.3cm×3.1cm)라는 뜻이다.

3. 표는 3개의 열column로 정의했다. 각 열의 너비는 2인치로 설정됐다. table.columns.width 속성을 사용해 이를 설정한다. 또한 table.cell(row, column).text 속성을 사용해 열 머리글column heading의 텍스트를 Sr. No 및 Student Name, Student Id로 설정한다. 여기서 행 값은 항상 0이며, 이것은 첫 번째 행 혹은 제목 행을 나타내고, 열은 0에서 2까지, 즉 3개의 열을 나타낸다.
4. 이 예제에서는 학생 이름 및 학생 ID 같은 정보를 담고 있는 사전 정의된 딕셔너리인 students를 사용했다. 모든 학생 정보를 살펴보고 표의 셀을 수정해 표에 적절한 정보를 채운다. 따라서 스크린샷에 표시된 것처럼 표는 모든 학생 데이터로 채워진다.
5. 마지막으로, 프레젠테이션을 table.pptx로 저장했다.

더 알아보기

파이썬을 사용해 다른 프레젠테이션을 할 수 있을까? 여러분 중 몇 명은 이미 그래픽을 사용해 차트 혹은 사진에 대해 이야기하기를 기대하고 있을지도 모른다. 자, 그럼 그래픽을 살펴보자.

그림과 차트를 이용한 시각화

이 절에서는 그림과 차트를 프레젠테이션에 추가하는 방법을 살펴본다. 사람들은 진정으로 그림이 천 마디 말을 한다고 하는데, 여러분은 많은 그림과 그래프가 있는 프레젠테이션을 본 적이 있을 것이다. 하나의 슬라이드로 가능한 한 많은 정보를 전달할 수가 있다. 차트와 그림 둘 다 이러한 힘을 지니고 있으며, 이 내용을 다루지 않고서는 이 장이 완전하다고 할 수 없다. 그러니 시작해보자.

준비하기

이 레시피는 특정 모듈이 필요하지 않다. 이전 레시피에서 설치한 python-pptx 모듈을 사용한다.

실행 방법

이 레시피를 두 부분으로 나눈다. 먼저 슬라이드에 그림을 추가하는 방법을 설명한 다음, 차트를 다룰 것이다.

1. 다음 코드는 슬라이드에 그림을 추가하는 데 도움이 된다.

```
from pptx import Presentation
from pptx.util import Inches

img_path = 'python.png'
img_path2 = 'learn_python.jpeg'
prs = Presentation()
blank_slide_layout = prs.slide_layouts[6]
slide = prs.slides.add_slide(blank_slide_layout)

left = top = Inches(2)
pic = slide.shapes.add_picture(img_path, left, top, height=Inches(2),
width=Inches(3))

left = Inches(2)
top = Inches(5)
height = Inches(2)
pic = slide.shapes.add_picture(img_path2, left, top, height=height)

prs.save('picture.pptx')
```

위의 프로그램을 실행하면 다음 스크린샷과 같이 2개의 그림이 있는 슬라이드가 표시된다.

2. 이제 슬라이드에 차트를 추가하는 파이썬 코드를 작성할 수 있는지 살펴보자. python-pptx 모듈은 선형 차트line chart, 막대 차트bar chart, 버블 차트bubble chart 같은 여러 유형의 차트를 지원하지만 가장 선호하는 차트는 항상 원형 차트pie chart다. 다음 코드는 프레젠테이션에 원형 차트를 추가한다.

```
from pptx import Presentation
from pptx.chart.data import ChartData
from pptx.enum.chart import XL_CHART_TYPE
from pptx.enum.chart import XL_LABEL_POSITION, XL_LEGEND_POSITION
from pptx.util import Inches

prs = Presentation()
slide = prs.slides.add_slide(prs.slide_layouts[5])
slide.shapes.title.text = 'Data based on regions'

chart_data = ChartData()
chart_data.categories = ['West', 'East', 'North', 'South']
```

```
chart_data.add_series('Series 1', (0.35, 0.25, 0.25, 0.15))

x, y, cx, cy = Inches(2), Inches(2), Inches(6), Inches(4.5)
chart = slide.shapes.add_chart(
  XL_CHART_TYPE.PIE, x, y, cx, cy, chart_data
).chart

chart.has_legend = True
chart.legend.position = XL_LEGEND_POSITION.BOTTOM
chart.legend.include_in_layout = False

chart.plots[0].has_data_labels = True
data_labels = chart.plots[0].data_labels
data_labels.number_format = '0%'
data_labels.position = XL_LABEL_POSITION.OUTSIDE_END

prs.save('chart.pptx')
```

위 프로그램의 출력은 다음과 같다.

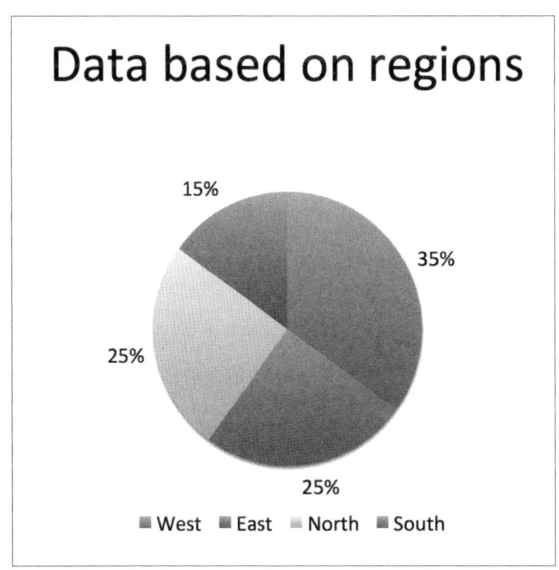

작동원리

첫 번째 코드에서 2개의 이미지를 슬라이드에 추가했다. 어떻게 했을까? 논리적으로 add_picture() 메소드를 사용했다. 라이브러리가 좋지 않은가? add_textbox()로 텍스트박스를 추가하고, add_slide()로 슬라이드를 추가한 다음, add_picture()로 그림을 추가한다. 레시피의 첫 부분에서 했던 것을 더 자세히 살펴보자.

1. 예상대로 add_picture()는 이미지를 프레젠테이션에 추가해야 하는 위치, 그리고 여타 메소드와 마찬가지로 그림의 좌표와 크기를 기대한다. 이 예제에서는 2개의 그림을 추가했다. 첫 번째 그림은 python.org이며, 왼쪽에서 2인치, 상단에서 2인치에 표시되도록 구성했다. 또한 사진의 너비를 3인치, 높이를 2인치로 구성했다.
2. 추가한 두 번째 그림은 learn_python.jpeg이다. 왼쪽에서 2인치, 상단에서 5인치, 높이 2인치이고, 너비가 이미지 너비와 같도록 구성됐다.
3. 이 예제에서는 빈 슬라이드 레이아웃으로 새 슬라이드를 생성하고 두 그림을 추가했으며, 마지막으로 파일을 picture.pptx로 저장했다.

두 번째 부분에서는 다음과 같은 방법으로 원형 차트를 슬라이드 데크에 추가했다.

1. 슬라이드를 추가했고 제목 텍스트를 Data based on regions로 설정했다.
2. 그런 다음 ChartData()로 클래스 객체를 생성했고, 그것을 chart_data로 불렀다. chart_data.categories 속성을 사용해 원형 차트의 범주를 정의하고 이를 ['West', 'East', 'North','South'] 배열로 설정했다. 또한 모든 지역의 데이터로 chart_data 객체를 구성했는데, add_series() 메소드로 했다.
3. 이 차트를 프레젠테이션 슬라이드에 어떻게 추가했을까? 추측할 수 있다시피, add_chart() 메소드가 이를 수행한다. add_chart() 메소드는 인자의 하나로 차트 유형을 기대하며, 다른 방식과 마찬가지로 배열을 필요로 한다. 코드에서는 속성 has_legend, number_format 및 데이터 라벨을 설정해 원형 차트도 멋지게 보인다.

더 알아보기

6장에서는 흥미로운 내용을 많이 다뤘다. 하지만 실제 사용 사례에 이 지식을 적용해보면 훨씬 더 재미있을 것이다. 알렉스의 주간 판매 보고서에 몇 가지 문제가 있다는 소식을 들었는가?

주간 판매 보고서 자동화

알렉스는 노트북과 비즈니스 소프트웨어를 판매하는 Innova 8 주식회사의 영업 책임자로, 알렉스에게 상황을 보고하는 지점 영업 관리자가 있다. 알렉스는 부하 직원들의 성공 여부를 판단하고 이를 매주 영업 부사장에게 보고할 책임이 있다. 알렉스의 사장은 두 가지 일에 가장 관심이 많은데, 바로 사업 계좌에서 창출되는 수익과 영업 관리자들의 실적이다. 알렉스는 매주 직원 회의에서 이 수치를 보고해야 한다. 알렉스는 주 단위로 영업 부사장에게 데이터를 대조하고 표현하는 도구로 파워포인트를 사용한다.

그러나 알렉스에겐 몇 가지 문제가 있다. 알렉스가 영업 관리자로부터 받는 자료는 종종 엑셀 시트에 있다. 또한 데이터는 너무 동적이어서 고객이 회의 직전에 비용을 지불했는지 여부에 따라 마지막 순간까지 변한다. 이 변동성으로 인해 알렉스가 회의를 위해 미리 프레젠테이션을 작성하는 것은 어렵다. 또한 데이터를 분석하고 차트를 작성하는 일은 지루한 일이다. 이것은 완전히 수동 프로세스다.

6장에서 배운 내용으로 알렉스를 도울 수 있을까?

준비하기

문제를 분석하면 알렉스의 전체 프로세스를 자동화할 수 있다. 알렉스의 데이터는 엑셀 시트에 있다. 파이썬의 `pandas` 모듈로 이 데이터를 쉽게 읽을 수 있다. 또한 `python-pptx` 모듈로 새로운 프레젠테이션을 생성할 수 있다.

다음 단계는 알렉스의 문제를 해결하는 데 도움이 될 수 있다.

1. 엑셀 시트의 콘텐츠를 읽고 필요한 데이터를 얻는다.
2. 새 파워포인트 프레젠테이션을 생성하고 2개의 슬라이드를 추가한다.
3. 첫 번째 슬라이드에서 각기 다른 계정의 수익 수치를 보여주는 원형 차트를 만들어 백분율을 기반으로 비교한다.
4. 두 번째 슬라이드에서는 수익을 기준으로 영업 관리자의 수익을 비교하는 막대 차트를 추가한다.

이 레시피를 위해 pandas 모듈을 설치하자. 가장 선호하는 유틸리티 파이썬 pip로 그렇게 한다. pandas를 설치하기 위해 다음 커맨드를 사용한다.

```
pip install pandas
```

pandas를 사용해 엑셀 시트로 작업하는 간단한 예제다. pandas 모듈에는 데이터 분석, 필터링 및 집계에 사용할 수 있는 포괄적인 API가 있다. 데이터 분석과 시각화를 다루는 장에서 이 모든 것을 살펴본다.

실행 방법

1. 주간 판매 데이터가 있는 엑셀 시트부터 살펴보자. 이 파일을 Sales_Data.xlsx라 하고, 파일은 다음 스크린샷처럼 보인다.

	A	B	C	D	E	F	G
1	Sr. No.	Manager	Type	Account	Product	Items	UnitPrice
2	1	John	Employee	HPQ	Laptops	100	1200
3	2	John	Employee	HPQ	Software	50	300
4	3	Mary	Partner	GOOG	Software	30	350
5	4	Alice	Employee	AAPL	Laptops	125	800
6	5	Bruce	Partner	NTAP	Laptops	80	1500
7	6	Bruce	Partner	NTAP	Software	70	200
8							

2. 알렉스가 이 데이터를 읽고 본인이 필요로 하는 정확한 프레젠테이션을 생성하는 데 도움이 되는 코드를 살펴보자.

```
from pptx import Presentation
from pptx.chart.data import ChartData
from pptx.enum.chart import XL_CHART_TYPE
from pptx.enum.chart import XL_LABEL_POSITION, XL_LEGEND_POSITION
from pptx.util import Inches
from datetime import datetime
import pandas as pd

xls_file = pd.ExcelFile('Sales_Data.xlsx')

prs = Presentation('sample_ppt.pptx')

first_slide = prs.slides[0]
first_slide.shapes[0].text_frame.paragraphs[0].text =
                      "Weekly Sales Report %s" \
                      % datetime.now().strftime('%D')
first_slide.placeholders[1].text = "Author: Alex, alex@innova8"

blank_slide_layout = prs.slide_layouts[6]
slide = prs.slides.add_slide(blank_slide_layout)
slide.shapes.title.text = '% Revenue for Accounts'
df = xls_file.parse('Sales')
df['total'] = df['Items'] * df['UnitPrice']
plot = df.groupby('Account')['total'].sum().plot(kind='pie', \
      autopct='%.2f', fontsize=20)
f = plot.get_figure()
f.savefig("result.png", bbox_inches='tight', dpi=400)
left = Inches(2.5); top = Inches(3)
pic = slide.shapes.add_picture("result.png", left, top, height=Inches(4),
width=Inches(5))

slide = prs.slides.add_slide(prs.slide_layouts[6])
slide.shapes.title.text = 'Sales Manager Performance'
df = xls_file.parse('Sales')
df['total'] = df['Items'] * df['UnitPrice']
mgr_data = df.groupby(['Manager'])['total'].sum()
managers = mgr_data.index.values.tolist()
sales = []
for mgr in managers:
```

```
  sales.append(mgr_data.loc[mgr])

chart_data = ChartData()
chart_data.categories = managers
chart_data.add_series('Series 1', tuple(sales))
x, y, cx, cy = Inches(2), Inches(3), Inches(6), Inches(4)
chart = slide.shapes.add_chart(
  XL_CHART_TYPE.COLUMN_CLUSTERED, x, y, cx, cy, chart_data
).chart

chart.has_legend = True
chart.legend.position = XL_LEGEND_POSITION.BOTTOM
chart.legend.include_in_layout = False

prs.save('sales.pptx')
```

3. 이제 위의 코드를 실행하면, 알렉스가 주간 판매 보고서에서 필요로 하는 모든 차트와 데이터를 가진 파워포인트 프레젠테이션을 얻는다. 프레젠테이션의 모든 슬라이드에 대한 스크린샷을 살펴보자. 알렉스가 요청한 것과 정확히 일치한다. 첫 번째 슬라이드는 프레젠테이션의 제목 슬라이드이며, Weekly Sales Report 〈Date〉로 제목이 지정된다. 이 프레젠테이션의 저자로 알렉스의 이름과 이메일 주소도 언급한다.

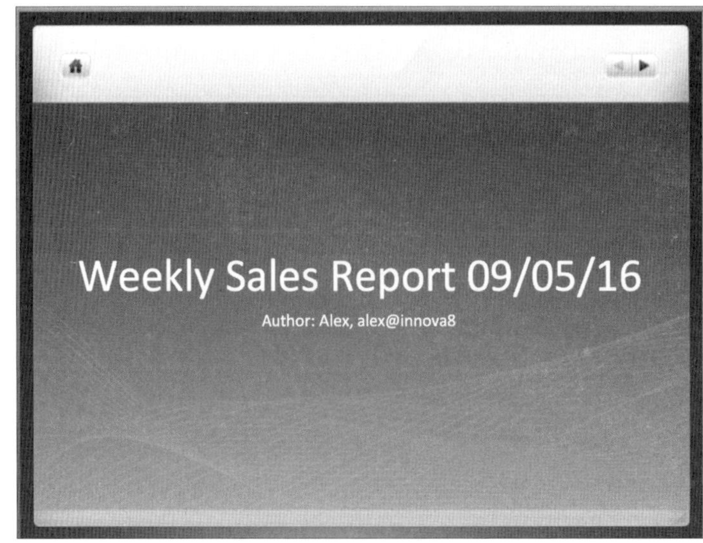

두 번째 슬라이드는 원형 차트로 계정 간의 수익 분포를 보여준다.

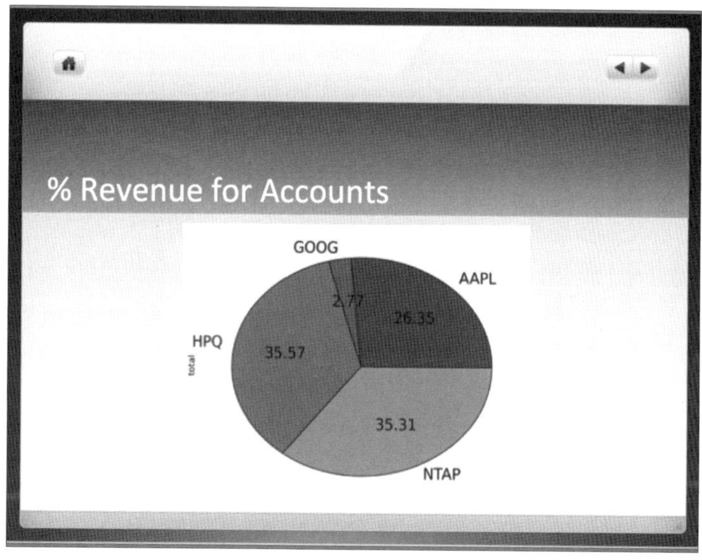

마지막 슬라이드는 모든 영업 관리자의 성과를 막대 차트로 비교한다.

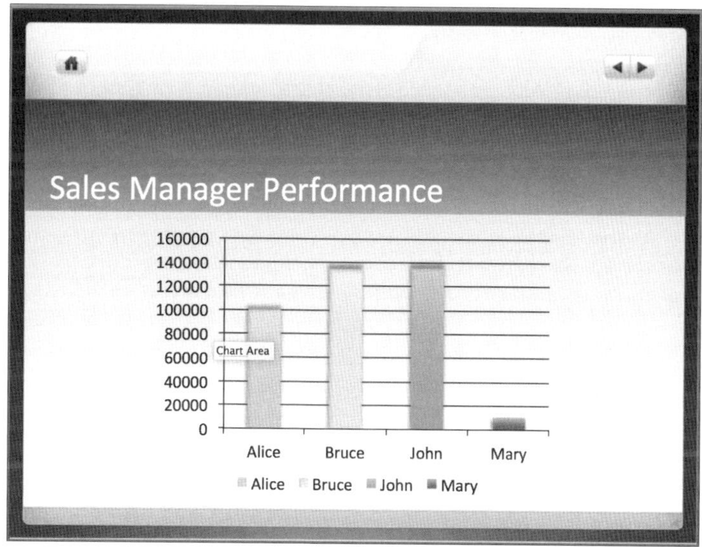

작동원리

앞의 예제에서는 모든 판매 데이터를 포함하고 있는 엑셀 시트의 리더reader 객체인 Sales_Data.xlsx를 생성하는 것으로 시작했다. pandas 모듈의 ExcelFile( ) 메소드를 사용해 이 작업을 수행했다.

다음으로 sample_ppt.pptx 파일을 활용해 새로운 프레젠테이션을 생성했다. 다시 살펴보면 샘플 프레젠테이션에는 텍스트가 없는 제목 슬라이드가 있다. 따라서 코드에서 Weekly Status Report 〈YYYY-MM-YY〉로 제목을 설정해 이 제목 슬라이드를 수정했다. 저자의 이름 Author: Alex alex@innova8이 포함된 부제도 추가했다. 텍스트 프레임의 플레이스홀더를 사용해 이 제목을 설정한다.

다음으로 레이아웃 6이 적용된 새로운 빈 슬라이드를 새로운 프레젠테이션에 추가했다. 이 슬라이드를 사용해 계정의 수익 데이터를 추가하는 데 prs.slides.add_slide( ) 메소드를 사용했다. 그러나 데이터는 엑셀 시트에 있으므로 엑셀 시트의 reader 객체를 사용해 Sales 워크시트를 읽는다. Sales 워크시트에는 알렉스가 자신의 분석에 사용하는 모든 데이터가 있다. pandas 모듈은 데이터 프레임(매트릭스 형식으로 저장된 데이터) 형태로 엑셀 데이터를 읽는다. 엑셀 시트 스크린샷을 살펴보면 Items와 UnitPrice라는 2개의 열이 있는데, 그것은 판매된 노트북 혹은 소프트웨어 라이선스의 수량과 단위당 가격을 나타낸다. 따라서 코드에서 먼저 이러한 값을 곱하여 엑셀 레코드의 각 항목에 대한 수익을 얻고 열 이름 total을 사용해 데이터 프레임에 저장한다. 이제 총수익 수치만을 필요로 하지는 않는다. 또한 계정을 기반으로 분류해야 한다. 데이터 프레임을 사용하면 이 정보를 매우 쉽게 얻을 수 있다. SQL 쿼리를 실행하는 것과 같다. 코드를 살펴보면, 데이터 프레임을 Account로 그룹화해서 total 데이터(수량 * 가격)를 합산하고, 알렉스가 모든 계정의 수익을 전체 매출액의 백분율로 비교하기 쉽도록 원형 차트를 작성했다. 데이터를 그룹화하기 위해 groupby( ) 메소드를 사용한 다음, sum( ) 메소드를 사용해 수익을 합하고, plot( ) 메소드를 사용해 원형 차트를 나타냈다. 다시 말해, 차트가 파워포인트가 아닌 pandas에서만 사용 가능한 경우에는 유용하지 않으므로, 이 차트를 result.png의 PNG

파일 형식으로 저장한다. pandas의 savefig( ) 메소드를 사용해 이를 수행했다. 마지막으로, add_picture( ) 메소드를 사용해 이 그림 파일을 프레젠테이션에 추가했고, 그림이 잘 보이고 보기에 좋도록 사진의 좌표와 크기를 관리했다.

알렉스는 모든 영업 관리자의 실적을 도표화할 필요도 있다. 이를 위해 동일한 메소드로 엑셀 시트 데이터를 읽고 데이터 프레임 형식으로 저장했다. 그러나 이 문제의 경우에는 영업 관리자별로 데이터를 그룹화하고 각 데이터에 적용되는 총수익을 얻었다. 여기서도 groupby( ) 메소드를 사용했지만 엑셀 데이터의 Manager 열을 사용했다. 모든 영업 관리자의 이름을 배열 managers에 저장하고 각 영업 관리자에 대한 모든 레코드를 반복하고 각 영업 관리자의 영업 수치를 얻은 다음 이를 목록 sales에 추가했다. 그런 다음 이 목록을 튜플로 변환해 나중에 사용할 수 있다. 이전 레시피와 마찬가지로 ChartData( ) 메소드를 사용해 차트 데이터 객체를 생성하고, 'sales' 튜플이 입력된 클러스터 막대 차트를 생성한 다음, add_chart( ) 메소드를 사용해 차트를 프레젠테이션의 두 번째 슬라이드에 추가했다.

마지막으로, 이 새로 생성된 프레젠테이션을 알렉스의 주간 판매 보고서로 사용되는 sales.pptx로 저장했다. 이게 전부다.

6장의 레시피와 예제, 그리고 살펴봤던 사용 사례들로 즐거웠기를 바란다. 여러분의 프레젠테이션을 자동화하고 싶어서 손이 근질거릴 것이다. 언제 한번 여러분의 책상에 들러서 작품을 감상하면 어떨까?

7 API의 힘

7장에서는 흥미로운 API 세계로의 여행을 안내한다. API는 오늘날 비즈니스 세계의 중요한 부분이다. 데이터 질의와 같은 작업, 다른 서비스 간의 정보 교환 작업은 웹 API 및 웹훅Webhook에 의존한다.

7장에서 다루는 내용은 다음과 같다.

- 나만의 REST API 디자인
- 트위터 API로 소셜 미디어 마케팅 자동화
- 웹훅 소개
- 웹훅 구현
- 웹훅의 리드 매니지먼트 자동화

소개

API는 인터넷이 주도하는 세계에서 절대적으로 필수 불가결이다. 아마존Amazon, 구글Google, 트위터Twitter 같은 회사도 상호작용해야 하는 모든 웹 애플리케이션은 핵심 기능을 구현하기 위해 백엔드backend API를 사용한다. 게다가 애플리케이션이 성공적으로 작동할 수 있도록 지원한다. 아마존은 지불 거래payment transaction를 하기 위해 사용하고, 구글은 모든 멋진 지도를 보여주기 위해 사용한다. API는 비즈니스에서 매우 중요하기 때문에, 최고 경영자CEO부터 관리자, 소프트웨어 개발자에 이르기까지 모두가 API라는 단어를 듣게 될 것이다. 일반적으로 API의 사용은 각기 다른 소프트웨어에서 서로 대화할 수 있게 하는 근본적인 방법이다. 운영체제 작동도 API로 수행된다. API는 컴퓨팅의 시작부터 절대적으로 중요하다.

하지만 API란 무엇이며 어떻게 유용할까? 나만의 API를 개발하는 방법은 무엇일까? 어떻게 하면 비즈니스 프로세스 자동화를 구현할 수 있을까? 7장에서 이 모든 질문에 대한 해답을 찾을 수 있다.

좀 더 친숙하고 오래된 웹 용어인 웹 서비스web service로 시작한다. 웹 서비스는 기본적으로 플랫폼 전반에 걸쳐 연결되고 독립적인 시스템을 사용해 각기 다른 언어로 구축된 서로 다른 애플리케이션 간 통합의 핵심 요소다. 웹 서비스는 WWW를 통해 서로 통신하며, 일반적으로 API를 제공하는 서버와 서버 API를 호출하거나 사용하는 소비자 혹은 클라이언트를 포함한다. 웹 서비스는 클라이언트 구현과는 독립적이며, 따라서 API 호출이 가능한 브라우저, 휴대폰 혹은 기타 소프트웨어와도 잘 연동된다.

API는 통신을 위해 여러 메시징 및 URI 규약을 가진 각기 다른 프로토콜을 사용한다. 웹 서비스의 가장 일반적인 구현은 다음과 같다.

- HTTP 기반 REST Representation State Transfer 웹 서비스
- SOAP Simple Object Access Protocol 기반 웹 서비스
- XML RPC Remote Procedure Call

이러한 서비스에 일반적으로 사용되는 메시징 형식이 있다.

- JSON JavaScript Object Notation
- XML eXtensible Markup Language

7장에서는 HTTP 기반 REST API를 다룰 것이다. 파이썬으로 RESTful 웹 서비스를 개발하는 방법을 상세히 살펴볼 것이다. RESTful 웹 서비스를 사용해 클라이언트가 비즈니스 프로세스를 자동화하는 방법도 배워본다.

예를 들면 HTTP API, 웹 API 같은 API는 다양한 용어를 참조할 수 있다. 좀 더 명확하게 하기 위해 API에 대해 살펴볼 것을 추천한다. 그러나 기본적으로 핵심 API는 애플리케이션의 두 서비스 간 혹은 애플리케이션 전체의 여러 서버/서비스 간의 통합 지점이 있다.

7장에서는 다음과 같은 다양한 파이썬 모듈을 살펴본다.

- `flask`(http://flask.pocoo.org/)
- `twython`(https://twython.readthedocs.io/en/latest/)
- `pytz`(https://pypi.python.org/pypi/pytz)
- `django`(https://www.djangoproject.com/)
- `django-rest-hooks`(https://github.com/zapier/django-rest-hooks)

나만의 REST API 디자인

REST[Representational State Transfer]는 커뮤니티에서 선호도가 높고 인기가 많으며, 사실상 RESTful 웹 서비스를 설계하고 구현하는 기본 아키텍처 스타일이다.

SOAP 및 XML-RPC 방식을 따를 수 있는 그 밖의 가능한 웹 서비스 구현이 있지만 이것은 7장의 범위를 벗어난다.

이 레시피에서는 파이썬 플라스크 마이크로 프레임워크[Python flask micro framework]를 사용해 간단한 RESTful 웹 서비스를 구현하는 방법을 살펴본다. 사용자 관리를 위한 사용자 서비스를 구현할 것이며, 이는 웹 애플리케이션의 필수 요소다.

REST 아키텍처는 HTTP 프로토콜에 적합하게 설계됐으며 리소스, 즉 URIUniform Resource Identifier 개념을 갖는다. 클라이언트는 다른 HTTP 요청 메소드를 사용해 이러한 URI에 요청을 전송하고 영향을 받은 리소스의 상태를 응답으로 되돌린다.

그럼 무엇을 기다리고 있는가? 사용자 웹 서비스를 디자인하고 구현해보자.

실행 방법

1. 사용자user 모델의 정의를 시작하자. 사용자 리소스는 일반적으로 다음과 같은 속성으로 식별된다.
   - `id`: 사용자를 식별하는 고유 ID
   - `username`: 애플리케이션에서 사용된 사용자 이름
   - `email`: 이메일 알림을 위한 사용자의 이메일 주소
   - `status`: 사용자가 활성 상태인지 혹은 확인 상태인지 확인
2. REST API 설계에는 사용자 모델에 조치를 취하는 리소스(URI) 및 동사(HTTP 메소드)가 포함된다. 새 사용자 생성, 사용자의 특정 속성 수정, 사용자 혹은 사용자 목록 가져오기 혹은 필요한 경우 사용자 삭제 같은 액션action을 수행해야 한다. 액션은 HTTP 동사와 연관시켜야 하고, 서비스의 CRUD 작업을 정의해야 한다. CRUD는 사용자 모델에서 Create, Read, Update, Delete 작업을 수행하는 것을 의미한다. 다음 표는 필요로 하는 것을 정확하게 보여준다.

URI	메소드	액션
http://v1/users/	GET	이용 가능한 사용자 목록 얻기
http://v1/users/	POST	새 사용자 생성
http://v1/users/1/	GET	ID가 1인 기존 사용자의 세부 정보 얻기
http:///v1/users/1/	PUT/DELETE	ID가 1인 사용자 수정 혹은 삭제

3. 이제 RESTful 사용자 서비스의 구현 코드를 작성하자. 가상 환경virtual environment을 생성하는 것으로 시작한다. 모두가 virtualenv에 대해 알기를 바라지만, 초보자를 위한 가상 환경은 파이썬 모듈을 격리시키는 도구다. 권한permissions과 관련된 문제를 해결하는 데 좋다. 글로벌 파이썬 설치도 영향받지 않게 하고 여러 애플리케이션에서 사용되는 것과 동일한 모듈의 버전을 관리하는 데 도움이 된다. 시스템에 virtualenv가 없으면 파이썬 pip를 사용해 설치하거나 https://pypi.python.org/pypi/virtualenv에서 다운로드할 수 있다.

```
chetans-MacBookPro:ch07 Chetan$ pip install virtualenv

chetans-MacBookPro:ch07 Chetan$ virtualenv user
New python executable in user/bin/python2.7
Also creating executable in user/bin/python
Installing setuptools, pip, wheel...done.
```

4. virtualenv가 설치되면 간단한 커맨드를 사용해 활성화해야 한다. 다음 두 번째 라인에서 볼 수 있듯이, virtualenv 사용자가 활성화됐다.

```
chetans-MacBookPro:ch07 Chetan$ source user/bin/activate
  (user)chetans-MacBookPro:ch07 Chetan$
```

5. 가상 환경에 flask를 설치하자. pip install flask 커맨드를 사용한 파이썬 pip로 이 작업을 수행한다.

```
(user)chetans-MacBookPro:ch07 Chetan$ pip install flask
Collecting flask
  Using cached Flask-0.11.1-py2.py3-none-any.whl
Collecting click>=2.0 (from flask)
  Using cached click-6.6.tar.gz
Collecting its dangerous>=0.21 (from flask)
Collecting Werkzeug>=0.7 (from flask)
  Using cached Werkzeug-0.11.10-py2.py3-none-any.whl
Collecting Jinja2>=2.4 (from flask)
  Using cached Jinja2-2.8-py2.py3-none-any.whl
Collecting MarkupSafe (from Jinja2>=2.4->flask)
Building wheels for collected packages: click
```

```
  Running setup.py bdist_wheel for click
  Stored in directory: /Users/chetan/Library/
  Caches/pip/wheels/b0/6d/8c/
  cf5ca1146e48bc7914748bfb1dbf3a40a440b8b4f4f0d952dd
Successfully built click
Installing collected packages: click, itsdangerous,
  Werkzeug, MarkupSafe, Jinja2, flask
Successfully installed Jinja2-2.8 MarkupSafe-0.23
  Werkzeug-0.11.10 click-6.6 flask-0.11.1
  itsdangerous-0.24
```

6. 설치 로그를 보면 쿠키 처리, 파일 업로드 및 요청/응답 객체 같은 여러 작업을 지원하는 WSGI 유틸리티인 템플릿 엔진 Jinja2 및 Werkzeug와 함께 flask를 설치한 것 같다.

7. flask를 설치하고 멋지게 환경을 설정했다. 최소한의 웹 애플리케이션을 작성하고 이름은 app.py로 하자. 웹 서비스의 코드는 다음과 같다.

```
from flask import Flask

app = Flask(__name__)

@app.route('/')
def index():
  return "Hello, Python!"

if __name__ == '__main__':
  app.run(debug=True)
```

8. 앱을 실행하면 플라스크 서버는 포트 5000에서 실행되는 것을 볼 수 있다.

```
(user)chetans-MacBookPro:ch07 Chetan$ python app.py
* Running on http://127.0.0.1:5000/ (Press CTRL+C to quit)
* Restarting with stat
* Debugger is active!
* Debugger pin code: 272-029-183
```

9. 포트 5000에 있는 서버에 접속을 시도하면, 의도한 것을 확인할 수 있을 것이다.

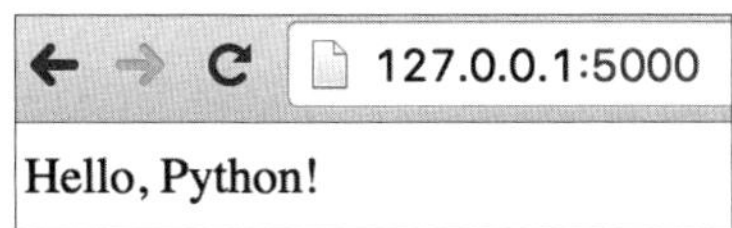

10. 이제 사용자 REST API를 구현하기 위해 코드를 개선하자. 먼저 /v1/users/ 리소스에서 HTTP GET을 구현한다. 다음 코드에서는 get_users() API로 flask 라우트를 구현해 모든 사용자를 JSON 형식으로 반환한다.

```
from flask import Flask, jsonify

app = Flask(__name__)

users = [
  {
    'id': 1,
    'username': u'cjgiridhar',
    'email': u'abc@xyz.com',
    'active': True
  },
  {
    'id': 2,
    'username': u'python',
    'email': u'py@py.org',
    'active': False
  }
]

@app.route('/v1/users/', methods=['GET'])
def get_users():
  return jsonify({'users': users})

if __name__ == '__main__':
  app.run(debug=True)
```

11. 앱(PyCharm 같은 편집기를 사용하는 경우 코드를 저장할 때마다 자체적으로 앱이 다시 로드된다)을 다시 실행하면 되며 플라스크 라우트가 로드된다. 이제 /v1/users/ API의 HTTP GET 요청을 생성할 수 있다. 요청의 출력은 다음 스크린샷에서 볼 수

있듯이 응답을 제공한다. 좋다! RESTful 사용자 서비스를 위한 첫 번째 리소스를 작성했다.

12. 응답의 헤더 섹션을 주목한다.

- `Content-Type`은 application/JSON이다(7장 후반부에서 메시지 형식을 살펴본다).
- 서버는 플라스크가 기반으로 하는 벡자이크Werkzeug다.
- 날짜는 서버가 요청에 대해 응답한 시점을 나타낸다.
- 응답 본문response body에는 다음 항목이 있다.
    - 모든 사용자 정보가 포함된 사용자 키를 가진 출력
    - 사용자 정보는 ID, 사용자 이름, 이메일, 계정 상태 같은 원하는 속성으로 구성된다.

응답 형식response format은 헤더에 표시된 대로 JSON이다.

이러한 요청을 하기 위해 파이어폭스(Firefox)의 RESTED 플러그인을 사용한다.

Response - http://127.0.0.1:5000/v1/users/

200 OK

Headers ⌄

```
Content-Type: application/json
Content-Length: 244
Server: Werkzeug/0.11.10 Python/2.7.10
Date: Sun, 21 Aug 2016 05:08:49 GMT
```

Response body ⌄

```
{
    "users": [{
        "active": true,
        "email": "abc@xyz.com",
        "id": 1,
        "username": "cjgiridhar"
    }, {
        "active": false,
        "email": "py@py.org",
        "id": 2,
        "username": "python"
    }]
}
```

13. 사용자 서비스의 일환으로 구현된 첫 번째 URI를 가졌다! 이제 계속해서 다음 리소스를 구현하자. 여기서는 ID를 기반으로 사용자를 얻는다. 다음 flask 라우트가 원하는 것을 해준다.

```
@app.errorhandler(404)
def not_found(error):
  return make_response(jsonify({'error': 'Not found'}), 404)

@app.route('/v1/users/<int:id>/', methods=['GET'])
def get_user(id):
  for user in users:
    if user.get("id") == id:
      return jsonify({'users': user})
  abort(404)
```

14. 위의 코드에서는 사용자 ID를 인자로 사용하는 get_user(id) API로 flask 라우트를 정의했다. 이 URI에 대해 HTTP GET 요청을 하면 get_user() API가 호출된다. 원하는 ID를 가진 사용자를 찾기 위해 모든 사용 가능한 사용자를 내부적으로 찾는다. 사용자가 발견되면 사용자 레코드는 JSON 형식으로 반환된다. 그렇지 않으면, 서버는 HTTP 404 응답을 전송한다. 스크린샷은 다음과 같다.

Response - http://127.0.0.1:5000/v1/users/1/

200 OK

Headers

```
Content-Type: application/json
Content-Length: 110
Server: Werkzeug/0.10.4 Python/2.7.10
Date: Sun, 21 Aug 2016 05:31:28 GMT
```

Response body


```
{
    "users": {
        "active": true,
        "email": "abc@xyz.com",
        "id": 1,
        "username": "cjgiridhar"
    }
}
```

15. 사용자가 웹 애플리케이션에 가입하기를 원한다. 새로운 사용자를 생성하는 데 도움이 되는 flask 라우트를 작성하자. 다음 코드는 이 작업을 수행한다.

```
@app.route('/v1/users/', methods=['POST'])
def create_user():
  if not request.json or not 'email' in request.json:
    abort(404)
  user_id = users[-1].get("id") + 1
  username = request.json.get('username')
  email = request.json.get('email')
  status = False
  user = {"id": user_id, "email": email,
          "username": username, "active": status}
  users.append(user)
  return jsonify({'user':user}), 201
```

16. 이제 /v1/users/ 리소스의 HTTP POST 요청을 생성하고 사용자 정보를 본문에 전달하면 새 사용자를 생성할 수 있다. 기본적으로 사용자의 상태는 비활성화일 것이다('active': False). 사용자가 자신의 이메일 주소를 확인할 때 'active': False가 될 수 있다.

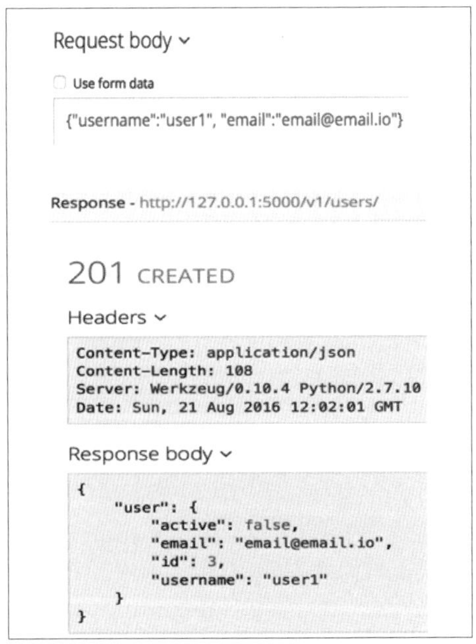

17. 이제 사용자 세부 사항을 수정하고 필요한 경우 사용자를 삭제하는 REST API를 빠르게 살펴보자. 다음 `flask` 라우트가 사용자 세부 사항을 편집할 것이다.

```
@app.route('/v1/users/<int:id>/', methods=['PUT'])
def update_user(id):
  user = [user for user in users if user['id'] == id]
  user[0]['username'] = request.json.get('username', user[0]['username'])
  user[0]['email'] = request.json.get('email', user[0]['email'])
  user[0]['active'] = request.json.get('active', user[0]['active'])
  return jsonify({'users': user[0]})
```

18. 이제 변경된 데이터로 /v1/users/:id/ 리소스에 대해 HTTP PUT 작업을 수행하면 사용자 정보를 수정할 수 있다. 다음 스크린샷에서 요청 본문request body에는 1과 동일한 사용자 ID에 대해 수정해야 하는 새로운 이메일 주소가 포함된다. HTTP PUT 요청을 하면, 정보가 수정되고 사용자에게 새 이메일 주소가 제공된다.

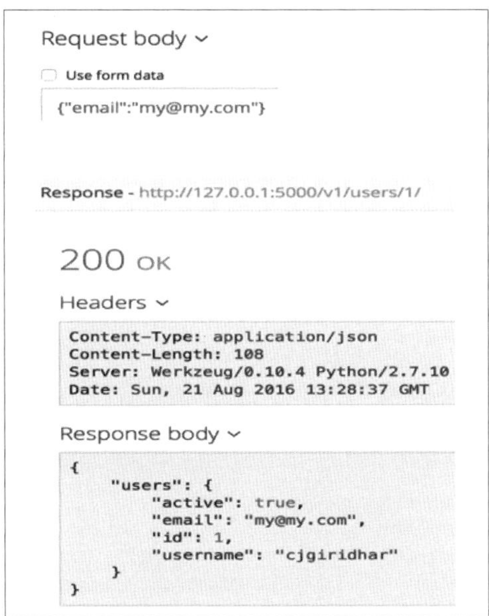

19. 보류 중인 유일한 작업은 DELETE 작업의 구현이다. 이 작업으로 사용자를 삭제할 수 있다. 하지만 "사용자를 삭제해야 하는 이유는 무엇인가?"라는 질문을 할 수 있다. 이제 DELETE를 직접 구현할 수 있다. 사용자를 비활성화 상태(active 속성을 False로 설정)로 만들 수도 있지만, 논의를 위해 사용자를 그냥 삭제하자.

20. 다음 코드는 사용자 ID를 기반으로 사용자를 삭제한다.

```
@app.route('/v1/users/<int:id>/', methods=['DELETE'])
def delete_user(id):
  user = [user for user in users if user['id'] == id]
  users.remove(user[0])
  return jsonify({}), 204
```

21. DELETE 작업은 일반적으로 다음 스크린샷에 표시된 상태 코드 204 NO CONTENT를 반환한다.

22. 이제 Restful 사용자 서비스를 완전히 구현하고 운영 중이다. 훌륭하다!

작동원리

REST는 WWW의 아키텍처 스타일이다. REST는 구현보다는 컴포넌트 역할 및 데이터 요소 간 상호작용에 중점을 두는 조정된 컴포넌트 세트로 구성된다. 그 목적은 웹의 확장성, 휴대성 및 신뢰성을 높이고 성능을 향상하는 것이다.

REST 아키텍처는 다음 제약 조건에 따라 작동한다.

- **클라이언트-서버**client-server: URLUniform Resource Locator은 클라이언트의 REST API를 분리한다. 서버는 사용자 인터페이스 혹은 상태state에 관심이 없다. 결과적으로 REST API의 확장성이 더 향상된다.
- **비상태**stateless: 모든 요청이 독립적이며 이전 요청 혹은 클라이언트에 연결되지 않았음을 의미한다. 클라이언트는 요청을 완료하는 데 필요한 모든 정보를 포함해야 하며, 세션 상태는 클라이언트와 함께 유지되므로 서버에 저장되지 않는다.
- **캐시 처리 가능**cacheable: RESTful 웹 서비스는 캐시 응답을 할 수도 있고 하지 않을 수도 있다. 서비스는 클라이언트에게 응답이 캐시됐는지 여부를 알려야 한다. 캐시 만료 시간cache expiry time에 따라 더는 일부 요청이 필요하지 않을 수 있으므로 시스템 성능을 향상하는 데 도움이 된다.
- **계층적 시스템**layered system: 클라이언트는 서버와 직접 상호작용할 수도 있고 그렇지 않을 수도 있다. 항상 캐시 혹은 로드 밸런서load balancer 같은 중간 서버를 가질 수 있다.
- **균등 리소스**uniform resource: 각 REST 리소스는 독립적이어야 한다. 이렇게 하면 관심사가 분리되어, 아키텍처를 분리할 수 있다.
- **코드온디맨드**code on demand: 서버는 클라이언트에게 자신의 컨텍스트context에서 실행할 코드를 제공할 수 있다. 하지만 이것은 선택적 요구사항이다.

GET 메소드와 HEAD 메소드는 리소스 상태를 변경하지 않으므로 안전한 메소드의 예다. PUT/DELETE 메소드는 멱등성을 갖는다. 이는 클라이언트가 리소스에 유사한 호출을 여러 번 수행할 수 있고 리소스가 동일한 방식으로 작동함을 의미한다. 물론 응답 자체도 변경될 것이다.

이제 나만의 RESTful API를 생성할 수 있다. 고객이 웹 애플리케이션에서 기능을 사용하거나 구현할 수 있도록 이것을 인터넷에 호스팅할 수 있다. 멋지다!

더 알아보기

REST 아키텍처의 기본 사항을 살펴보고 RESTful 웹 서비스를 설계하는 방법을 다뤘다. 플라스크 마이크로 프레임워크의 도움으로 나만의 REST API를 작성하는 방법을 살펴봤다.

다음 레시피에서는 클라이언트가 필요에 따라 REST API를 사용하는 방법을 확인한다. REST API를 사용해 비즈니스 프로세스를 자동화하는 방법을 살펴본다.

트위터 API로 소셜 미디어 마케팅 자동화

조이는 세계적으로 유명한 소비자 브랜드의 마케팅 매니저다. 조이는 회사의 콘텐츠 마케팅 포트폴리오를 관리하고 회사의 제품 라인을 소개하고 시장에서 화제를 일으키려고 블로그 및 소셜 미디어에 많이 의존한다.

의심의 여지 없이, 조이에겐 몇 가지 문제가 있다. 조이가 판매하는 제품 중 일부는 시장에 따라 다르게 설계됐으므로, 시간대별로 작업해 적시에 해당 콘텐츠가 게시되게 해야 한다. 조이는 자신의 주요 고객에게 다가갈 수 있도록 게시를 반복해야 한다고도 생각한다. 이것은 브랜드 인지도를 향상하는 데도 도움이 된다.

준비하기

조이의 상황을 신중하게 분석해보면 두 가지 문제가 있다. 첫째, 고객 시장을 기반으로 소셜 미디어 콘텐츠가 적시에 게시되게 해야 한다. 따라서 조이의 제품이 호주에서 판매되고 있다면, 고객들이 제품을 볼 가능성이 가장 높은 호주 시간대에 트윗이 게시되게 해야 할 것이다. 둘째, 주말 오퍼와 같이 제품 발표에 대한 관심을 높이려면, 나중에 몇 번의 트윗을 반복하고 싶을 것이다.

이제 조이의 문제를 이해하고 해결책을 찾아보자. 고려할 사항은 다음과 같다.

- 조이에게 자동으로 유행에 대한 트윗을 게시할 수 있는 능력을 제공해야 한다.
- 조이가 자고 있어도 트윗은 원하는 시간에 가야 한다.
- 반복적인 트윗을 스케줄링하는 기능도 제공해야 한다.

실행 방법

REST API를 사용한다. 트위터Twitter는 사용자가 트위터 데이터, 사용자 정보 및 트윗을 게시하는 데 사용할 수 있는 멋진 REST API가 있다. 이미지 업로드, 타임라인 질의 및 직접 메시지 전송 같은 여러 작업을 수행할 수도 있다. 정말 멋지다! 하지만 산만해지지 말고 바로 그 문제로 넘어가자.

1. 먼저 트위터에 로그인하지 않고도 파이썬을 사용해 트윗을 게시할 수 있는 방법을 살펴보자. 트윗을 게시하기 위해, twython이라 불리는 파이썬 라이브러리를 사용할 것이다. 이제, 파이썬 pip를 사용해 twython을 설치하자.

```
(user)chetans-MacBookPro:ch07 Chetan$ pip install twython
Collecting twython
  Downloading twython-3.4.0.tar.gz
Collecting requests>=2.1.0 (from twython)
  Downloading requests-2.11.1-py2.py3-none-any.whl (514kB)
    100% |████████████████████████████████|
516kB 495kB/s
Collecting requests-oauthlib>=0.4.0 (from twython)
  Downloading requests_oauthlib-0.6.2-py2.py3-none-any.whl
Collecting oauthlib>=0.6.2 (from requests-oauthlib>=0.4.0-
>twython)
  Downloading oauthlib-1.1.2.tar.gz (111kB)
    100% |████████████████████████████████|
114kB 80kB/s
Building wheels for collected packages: twython, oauthlib
  Running setup.py bdist_wheel for twython
```

```
    Stored in directory: /Users/chetan/Library/Caches/pip/
    wheels/48/e9/f5/a4c968725948c73f71df51a3c6
    759425358c1eda2dcf2031f4
    Running setup.py bdist_wheel for oauthlib
    Stored in directory: /Users/chetan/Library/Caches/pip/
    wheels/e6/be/43/e4a2ca8cb9c78fbd9b5b14b9
    6cb7a5cc43f36bc11af5dfac5b
  Successfully built twython oauthlib
  Installing collected packages: requests, oauthlib,
    requests-oauthlib, twython
  Successfully installed oauthlib-1.1.2
    requests-2.11.1 requests-oauthlib-0.6.2 twython-3.4.0
  (user)chetans-MacBookPro:ch07 Chetan$
```

2. 하지만 트위터 계정으로 시작하기 전에, 트위터에 앱app을 등록해야 한다. 이렇게 하면 트위터는 API 호출을 인식하고 합법적이라고 간주한다. https://apps.twitter.com/으로 이동해 Create New App을 클릭하여 앱을 등록할 수 있다. 다음 스크린샷과 같이 세부 사항을 채우고 앱을 생성할 수 있다.

   세부 사항을 채울 때 유의할 사항은 다음과 같다.

   - 애플리케이션 이름은 트위터의 모든 사용자에게 고유하므로 애플리케이션 이름을 실제로 고유하게 만들되, 간단하게 유지한다.
   - 나중에 웹사이트 이름을 입력할 때 기억할 수 있도록 사용 사례를 정확히 정의하는 설명을 작성한다. 짧게 유지한다.
   - 콜백callback URL은 트위터가 이 작업에는 필요하지 않은 인증 데이터를 사용자에게 전송하려는 경우에만 필요하다.

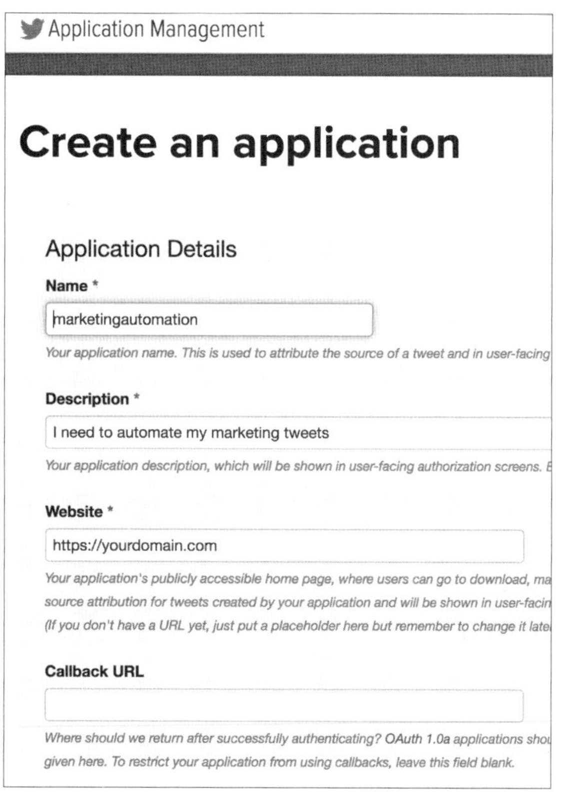

3. 앱 키App Key와 앱 시크릿App Secret을 얻기 위해, OAuth 토큰과 OAuth 토큰 시크릿이 필요하다. 이들은 기본적으로 트위터로 API 호출을 인증하는 데 필요하지만, 그렇지 않은 경우 트위터는 REST API 호출을 악의적이라 판단하고 거부할 것이다. 새로 생성된 앱을 클릭하고 페이지 상단의 **Keys and Access Tokens** 탭을 탐색해 세부 사항을 얻을 수 있을 것이다. 이러한 세부 사항을 얻기 위해 https://apps.twitter.com/app/〈app_id〉/keys/로 이동할 수도 있다.

Details	Settings	Keys and Access Tokens	Permissions

4. 코드의 일부를 작성하고 트위터의 REST API로 작업할 수 있는지 살펴보자. 다음 코드는 트위터 타임라인 REST API를 호출하고 타임라인의 가장 상단에 있는 트윗의 세부 사항을 가져온다. 여기서는 https://dev.twitter.com/rest/reference/get/statuses/home_timeline REST API의 HTTP GET 작업을 수행한다.

```
from twython import Twython

APP_KEY = ''
APP_SECRET = ''
OAUTH_TOKEN =''
OAUTH_TOKEN_SECRET = ''
twitter = Twython(APP_KEY, APP_SECRET,
                  OAUTH_TOKEN, OAUTH_TOKEN_SECRET)

tweet = twitter.get_home_timeline()[1]
print "Tweet text: ", tweet["text"]
print "Tweet created at: ", tweet["created_at"]
print "Tweeted by: ", tweet["entities"]["user_mentions"][0]["name"]
print "Re Tweeted?: ", tweet["retweet_count"]
```

위 코드의 출력은 다음과 같다.

```
Tweet text:  A sci-fi vision of love from the near future:
Tweet created at:  Sun Aug 21 16:44:18 +0000 2016
Tweeted by:  Monica Byrne
Re Tweeted?:  15
```

멋지다! 타임라인의 포스트에서 모든 필수 세부 사항을 얻는다. 이제 트위터 앱과 키에 대해 모두 설정된 것 같다.

5. 이제 데이터를 게시해 상태 REST API로 트윗을 시도하자. 여기에 사용된 REST API는 https://dev.twitter.com/rest/reference/post/statuses/update이다. 다음 파이썬 코드는 이 REST 리소스에 대한 POST 요청을 작성하고 트위터에서 내 계정을 대신해 트윗을 생성한다.

```
from twython import Twython

APP_KEY = ''
APP_SECRET = ''
OAUTH_TOKEN =''
OAUTH_TOKEN_SECRET = ''
twitter = Twython(APP_KEY, APP_SECRET,
                  OAUTH_TOKEN, OAUTH_TOKEN_SECRET)

twitter.update_status(status='Python import antigravity
https://xkcd.com/353/')
```

위의 코드를 실행한 후 트위터를 살펴봤는데, 나는 자동화된 방식에서 내 이름으로 트윗했다. 다음은 트윗의 스크린샷이다.

조이의 첫 번째 문제를 해결했다. 트윗은 조이가 인터넷을 사용할 수 없거나 인터넷에 로그인할 수 없는 경우에도 대신하여 게시될 수 있고, 이전의 파이썬 코드를 사용해 할 수 있다. 하지만 조이는 호주 시간대별로 트윗을 예약할 수 없다. 이제 스케줄링 문제를 해결하자.

6. 트윗을 스케줄링하는 방법을 살펴보기 전에, 다음 레시피에서 유용하게 쓰일 pytz 모듈을 설치할 것이다. pytz는 우리가 시간대를 다루고 조이의 문제를 해결하는 데 도움이 될 것이다.

```
(user)chetans-MacBookPro:ch07 Chetan$ pip install pytz
Collecting pytz
  Using cached pytz-2016.6.1-py2.py3-none-any.whl
Installing collected packages: pytz
Successfully installed pytz-2016.6.1
```

7. 스케줄링 문제를 해결하기 위해서는 두 가지가 필요하다. 우선 트윗의 콘텐츠, 시간 및 시간대를 결정하는 데 사용할 수 있는 설정이 필요하다. 둘째, 이 설정을 사용해 트위터에 트윗을 게시하는 실행 프로그램이 필요하다. 이제 우리가 필요로 하는 것과 정확히 일치하는 다음 코드를 살펴보자.

```
scheduled_tweets.py

from twython import Twython

APP_KEY = ''
APP_SECRET = ''
OAUTH_TOKEN =''
OAUTH_TOKEN_SECRET = ''
twitter = Twython(APP_KEY, APP_SECRET,
                  OAUTH_TOKEN, OAUTH_TOKEN_SECRET)

from datetime import datetime
import pytz, time
from pytz import timezone
import tweet_config as config

while True:

  for msg in config.scheduled_messages:
    print msg["timezone"]
    tz = timezone(msg["timezone"])
    utc = pytz.utc
    utc_dt = datetime.utcnow().replace(tzinfo=utc)
    au_dt = utc_dt.astimezone(tz)
    sday = au_dt.strftime('%Y-%m-%d')
    stime = au_dt.strftime('%H:%M')
    print "Current Day:Time", sday, stime

    if sday == msg["day"]:
      if stime == msg["time"]:
        print "Time", stime
        print "Content", msg["content"]
        twitter.update_status(status='%s' % msg["content"] )

  print "Running.. Will try in another min"
```

```
  time.sleep(60)

tweet_config.py

offers_sydney = {
  "content":"Weekend Offers, avail 30% discount today!",
  "day":"2016-08-27",
  "time":"13:25",
  "timezone":"Australia/Sydney"
}

post_newyork = {
  "content":"Introducing sun glasses at your favorite stores in NY!",
  "day":"2016-08-27",
  "time":"12:41",
  "timezone":"America/New_York"
}

scheduled_messages = [offers_sydney, post_newyork]
```

위 코드의 출력은 다음과 같다. 여기에 첫 번째 반복iteration이 있다.

```
Australia/Sydney
Current Day:Time 2016-08-27 13:24
America/New_York
Current Day:Time 2016-08-26 23:24
Running.. Will try in another min
```

두 번째 반복은 다음과 같다.

```
Australia/Sydney
Current Day:Time 2016-08-27 13:25
Time 13:25
Content Weekend Offers, avail 30% discount today!
```

실제 트윗은 다음과 같다.

조이가 필요로 하는 바로 그것, 전 세계의 적합한 청중을 대상으로 적시에 적절한 콘텐츠를 제공하는 자동 트윗이다.

작동원리

앞의 코드에는 2개의 파일이 있다. tweet_config.py는 트윗의 콘텐츠와 일정을 지정하는 데 사용되는 구성 딕셔너리dictionary를 포함한다. 트윗을 게시해야 하는 시간대에 대해서도 언급한다.

두 번째 파일인 scheduled_tweets.py는 실행 프로그램이다. 각 분마다 구성을 살펴보고 지정된 분 동안 예정된 트윗이 있는지 확인한다.

실행 프로그램인 scheduled_tweets.py가 실행되면 예약된 메시지 여부를 확인한다. 반복 1에서 실행 프로그램은 작동해야 하는 것을 찾지 못한다. 시간대의 현재 요일과 시간을 반환한다.

반복 2에서는 호주의 시간대인 시드니에서 정확하게 8월 27일 13시 25분에 트윗이 예정되어 있음을 발견한다. 시간이 일치하면, 트윗이 게시된다. 물론 여기서 인용된 예제는 매우 조잡하다. 끝없는 `while` 루프 대신에, 크론Cron 작업을 예약하려고 할 수 있다. 하지만 이것은 자동적으로 일정이 잡힌 트윗에 대한 요점을 일깨워줄 수 있는 예제다.

이 절에서는 조이의 마케팅 프로세스를 자동화했다. 이제 조이는 자고 있을 때 트윗을 할 수 있을 뿐만 아니라, 다른 시간대와 다른 콘텐츠에 대한 트윗을 예약할 수도 있다. 이것이 자동화의 힘이다.

"하지만 이건 단지 소셜 미디어 플랫폼 하나일 뿐이다. 페이스북은 어떤가?"라고 여러분은 질문할지도 모른다. 그렇다, 숨겨진 가능성이 있다. 트위터는 페이스북을 비롯한 여러 서비스에 사용자를 연결하기 위한 앱을 제공한다. 그래서 게시하는 모든 트윗이 페이스북에 게시되도록 계정에 맞게 앱을 구성한다. 이것은 다음 그림과 같이 보인다. 원래의 트윗을 게시하고 페이스북 프로필에서 그것을 리트윗retweet한다.

Facebook Connect
Your account is connected to Facebook.
Allow Twitter to:
☑ post retweets to Facebook
☑ post to my Facebook profile
Allow posting to one of your pages.
@Replies and direct messages will not be posted.

파이썬 `import antigravity`에 대해 게시한 첫 번째 메시지를 기억하는가? 사실 페이스북 벽wall에도 게시됐다. 트윗의 날짜와 시간 옆의 소스를 확인하자. 그렇다, 트위터다! 아마도 트위터는 페이스북 API를 사용해 이를 자동화할 것이다.

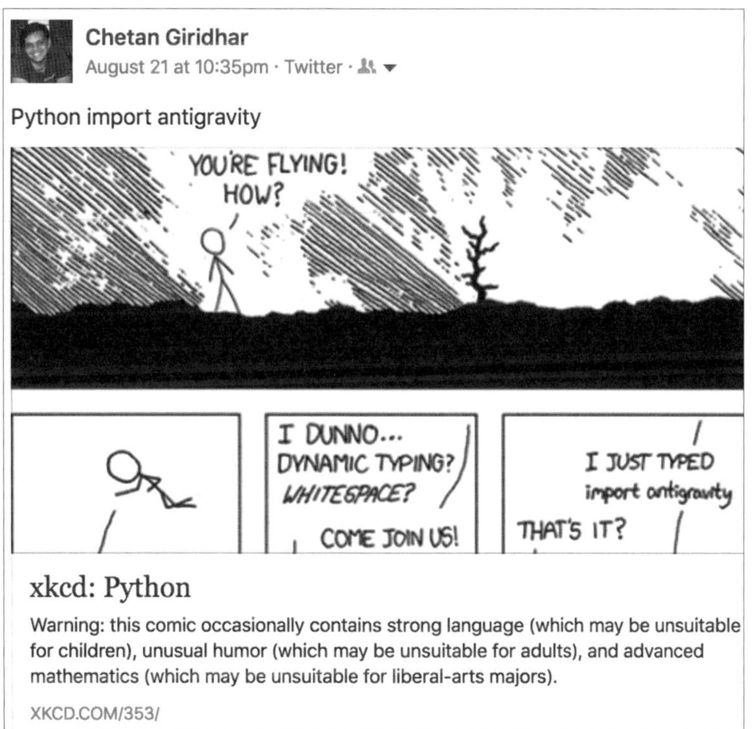

웹훅 소개

이전 절에서는 트위터/페이스북 자동화의 예제를 통해 REST API를 디자인하고 개발하는 방법과 REST API를 활용하는 방법을 살펴봤다. 또 다른 놀라운 작품인 웹훅Webhook을 살펴보자. 웹훅은 HTTP 콜백이다. 호의적인 이벤트가 발생한 경우 사용자 정의 URL(HTTP API로 구현)에 대한 HTTP POST 요청이다. 웹훅은 역방향 API라고도 하며, 실시간 통신 혹은 서비스 간 통합에 사용된다. 그러나 더 깊이 들어가기 전에, 폴링polling에 대해 조금 살펴보자.

이벤트에 대해 후속 작업을 수행할 수 있도록 이벤트가 발생했는지 확인하기 위해 애플리케이션 폴링이 오랜 시간 동안 표시되어 있는 것을 봤을 수 있다. 실제 예제를 살펴보자. 셀프 서비스 레스토랑에 가서 점심 식사를 위해 좋아하는 피자를 주문한다. 서비스 직원이 여러분에게 주문 번호를 알려주고 여러분이 피자를 가져갈 수 있도록 주문 번호 토큰 머신token machine을 지켜보라고 말한다. 모든 사람이 바쁘게 식사를 하는 동안 여러분은 배가 고팠고 주문 번호가 표시되기를 기다리면서 이 토큰 머신을 5초마다 보곤 했다. 지금 이것이 폴링이다. 토큰 머신을 폴링하고 있는 것이다. API 세계에서는 클라이언트가 주문 상태를 확인하기 위해 피자 가게 API를 폴링할 것이다.

서비스 직원이 준비가 됐을 때 주문 번호를 외치는 편이 쉽지 않을까? 따라서 주문을 한 후에는 공식적인 이메일을 확인하는 데 바쁠 수 있다. 서비스 직원이 여러분의 주문 번호를 호출하면, 배달 카운터에서 피자를 가져갈 수 있다. 이 방법으로 시간을 더 잘 활용할 수가 있다. 이것이 웹훅이다. 호의적인 이벤트(주문 준비 완료)가 발생하면, 문자 그대로 콜백을 듣고 응답하는 URL(이 경우, 여러분의 귀)에 콜백(서비스 직원이 주문 번호를 외친다)을 얻는다. API 세계에서는 주문이 준비되면 피자 가게에서 호출되는 URL(HTTP API)을 등록하면 된다.

웹훅은 세 가지 주요 목적으로 사용될 수 있다.

- 실시간 데이터 수신

- 데이터 수신 및 또 다른 서비스에 전송
- 데이터 수신 후 처리 및 반환

이 세 가지 시나리오에서 웹훅을 사용하는 여러 가지 방법을 생각해볼 수 있다.

폴링과 웹훅을 생각하면 둘 다 통합적인 요청으로 API를 사용한다. 폴링은 클라이언트 중심 통합 기술이지만, 웹훅은 서버 기반이다. 폴링은 타임 스탬프time stamp의 도움으로 클라이언트가 리소스(예: 주문 리소스)의 상태를 확인하기 위해 서버 API 호출을 계속 수행한다는 점에서 매우 비효율적이다. 폴링은 x분, x시간 혹은 심지어 x초마다 발생해 실시간이 될 수 있지만, 폴링과 관련된 비효율성이 발생하리라 생각한다. 반면에, 웹훅은 호의적인 이벤트가 발생할 경우 데이터를 콜백 URI에 다시 게시한다. 이 방법은 지속적인 폴링보다 훨씬 효율적이지만, 반대로 클라이언트 측에서 API를 개발해 클라이언트 자체가 서버처럼 동작하는 경향이 있다.

웹훅 구현

이러한 지식을 바탕으로 이번 레시피에서는 웹훅의 구현을 시작하자.

준비하기

이 레시피는 Django라는 유명한 파이썬 웹 프레임워크를 사용한다. 단순히 플러그인으로 여러 플러그인을 사용할 수 있다. 여기서는 웹훅을 구현하기 위해 재피어Zapier에서 개발한 `django-rest-hooks` 플러그인을 사용한다.

필요한 패키지를 설치해보자. 가장 선호하는 도구인 파이썬 pip를 사용해 `Django==1.10`과 `django-rest-hooks==1.3.1`을 설치한다.

```
(user)chetans-MacBookPro:ch07 Chetan$ pip install Django==1.10
Collecting Django==1.10
  Downloading Django-1.10-py2.py3-none-any.whl (6.8MB)
```

```
    100% |████████████████████████████████████████|
6.8MB 71kB/s
Installing collected packages: Django
Successfully installed Django-1.10

(user)chetans-MacBookPro:ch07 Chetan$ pip install django-rest-hooks
Collecting django-rest-hooks
  Downloading django-rest-hooks-1.3.1.tar.gz
Requirement already satisfied (use --upgrade to upgrade):
Django>=1.4 in ./user/lib/python2.7/site-packages (from django-rest-hooks)
Requirement already satisfied (use --upgrade to upgrade): requests
in ./user/lib/python2.7/site-packages (from django-rest-hooks)
Building wheels for collected packages: django-rest-hooks
  Running setup.py bdist_wheel for django-rest-hooks
  Stored in directory:
/Users/chetan/Library/Caches/pip/wheels/96/93/12/3ec10693ee2b394a7d8594e8939f750
6d7231fab69c8e69550
Successfully built django-rest-hooks
Installing collected packages: django-rest-hooks
Successfully installed django-rest-hooks-1.3.1
```

실행 방법

1. Django 앱을 생성하자. 다음 커맨드로 이 작업을 수행한다.

   ```
   python manage.py startproject bookstore
   cd bookstore
   python manage.py startapp book
   ```

2. 다음으로 Django가 앱의 rest_hooks 모듈을 사용하도록 설정하자. 이를 위해 bookstore/settings.py의 INSTALLED_APPS에 rest_hooks를 추가한다. 또한 앱 북app book을 이 목록에 추가한다. 상수 HOOK_EVENTS를 사용해 user.signup 같은 이벤트를 settings.py에 추가한다. 이때 이벤트 user.signup을 여기에 연결하지 않았으므로 그것은 None이다. settings.py는 다음과 같이 보인다.

```
INSTALLED_APPS = [
    'django.contrib.admin',
    'django.contrib.auth',
    'django.contrib.contenttypes',
    'django.contrib.sessions',
    'django.contrib.messages',
    'django.contrib.staticfiles',
    'rest_hooks',
    'book',
]

HOOK_EVENTS = {
    'user.signup':    None
}
```

3. 이제 이 이벤트를 콜백 URL에 등록하자. 하지만 그 전에, 프로젝트의 루트root를 탐색하고 이 커맨드를 실행해 Django 모델을 초기화한다.

```
(user)chetans-MacBookPro:bookstore Chetan$ python manage.py
migrate
Operations to perform:
  Apply all migrations: admin, contenttypes, rest_hooks, auth, sessions
Running migrations:
  Rendering model states... DONE
  Applying contenttypes.0001_initial... OK
  Applying auth.0001_initial... OK
  Applying admin.0001_initial... OK
  Applying admin.0002_logentry_remove_auto_add... OK
  Applying contenttypes.0002_remove_content_type_name... OK
  Applying auth.0002_alter_permission_name_max_length... OK
  Applying auth.0003_alter_user_email_max_length... OK
  Applying auth.0004_alter_user_username_opts... OK
  Applying auth.0005_alter_user_last_login_null... OK
  Applying auth.0006_require_contenttypes_0002... OK
  Applying auth.0007_alter_validators_add_error_messages... OK
  Applying rest_hooks.0001_initial... OK
  Applying sessions.0001_initial... OK
```

4. 모델이 초기화되면 데이터베이스 셸로 이동해 다음 파이썬 코드를 실행한다. Django 사용자 테이블에 사용자를 생성하고 이 사용자에 대한 웹훅을 등록한다.

```
>>> from django.contrib.auth.models import User
>>> from rest_hooks.models import Hook
>>> usr=User.objects.create(username='chetan')
>>> hook = Hook(user=usr, event='user.signup',
target='http://localhost:8000/hook/')
>>> hook.save()
>>> hook
<Hook: user.signup => http://localhost:8000/hook/>
```

5. 이제 북 앱에 urls.py라는 파일을 추가하고 다음 코드를 추가한다.

```
from django.conf.urls import url

from . import views

urlpatterns = [
  url(r'event/$', views.event),
  url(r'hook/$', views.webhook),]
```

6. Django 뷰view를 생성하기 위해 book/views.py에 다음 메소드를 추가한다.

```
from django.shortcuts import render
from django.views.decorators.csrf import csrf_exempt
from rest_hooks.signals import raw_hook_event
from django.contrib.auth.models import User
import datetime
from django.http.response import HttpResponse
# 여러분의 view를 생성한다.

@csrf_exempt
def webhook(request):
  print request.body
  return HttpResponse()

def event(request):
  user = User.objects.get(username='chetan')
```

```
raw_hook_event.send(
  sender=None,
  event_name='user.signup',
  payload={
    'username': user.username,
    'email': user.email,
    'when': datetime.datetime.now().isoformat()
  },
  user=user # 필수: 훅을 필터링하는 데 사용
)
return HttpResponse()
```

7. 또한 bookstore/urls.py에서 프로젝트의 다음 URL을 포함한다.

```
from django.conf.urls import url, include
from django.contrib import admin

urlpatterns = [
  url(r'^admin/', admin.site.urls),
  url(r'^', include('book.urls'))
]
```

8. 이제 Django 서버를 다음과 같이 실행한다.

```
(user)chetans-MacBookPro:bookstore Chetan$ python manage.py
runserver
Performing system checks...

System check identified no issues (0 silenced).
August 27, 2016 - 11:14:52
Django version 1.9, using settings 'bookstore.settings'
Starting development server at http://127.0.0.1:8000/
Quit the server with CONTROL-C.
```

9. 브라우저에서 http://localhost:8000/event/로 이동해 서버 로그를 살펴본다. 등록된 웹훅이 호출됐음을 확인할 수 있고, 이는 뷰에서 구성한 모든 정보가 포함된 HTTP POST 요청이 페이로드payload와 함께 대상target URL http://localhost:8000/hook/에 전송됐다는 뜻이다. 서버 로그는 다음과 같다.

```
[27/Aug/2016 10:53:29] "GET /event/ HTTP/1.1" 200 0

{"hook": {"target": "http://localhost:8000/hook/", "id": 1,
"event": "user.signup"}, "data": {"username": "chetan", "when":
"2016-08-27T10:53:29.301317", "email": ""}}

[27/Aug/2016 10:53:29] "POST /hook/ HTTP/1.1" 200 0
```

로그를 살펴봤는가? /event URL을 호출해, 웹훅의 이벤트 user.signup에 등록된 대상 URL에 필요한 정보를 게시했다.

커스텀 웹훅과 마찬가지로 RESTful 웹훅을 개발할 수도 있다. RESTful 웹훅은 RESTful 인터페이스를 통해 구독subscription, 알림notification, 출판publication 작업을 지원한다. RESTful 웹훅은 4개의 HTTP 동사에 해당하는 ACCESSED, CREATED, UPDATED, DELETED라는 네 가지 이벤트 유형을 지원한다. 리소스에 적용되는 작업에 대한 알림을 전송한다. 예를 들어, 리소스가 생성되면 이벤트가 생성된다. 이렇게 하면 웹훅이 트리거되고 대상 URL이 게시돼야 한다. 이 예제에서는 book.Book.added 혹은 book.Book.deleted 같은 액션과 함께 book.added 및 book.deleted라는 두 기지 후크hook 이벤트를 더 정의할 수 있다. 모델에서 book.save() 액션을 수행하면 book.added 이벤트가 트리거되고 사용자가 이 이벤트에 대해 정의한 후크가 있으면 대상 URL에서 HTTP POST 요청이 호출된다.

작동원리

앞의 코드에서는 우선 settings.py 파일에 이벤트를 정의했다. 이 이벤트의 이름은 user.signup이다. 커스텀 이벤트이므로 액션이 정의되지 않았다.

그런 다음, 기본 Django 사용자 모델을 사용해 auth_user 테이블에 새로운 사용자 chetan을 생성했다.

이후에 사용자 chetan의 웹훅을 정의했다. 이 웹훅은 이벤트 user.signup에 대해 구성됐으며, 대상 URL은 http://localhost:8000/hook/으로 설정됐다.

Django 앱에서 2개의 뷰도 정의했다. 첫 번째 뷰 이벤트는 해당 사용자 및 이벤트에 대한 웹훅과 페이로드 전송을 담당했다. 두 번째 뷰 웹훅은 대상 URL에 대해 정의됐다.

그 후 Django 개발 서버를 실행하고 http://localhost:8000/event/로 이동해 페이로드 정보를 대상 URL, 즉 http://localhost:8000/hook/에 게시했다. 대상 URL은 사용자 이름, 이메일 및 가입이 발생한 시간과 같은 모든 페이로드 데이터를 수신했다.

더 알아보기

이 절에서는 API를 사용하는 웹의 다른 형태의 통합인 폴링과 웹훅을 살펴봤다. 폴링이 비효율적이고 웹훅이 훨씬 더 유용하다는 사실을 살펴봤다. 앞의 레시피에서는 일반적인 방법으로 개념을 설명하기 위해 사용자 등록에 유용한 커스텀 이벤트를 다뤘다. 이제 자동화를 위한 강력한 사용 사례를 제시하면서 RESTful 웹훅을 더 알아볼 차례다. 올리버가 겪고 있는 문제점과 그를 도울 수 있는 방법을 살펴보자.

웹훅의 리드 매니지먼트 자동화

조이의 동료이자 마케팅 부서에서 일하는 올리버는 사용자 온보딩onboarding 프로세스를 담당한다. 주요 업무는 다음과 같다.

- 웹사이트에 가입한 사용자에게 환영 이메일 전송
- 새로운 서명인의 리드 레코드를 CRM에 추가

이전에는 사이트에 가입하는 사람이 많지 않아 이 두 가지 작업을 수동으로 수행하기가 쉬웠다. 하지만 이 웹사이트의 인기가 증가함에 따라, 올리버는 매일 가입자 수의 급증을 목격하기 시작했다. 의심할 여지 없이, 올리버는 이것을 쉽게 자동화할 수 있는 매우 시간 소비적인 활동으로 생각한다. 올리버를 도울 수 있을까?

문제를 신중하게 분석해보면 올리버의 주요 쟁점은 서비스 간 통합이다. 가입을 통합하는 데 필요한 두 가지 서비스는 이메일과 CRM이다. 올리버는 가입 이벤트를 추적하고 이 이벤트에 대한 조치를 취해야 한다. 웹훅은 이 사용 사례를 위한 완벽한 솔루션이다. 올리버가 자신의 업무를 자동화할 수 있는 방법을 살펴보자.

실행 방법

이 문제를 해결하기 위해 같은 Django 프로젝트를 사용할 것이다. 또한 외부 서비스인 재피어Zapier를 사용해 작업을 훨씬 쉽게 하는 데 도움이 되는지 확인한다. 시작해보자.

1. 터미널에서 Django 프로젝트의 루트 디렉토리로 이동하고 파이썬 manage.py 셸 커맨드를 실행해 DB 셸에 로그인한다. 여기서 사용자 chetan의 이메일 주소를 수정한다. 다음 커맨드를 사용해 수행할 수 있다.

```
>>> from django.contrib.auth.models import User
>>> from rest_hooks.models import Hook
>>> usr = User.objects.get(username='chetan')
>>> usr.email='chetan@email.io'
>>> usr.save()
```

2. 이제 https://zapier.com/으로 이동해 Zapier 앱으로 계정을 생성한다. 계정을 생성한 후 Choose App을 위해 MAKE A ZAP!을 클릭하고, BUILT-IN APPS 섹션에서 Webhooks를 클릭한다.

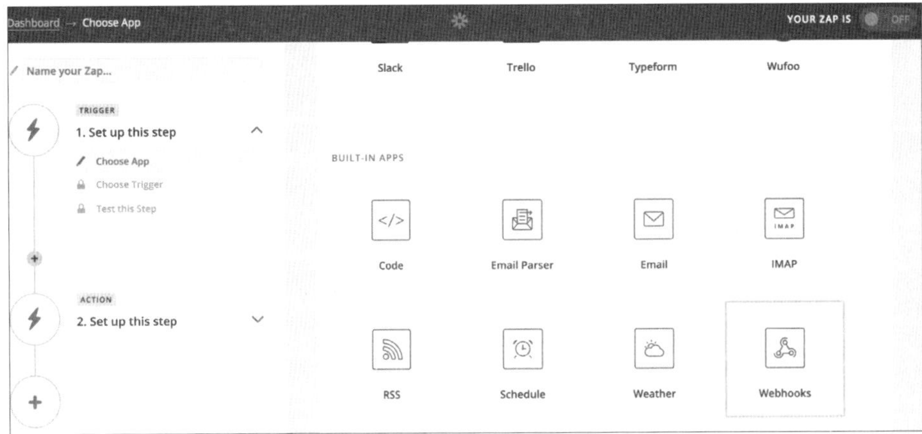

3. 웹훅을 선택하면 왼쪽의 페인pane에서 TRIGGER 및 ACTION을 생성하는 화면이 나타난다. 오른쪽에서 Catch Hook 옵션을 선택한다. Save + Continue를 클릭한다. 다음 스크린샷을 참조하자.

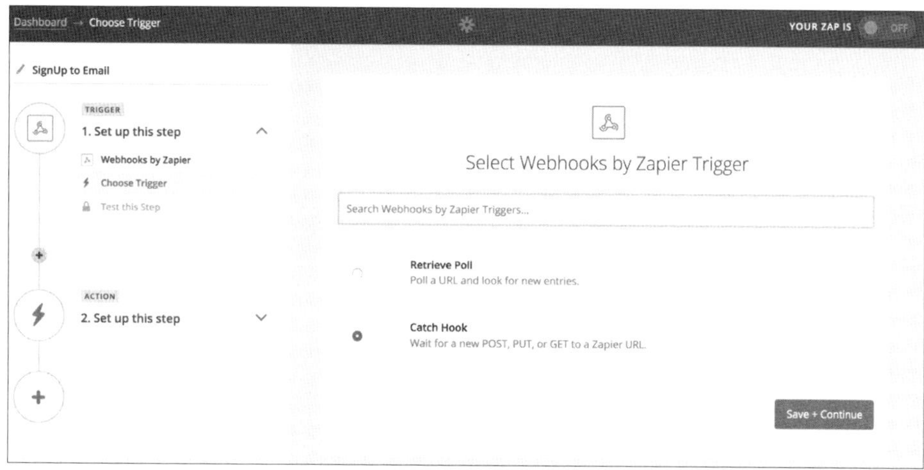

4. 다음으로, 페이로드에서 선택하기 위한 JSON 키를 제공하는 페이지가 나올 텐데 선택사항이므로 무시할 수 있다. Continue를 클릭해 다음 단계로 이동한다. 여기에 커스텀 웹훅 URL이 있다. 이 URL을 복사한다. 이 URL은 대상 URL로 작동할 것이다.

5. 이제 Django 프로젝트로 돌아가서 DB 셸로 이동한다. 동일한 이벤트 `user.signup`으로 새 훅을 생성하고 이전 단계의 재피어에서 받은 URL을 대상으로 지정한다. 커맨드는 다음과 같다.

```
>>> hook = Hook(user=usr, event='user.signup',
target=
'https://hooks.zapier.com/hooks/catch/<Id>/<Webhook_Id>/')
>>> hook.save()
>>> hook
<Hook: user.signup =>
https://hooks.zapier.com/hooks/catch/<Id>/<Webhook_Id>/>
```

6. Django 개발 서버를 파이썬 manage.py의 `runserver` 커맨드로 실행한다. 서버가 실행되면 http://localhost:8000/event/로 이동한다. 이것은 재피어로부터 얻은 대상 URL에 콜백 요청을 할 것이다. 재피어로 다시 가서 Catch Hook 섹션 아래 왼쪽 페인에서 Test this Step을 살펴보면 이를 확인할 수 있다.

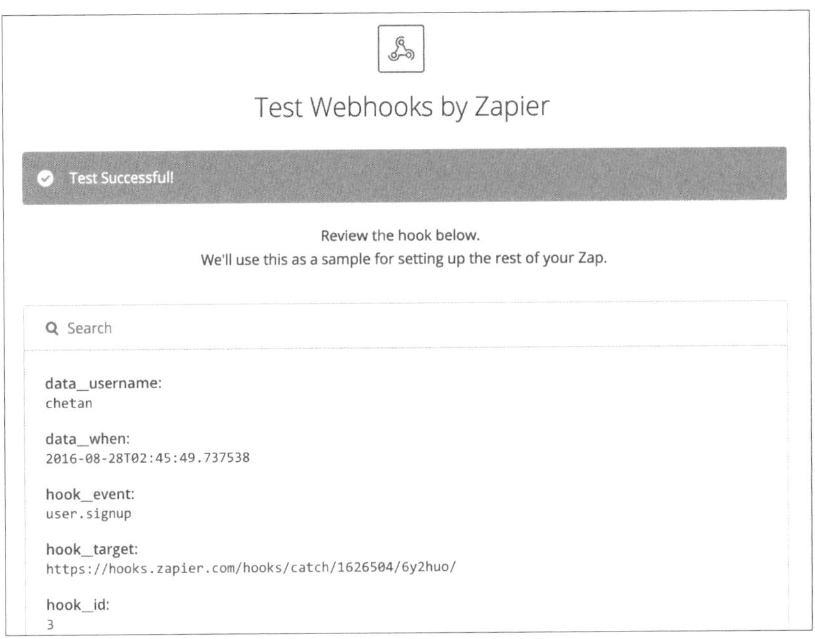

7. 이제 트리거가 설정된다. 액션을 설정하자. 이를 위해 왼쪽 페인으로 가서 ACTION의 Set up this step을 클릭한다. 화면 오른쪽에 표시될 앱 목록에서 지메일을 선택한다.

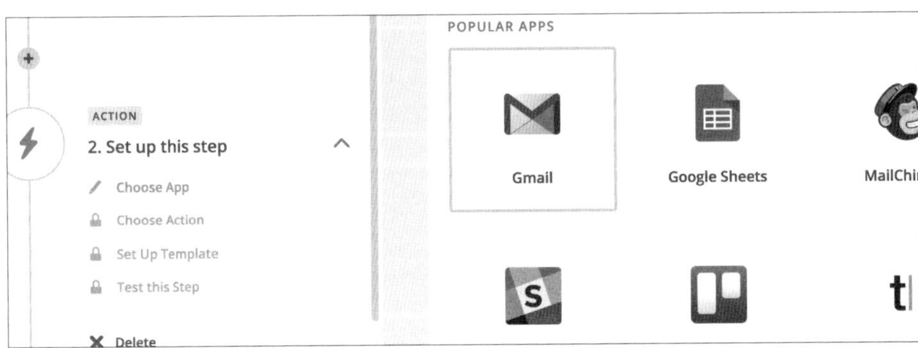

8. Gmail을 클릭하면 Create Draft 혹은 Send Email 같은 작업을 선택하는 다음 옵션이 나타난다. Send Email을 클릭하고 재피어가 액세스하도록 허용하기 위해 이메일 계정을 활성화한다. 다음 스크린샷은 이러한 단계를 수행하는 방법을 보여준다.

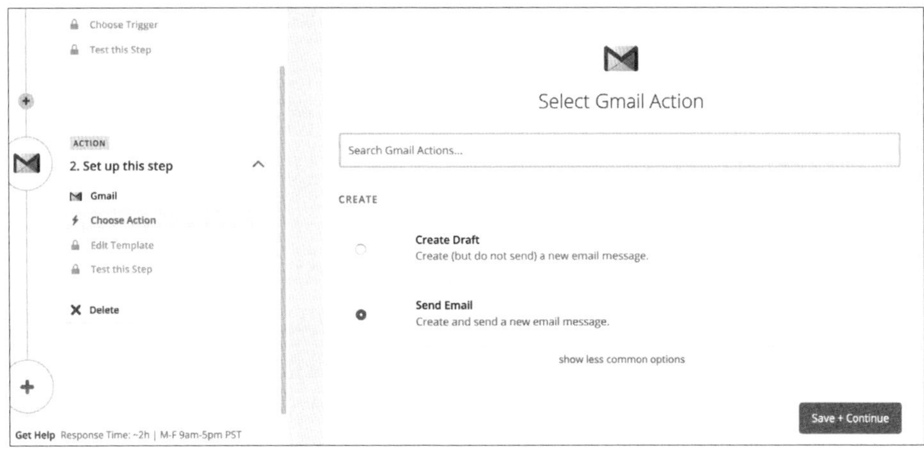

다음 스크린샷에서 재피어는 지메일 앱에 접속할 수 있다.

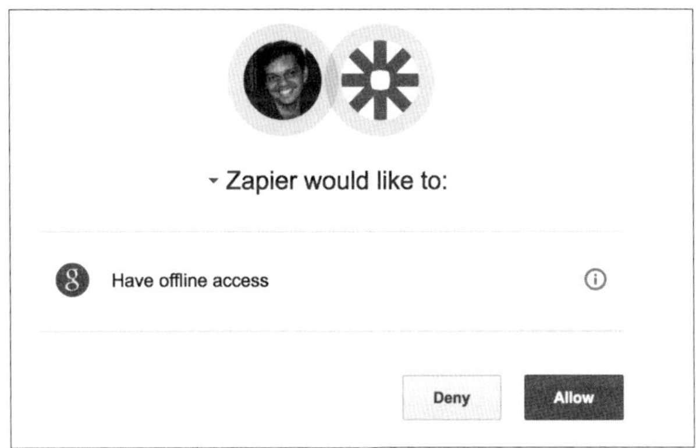

9. 이제 이메일 템플릿을 생성하는 것만 남았다. 템플릿에는 To(수신) 이메일 주소, 제목 및 본문이 포함된다. 재피어는 템플릿을 구성하는 좋은 옵션을 제공한다. 대상 URL에 데이터를 게시해 트리거를 이미 테스트한 경우, 이메일 템플릿의 모든

필드 오른쪽 맨 위에 옵션 집합이 표시될 것이다. 다음 2개의 스크린샷에서 To 필드는 Data Email, Subject 필드는 Welcome Data Username! 그리고 이메일 본문으로 Your Signup made our day!를 갖는다.

10. 다음 스크린샷은 트리거의 Test this Step 섹션에서 수신된 대상 URL의 페이로드에서 사용 가능한 모든 옵션을 표시한다. 방금 사용자 이름을 표시했다. 템플릿의 필드 이름 To가 페이로드에서 Data Username을 선택하는 방법을 살펴본다.

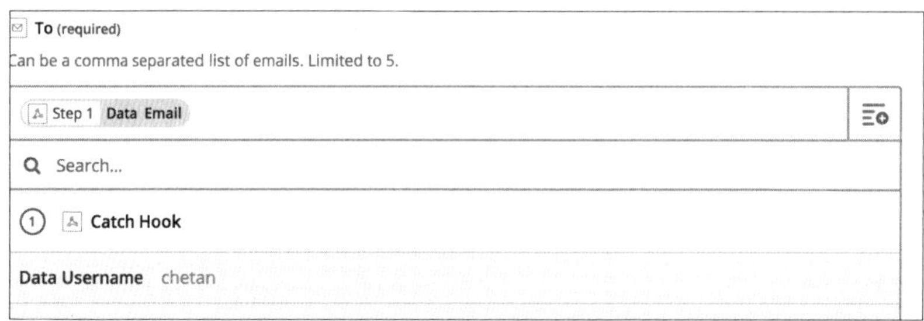

필요한 모든 필드가 구성된 이메일 템플릿은 다음 스크린샷에서 확인할 수 있다. 재피어에서 이메일의 To, 제목 및 본문 부분을 구성했다.

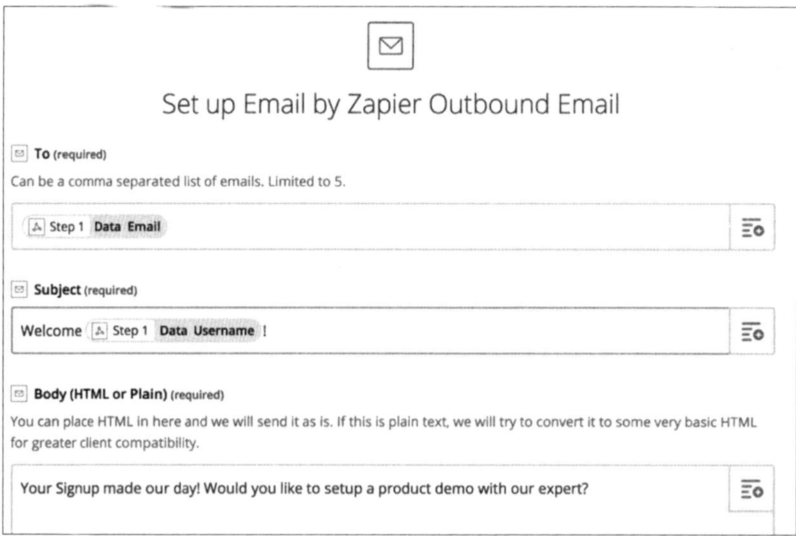

11. 이 화면 하단의 Continue를 클릭한다. 재피어는 액션을 시험하고 끝낸다. 다음 스크린샷은 성공 확인을 나타낸다.

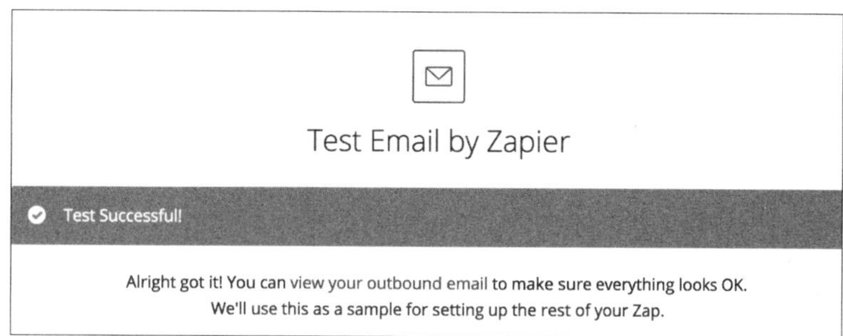

12. 이제 이메일을 확인해보면 재피어로부터 테스트 이메일을 수신했을 것이다. 이메일의 콘텐츠는 우리가 원하는 방식이다. 정말 멋지다! 이제 올리버의 제품 웹사이트에 가입하면 재피어의 웹훅(대상 URL) 페이로드로 서명인의 정보가 POST되고 재피어는 이메일 부분을 자동화할 것이다.

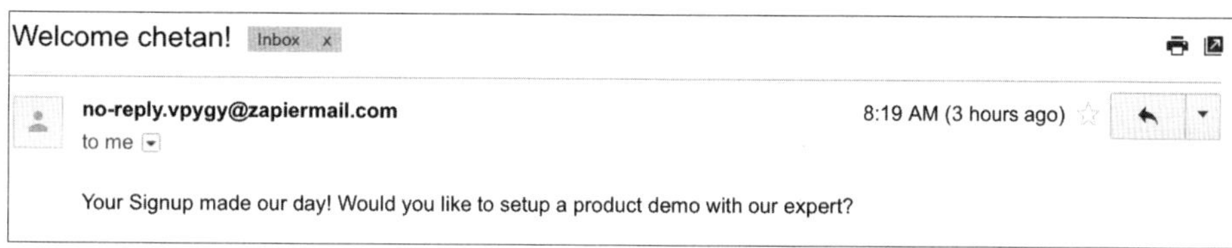

작동원리

재피어는 커스텀 웹훅을 생성하는 기능을 제공한다. 그것은 지메일Gmail, 트렐로Trello, 슬랙Slack 등과 같이 거의 모든 앱과 통합된다. 방금 트리거로 웹훅을 생성해 지메일의 액션으로 그것을 따랐다.

사용자가 가입할 때마다(새로운 사용자 생성) Django 앱은 재피어에서 트리거를 생성했을 때 얻은 재피어 대상 URL에 페이로드로 사용자 데이터를 POST한다.

재피어는 대상 URL로 페이로드 데이터를 수신하면 작업을 확인하고 지메일 계정으로 이메일을 전송해야 하는지 확인한다. 재피어는 또한 페이로드에서 데이터를 얻어 사용자의 이메일 주소로 이메일을 전송할 수 있을 만큼 똑똑하다. 또한 이메일의 제목과 본문을 구성할 수 있다.

환상적이다. 올리버는 행복하다! 2단계는 어떨까? 세일즈포스Salesforce 혹은 파이프드라이브Pipedrive CRM을 사용해 CRM에서 리드 레코드를 생성하는 또 다른 재피어 트리거다.

이 절에서는 사용자 가입 이벤트를 사용해 사용자 온보딩을 자동화하는 방법을 살펴봤다. 앱을 자동화하는 최선의 방법이므로 재피어의 예제를 사용했다. 만약 이 일을 하지 않았다면, 여러분의 제품이나 서비스의 핵심이 아닐 수도 있는 활동으로 이러한 모든 앱에서 제공하는 API와 쓰기 코드를 이해해야 할 것이다.

자, 여러분! 이 자동화 부분이 재미있었기를 바라며, 조직에서 이 기능을 구현할 수 있을 것이라고 확신한다.

8
봇과 대화

와, 봇이라고? 재미로 봇 만들기를 배울 것인가 아니면 비즈니스용으로 봇 만들기를 배울 것인가? 그렇다, 8장에서는 파이썬을 사용한 새로운 봇의 세계로 안내한다.

8장에서 다루는 내용은 다음과 같다.

- 감정 텔레그램 봇 개발
- 다양한 종류의 봇
- 인공 지능을 갖춘 스마트 봇
- 봇을 통한 비즈니스 프로세스 자동화

소개

지난 수십 년 동안 디지털 변환 및 자동화 시대가 왔다. 오늘날 대부분의 기업은 전통적인 제품 판매 방식보다는 온라인 판매 모델을 선호한다.

웹사이트는 기업들의 영역을 확대하도록 도움을 줄 뿐만 아니라, 제품을 더 저렴하게 판매할 수 있게 만들었다(렌탈 같은 고정 비용이 없음). 반응형 그래픽 사용자 인터페이스GUI, graphical user interface는 실시간 기술의 힘과 결합되어 좀 더 쉽게 판매 프로세스를 만들었다. 현재의 경영진들은 단지 잠재 고객들과 대화하고 제품 구매를 유도해 변화를 증가시킬 수 있다.

인공 지능AI, artificial intelligence 및 언어 처리 기술의 발달에 따라 비즈니스는 천천히 그러나 꾸준히 프로세스를 자동화하기 위해 대화식 인터페이스를 채택했다. 대화식 사용자 인터페이스는 자연어에 대한 자유 형태 텍스트가 있는 인터페이스를 나타낸다. 대화식 인터페이스 및 자연어 처리 기술을 사용해 비즈니스는 컨텍스트context를 분석하여 특정 고객 질의에 응답할 수 있다고 생각한다. 오늘날의 세계에서 이러한 머신을 **챗봇**chatbot이라고 한다.

8장에서는 다양한 유형의 봇에 대해 배우고, 간단한 챗봇을 개발하는 방법을 살펴본 다음, 봇을 사용해 비즈니스 프로세스를 자동화하는 방법도 살펴본다. 또한 8장에서 봇을 언급할 때는 챗봇이나 텍스트 기반 봇에 대해 말하고 있다는 점을 유의하자.

봇이란 무엇인가?

간단한 예제를 살펴보자. 이번 주말에 피자헛에서 친구들과 저녁에 피자를 주문하고 싶다고 하자. 보통은 피자헛 웹사이트로 이동해 특정 유형의 피자 혹은 원하는 특정 토핑을 찾는 데 시간을 할애하고 주문할 것이다. 대개는 자신이 무엇을 주문하고 싶은지 이미 알고 있다. 그렇다면 피자헛 웹사이트에서 그것을 찾는 수고스러움을 감수해야 할까?

더는 걱정할 필요가 없다! **페이스북**Facebook에 로그인하고 페이스북 메신저Facebook Messenger 챗봇을 사용해 피자헛에서 필요한 것을 구입하면 된다. 그뿐 아니라 챗봇은 피자헛에서 최신 정보를 수정하고 게시한다. 그래서 챗봇은 좋아하는 소셜 네트워킹 플랫폼에서 웹사이트를 방문하는 것과 같은 경험을 줄 수 있다. 피자헛이 페이스북 메신저와의 공동 작업에 대해 발표한 내용을 http://blog.pizzahut.com/pizza-hut-announces-new-social-ordering-platform/에서 살펴보자.

"사용 사례는 이해하지만, 챗봇이 정확히 무엇인가?"라고 물을 수 있다.

챗봇은 여러분이 고객으로서 챗(텍스트) 인터페이스를 통해 상호작용하는 규칙 및 AI로 구동되는 서비스다. 봇은 세미 인텔리전트 혹은 평범한 작업을 수행하고 소프트웨어 애플리케이션으로 실행한다. 챗봇은 여러 서비스를 제공할 수 있으며 **페이스북**Facebook, **텔레그램**Telegram, **슬랙**Slack 같은 소셜 플랫폼에서 실행 가능하다. 여전히 활발한 연구 활동을 진행 중이며, 떠오르는 컴퓨터 과학 분야다.

봇의 작동 방법

지금까지의 이야기를 바탕으로 여러분은 아마 이렇게 생각하고 있을 것이다. "이 봇은 어떻게 기능할까? 어떻게 인간의 단어나 감정을 이해할까?" 여기에 그 답이 있다. 일반적으로 다음과 같은 두 종류의 챗봇이 있다.

- **규칙 엔진**rule engine**에서 작동하는 봇**: 이 유형의 봇은 특정 단어 혹은 커맨드(말하자면)를 이해하므로 매우 제한적으로 행동한다. 그것은 꽤 간단한데, x가 입력이면 y가 출력이어야 한다. 고정된 일련의 질문이 있거나 질문이 질의로 작동하는 경우에 매우 유용하다. 예를 들어 CNN 챗봇은 그 순간에 가장 중요한 이야기를 할 수 있게 해주고, 게다가 여러분은 정치나 비즈니스 같은 특정 주제에 대한 TOP 스토리를 봇에게 물어본다(좋다! 그런데 왜 CNN 웹사이트를 방문해야 할까?). 페이스북 메신저 앱에서 CNN 챗봇과의 상호작용으로 가져온 스크린샷들을 살펴보자. 첫 번째 화면에서는 GET STARTED 클릭을 요청하고, 이렇게 하면 다음 화면으로 이동해 TOP 스토리를 볼 수 있는 옵션을 제공한다.

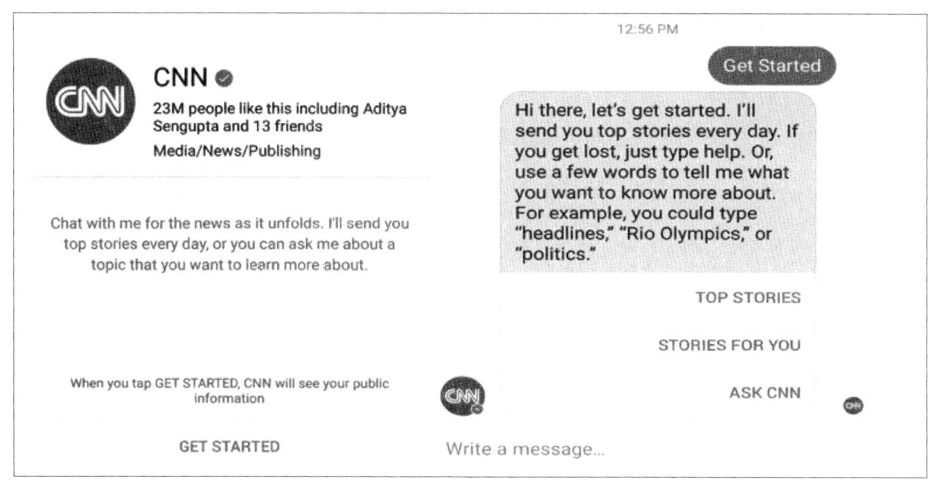

TOP STORIES를 클릭하면 Yahoo! 스토리를 보여주고, 예를 들어 정치 같은 특정 주제에 관심이 있는지 묻는다.

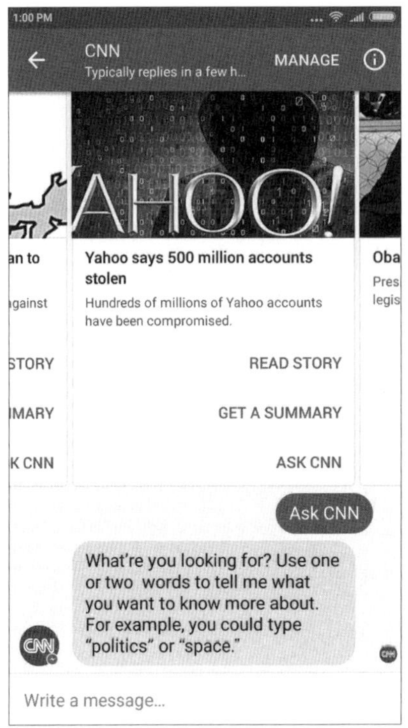

- **기계 학습machine learning에서 작동하는 스마트 봇:** 스마트 봇은 AI 및 감정 분석을 사용해 대화의 컨텍스트를 이해하고 언어 의미에 응답한다. 따라서 제품 구매 혹은 고객 지원 문의 응답 같은 정교한 사용 사례에 적용할 수 있다. 더 나아가, 이 봇은 과거의 상호작용에서 배울 수 있다. 놀랍지 않은가?

> 감정 분석은 오피니언 마이닝(opinion mining)이라고도 하며, 이용 가능한 텍스트에서 주관적인 정보를 확인하고 주관적인 정보를 추출해 텍스트의 문맥별 특성을 파악하는 것을 목적으로 한다.

왜 지금 봇이 필요한가?

세계는 한동안 기계 학습을 이야기해왔고, 챗 기능은 오랜 시간에 걸쳐 있어왔는데, 왜 봇이 지금 그렇게 중요해지고 있느냐는 의문이 들 수 있다. 그 이유는 다음과 같다.

- **사용 패턴**usage pattern : 기업은 사용자가 소셜 미디어 플랫폼 혹은 웹사이트보다 챗에 더 많은 시간을 소비하는 경향이 있음을 파악했다. 따라서 기업은 챗 플랫폼을 통해 좀 더 나은 방법으로 사용자와 소통할 수 있다.
- **비용 효과적**cost-effective : 인간이 필요 없다. 즉, 전혀 비용이 들지 않는다! 기업은 인적 자원 투자 없이 고객 서비스 같은 프로세스를 자동화하기 위해 봇을 이용한다.
- **규모**scale : 봇의 배포 경로로 작용하는 페이스북 혹은 텔레그램을 통해 수백만 명의 사용자에게 손쉽게 접근할 수 있다. 이러한 방식으로, 기업은 관련된 인건비를 확인하지 않고 가능한 한 많은 잠재 고객을 대상으로 삼을 수 있다.
- **효율적인 기술**efficient technology : AI 혹은 **자연어 처리**NLP, Natural Language Processing의 성장으로 알고리즘을 이러한 봇에 쉽게 연결할 수 있다. 알고리즘은 시간이 지남에 따라 발전할 수 있고, 앞으로도 발전할 것이며 고객에게 더 나은 서비스를 제공할 것이다.

이제 봇과 그 유용성을 훨씬 더 잘 이해할 수 있게 됐으니, 직접 나만의 봇을 개발해보자.

감정 텔레그램 봇 개발

봇 개발을 시작하기 전에, 목표를 분명히 해야 한다. 봇은 무엇을 할 것인가? 사용자의 기분에 기초해 이모지emoji로 반응하는 봇을 만드는 간단한 예제를 살펴본다. 그것은 사용자의 기분을 나타낸다는 간단한 이유 때문에 감정 봇이다. 흥미로운 사용 사례라고 생각되는가? 시작해보자!

이 레시피는 텔레그램 봇을 개발하기 위해 `python-telegram-bot`(https://github.com/python-telegram-bot/) 라이브러리를 사용할 것이다. 먼저 가장 인기 있는 유틸리티인 파이썬 `pip`로 `python-telegram-bot` 모듈을 설치하자.

```
(bots)chetans-MacBookPro:ch09 Chetan$ pip install python-telegram-bot --
upgrade

Collecting python-telegram-bot
  Downloading python_telegram_bot-5.1.0-py2.py3-none-any.whl (134kB)
    100% |████████████████████████████████| 135kB
681kB/s
Collecting certifi (from python-telegram-bot)
  Downloading certifi-2016.8.31-py2.py3-none-any.whl (379kB)
    100% |████████████████████████████████| 380kB
612kB/s
Collecting future>=0.15.2 (from python-telegram-bot)
  Downloading future-0.15.2.tar.gz (1.6MB)
    100% |████████████████████████████████| 1.6MB
251kB/s
Collecting urllib3>=1.10 (from python-telegram-bot)
  Downloading urllib3-1.17-py2.py3-none-any.whl (101kB)
    100% |████████████████████████████████| 102kB
1.2MB/s
Building wheels for collected packages: future
  Running setup.py bdist_wheel for future
  Stored in directory:
/Users/chetan/Library/Caches/pip/wheels/11/c5/d2/ad287de27d0f0d646f119dcffb
921f4e63df128f28ab0a1bda
Successfully built future
Installing collected packages: certifi, future, urllib3, python-telegram-bot
Successfully installed certifi-2016.8.31 future-0.15.2 python-telegram-
bot-5.1.0 urllib3-1.17
```

또한 이모지 아이콘을 위한 emoji(https://github.com/carpedm20/emoji) 라이브러리를 설치해 기분에 따라 적절한 표현을 사용자에게 반환할 수 있다.

```
(bots)chetans-MacBookPro:ch09 Chetan$ pip install emoji --upgrade

Collecting emoji
  Downloading emoji-0.3.9.tar.gz
Building wheels for collected packages: emoji
  Running setup.py bdist_wheel for emoji
  Stored in directory:
/Users/chetan/Library/Caches/pip/wheels/94/fc/67/441fb0ca2ed262d6db44d9ac2d
```

```
fc953e421f57730004dff44d
Successfully built emoji
Installing collected packages: emoji
Successfully installed emoji-0.3.9
```

이미 모듈을 설치했는가? 좋다! 계속 살펴보자.

실행 방법

1. 나만의 봇을 개발하려면 먼저 휴대폰에서 텔레그램 앱을 다운로드한다. 계정을 등록하고 번호를 확인한다. 그렇게 했다면, 축하한다! 텔레그램 봇을 생성하는 데 한 걸음 더 가까워졌다.
2. 자, 이제 여러분의 봇을 등록하기 위해 해야 할 다음 일은 BotFather라는 다른 봇에게 연락하는 것이다. 텔레그램 앱에서 BotFather를 검색하고 클릭해 대화를 시작한다. 다음과 같이 보일 것이다.

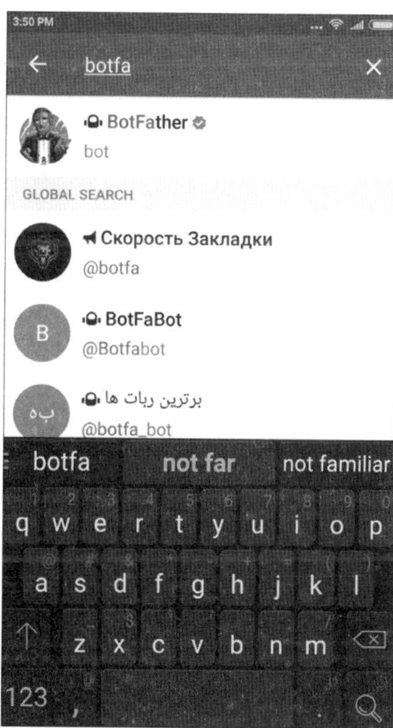

3. BotFather와 대화를 시작한 후 다음 단계를 수행하고 `/newbot` 혹은 `/enable` 같은 커맨드를 사용해 봇을 구성한다. 단계를 주의 깊게 따라 하면 새 봇을 생성할 것이다. 다음 스크린샷은 새 봇을 생성하는 프로세스를 안내해줄 것이다.

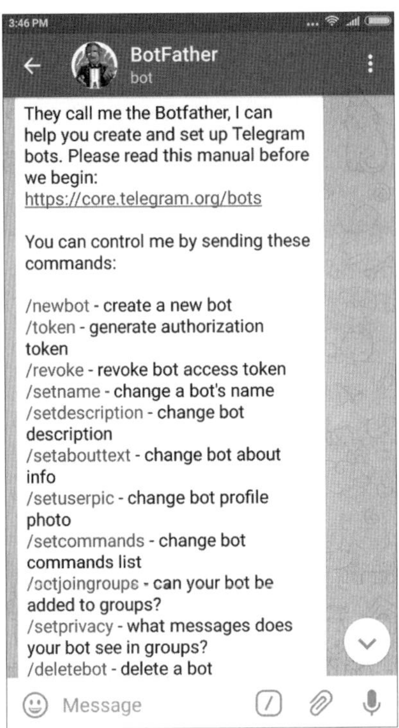

4. 새 봇을 생성하면, 봇에서 특정한 토큰을 받을 것이다. 이것을 가지고 다니면서 안전하게 보관한다. 누구와도 공유하면 안 된다. 다음 스크린샷은 BotFather가 작동하는 방식과 토큰이 보이는 방법을 보여준다.

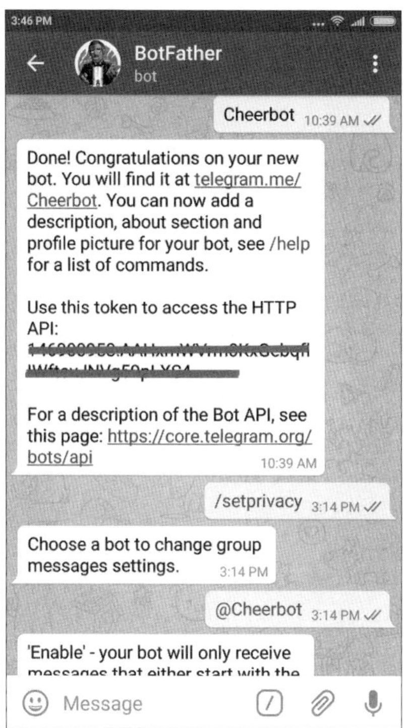

5. 나만의 봇을 생성했다! 하지만 봇은 기능적이지도 않고 아직 놀라운 일도 하지 않았다. 레시피의 시작 부분에서 계획했던 것처럼 멋진 것을 생성하자. emotbot.py라는 파일을 생성하고 다음 코드를 복사한다. 또한 **토큰**token을 봇의 토큰 ID로 변경해야 한다.

```
import logging
from telegram import InlineKeyboardButton, InlineKeyboardMarkup
from telegram.ext import Updater, CommandHandler, CallbackQueryHandler
import emoji

logging.basicConfig(format='%(asctime)s - %(name)s - %(levelname)s -
%(message)s', level=logging.INFO)

def start(bot, update):
  keyboard = [
    [InlineKeyboardButton("Happy", callback_data='1'),
```

```
    InlineKeyboardButton("Whatever", callback_data='2')],
    [InlineKeyboardButton("Sad", callback_data='3')]]

  reply_markup = InlineKeyboardMarkup(keyboard)

  update.message.reply_text('Hey there! How do you feel today?',
                            reply_markup=reply_markup)

def button(bot, update):
  query = update.callback_query
  if query.data == "1":
    em = emoji.emojize(':smile:', use_aliases=True)
    bot.editMessageText(text="Oh wow! %s " % em,
                        chat_id=query.message.chat_id,
                        message_id=query.message.message_id)

  if query.data == "2":
    em = emoji.emojize(':expressionless:', use_aliases=True)
    bot.editMessageText(text="Does it matter? %s " % em,
                        chat_id=query.message.chat_id,
                        message_id=query.message.message_id)

  if query.data == "3":
   em = emoji.emojize(':disappointed:', use_aliases=True)
   bot.editMessageText(text="Oh man! %s " % em,
                       chat_id=query.message.chat_id,
                       message_id=query.message.message_id)

def help(bot, update):
  update.message.reply_text("Use /start to test this bot.")

def error(bot, update, error):
  logging.warning('Update "%s" caused error "%s"' % (update, error))

# Updater를 생성하고 봇의 토큰을 전달한다.
updater = Updater('Token')

updater.dispatcher.add_handler(CommandHandler('start', start))
updater.dispatcher.add_handler(CallbackQueryHandler(button))
```

```
updater.dispatcher.add_handler(CommandHandler('help', help))
updater.dispatcher.add_error_handler(error)

# 봇을 시작한다.
updater.start_polling()

# 사용자가 Ctrl+C를 누르거나 프로세스가 SIGINT 혹은 SIGTERM, SIGABRT를 수신할 때까지
# 봇을 실행한다.
updater.idle()
```

6. 이제 필요한 기능을 봇에 추가했고, 제대로 작동할 것으로 기대한다. 하지만 봇을 어떻게 테스트할까? 먼저 다음 커맨드로 파이썬 파일을 실행한다.

   ```
   python emotbot.py
   ```

7. 그런 다음 봇을 검색하고 대화를 시작한다. 내 경우, 봇은 Chetbot이라고 불리며 표준 /start 커맨드를 사용해 대화를 시작했다.

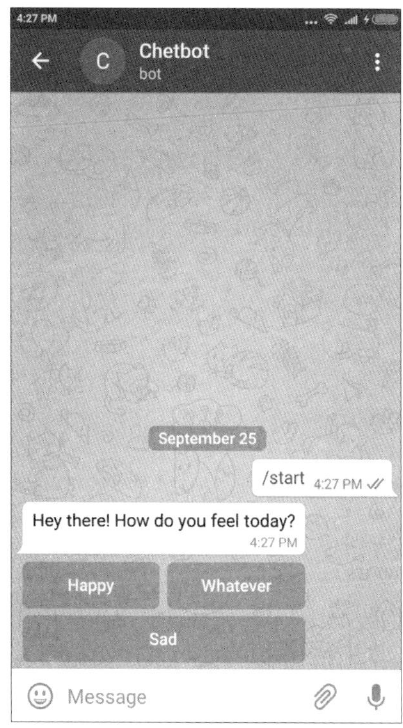

8. 앞의 스크린샷에서 봇과 대화를 시작했을 때, 그날의 내 기분을 물어봤고 세 가지 옵션을 제시했다. 세 가지 옵션은 Happy, Whatever, Sad이다.

9. 멋지다! 하지만 이 옵션 중 하나를 클릭하면 무슨 일이 생길까? 이모티콘으로 그날의 내 기분을 반환한다. 굉장하다!

10. 대화를 다시 시작해야 한다면, 봇과 대화하기 위해 `/start` 커맨드를 다시 입력해야 한다. 다음 스크린샷에서 봇은 시작 커맨드를 인식하고 내 기분을 다시 묻는다. 멋지지 않은가?

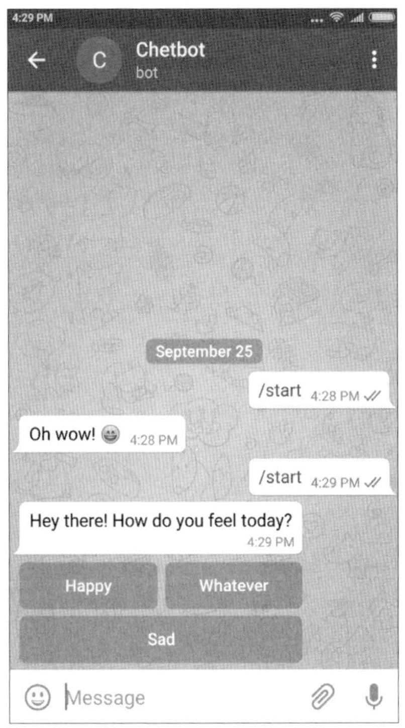

작동원리

python-telegram-bot 모듈은 표준 이벤트 기반 사상으로 작동한다. 봇은 이벤트에 대한 폴링을 유지하는 단일 스레드 이벤트 루프로 간주될 수 있다. 이벤트 루프는 또한 dispatcher라는 커맨드 핸들러와 함께 등록된다. 이벤트가 유발되는 즉시, 콜백은 이벤트를 처리하고 사용자에게 원하는 응답을 반환한다.

앞의 코드에서는 start( )와 help( )라는 두 가지 커맨드 핸들러command handler를 등록했다. start( ) 메소드는 사용자가 봇과 대화를 시작(/start 커맨드)하거나 도움말(/help 커맨드)을 요청할 때 호출된다.

또한 button( )이 있는 콜백 쿼리 핸들러를 콜백 메소드로 추가했다. 이것은 사용자가 봇의 옵션에 응답할 때 호출된다.

따라서 처음에는 입력을 기다리는 봇이 실행 중이다. 사용자가 /start라고 하면, 요청은 start( ) 메소드에 전송되고, 이후 사용자에게 Hey there! How do you feel today?를 제시하고 Happy, Whatever 혹은 Sad 세 가지 옵션으로 인라인 키보드를 보여준다.

사용자가 옵션 중 하나를 선택하면 콜백 메소드 button( )에 의해 처리되는 이벤트가 생성된다. 콜백은 선택한 옵션에 따라 작동하는 사전 로드된 데이터가 있다. 사용자의 선택에 따라 봇은 올바른 감정을 사용자에게 재전송한다. 이모티콘은 모든 표현식이 구현된 emoji 라이브러리의 도움으로 사용자에게 다시 반환된다.

더 알아보기

좋다! 벌써 나만의 봇을 생성했는가? 텔레그램 봇이 유용하게 쓰일 간단한 예제들을 생각해낼 수 있는가? telepot(https://github.com/nickoala/telepot) 혹은 twx.botapi(https://github.com/datamachine/twx.botapi)처럼 텔레그램으로 봇을 개발해 사용할 수 있는 많은 파이썬 모듈이 있다. 모두 좋다. 둘 중 하나를 사용해 봇을 실행할 수 있다. 무엇을 제공하는지 시험해보는 건 어떨까?

다양한 종류의 봇

스스로 봇을 만드는 것에 자신감을 갖고, 한 걸음 더 나아가 봇이 어떻게 분류될 수 있는지 살펴보자.

마지막 레시피에서 개발한 봇은 지능이 없는 것으로 분류할 수 있다. 지능적이지 못하기 때문에 사용자에게 질문하고 옵션에 따라 이모지로 응답했다. 하지만 사용자가 다시 /start를 말하면 봇은 같은 질문을 던진다. 도움이 되지 않는다, 그렇지 않은가?

봇이 이전의 선택을 기억하고, 여러분이 도시 내에서 갈 수 있는 장소나 멋진 기사로 동기를 부여하는 시나리오는 어떤가? 그저 기분을 바꾸고 싶은가? 실제로 행복 지수를 높이는 것은 어떨까?

앞의 내용을 균형 있게 설명하기 위해, 봇은 구현을 기반으로 세 가지 범주로 분류될 수 있다.

- **무상태 봇** stateless bot : 아무것도 기억하지 못하는 봇을 의미한다. 봇이 정보를 유지하지 않는다. 다시 말하면, 모든 상호작용은 새로운 세션이며 모든 질문을 개별적으로 처리한다. 예를 들어, 뉴스 봇은 최신 기사에 대한 정보를 계속 제공하거나 정치 카테고리의 TOP 스토리를 반환할 수 있다. 그러나 대화 상태를 기억하지 못한다면 상태가 없는 것으로 간주되어 유용하다고 판단하지 않는다. 오늘날 구축된 대부분의 봇은 이 범주에 속하는데, 그 이유는 이 봇이 제공하는 가치가 매우 제한적이기 때문이다.
- **상태 봇** stateful bot : 앞에서 뉴스 봇에 대해 살펴봤다. 뉴스 봇이 사용자가 관심을 보인 뉴스 카테고리를 기억하고 이에 따라 과거의 스토리를 더 많이 추천한다면 사용자가 흥미로운 기사를 읽을 수 있을까? 그렇다, 이제 우린 비즈니스를 말하는 중이다. 이렇게 하면 사용자는 더 오랜 기간 동안 봇과 계속 대화할 수 있다.

  이러한 봇은 사용자의 본질을 추적하고 현재 및 이전 세션의 정보를 유지한다. 예를 들어, 오늘 및 과거에 검색된 뉴스 카테고리를 저장하고 검색된 카테고리와 일치하는 사용자 뉴스 피드를 추천할 수 있다.

  이러한 봇은 유용하지만 똑똑하지는 않은데, 문맥과 언어의 의미를 이해하지 못하기 때문이다.
- **스마트 봇** smart bot : 스마트 봇은 많은 배터리가 연결된다. 스마트 봇은 기계 학습을 사용하고, 언어의 의미를 이해하고, 보유한 데이터를 기반으로 예측 알고리즘을 구축할 수 있다.

  기저귀와 맥주의 유명한 예를 살펴보자. 구매 패턴을 분석해보면 맥주와 기저귀 구매 간에는 높은 상관 관계가 있는데 이는 기저귀를 구입하는 사람이 더 많이 혹은 적게 맥주를 구입한다는 뜻이다. 스마트 봇은 데이터를 유지하고 대화에 의미 있는 통찰력을 줄 수 있는 패턴을 제시할 수 있다. 언어 의미론의 또 다른 예를 살펴보자. 구문 'filthy awesome'에 대해 생각해보면, 지금 'filthy'는 더럽다는 뜻이고 'awesome'은 '굉장한'이라는 아주 긍정적인 단어다. 스마트 봇은 이 문구를 이해하고 사용자의 컨텍스트를 훨씬 잘 이해할 수 있다.

위의 분류를 기반으로 특정 사용 사례에 대해 어떤 종류의 봇을 개발할지 결정해야 한다. 스마트 봇은 고객 지원처럼 상호작용이 훨씬 인간적이고 관련된 경우에 종종 필요하지만, 스마트 봇을 사용해 생산성을 높일 수 있는 비즈니스를 상상해보자.

인공 지능을 갖춘 스마트 봇

이전 절에서 설명한 다양한 종류의 봇에 대한 지식을 바탕으로 파이썬으로 인공 지능과 감정 분석을 사용하는 봇을 만들자! 하지만 그 전에 이 두 용어를 간략하게 이해해보자.

인공 지능AI, artificial intelligence은 인간과 마찬가지로 반응할 수 있는 머신을 생성하는 데 중점을 둔 컴퓨터 과학 영역이다. 본질적으로 인공 지능은 컨텍스트를 인식하고 성공 가능성을 극대화하기 위해 콘텐츠와 관련된 행동을 하는 머신과 관련이 있다. 예를 들어, 머신은 특정 규칙 및 특정 컨텍스트를 기반으로 의사결정을 내려 의사결정 결과를 최대화할 수 있다.

한편, **감정 분석**sentiment analysis은 텍스트를 식별하고 분류해 관련자의 의견이나 태도가 제품이나 이벤트에 대해 긍정적인지, 중립인지 혹은 부정인지 여부를 결정한다. 텍스트 분석을 수행하고 콘텐츠의 주관적인 정보 혹은 감정을 추출하기 위한 자연어 처리 알고리즘을 사용하는 것을 의미한다.

지금부터는 AI와 감정 분석이 우리의 봇에서 다양한 요구에 어떻게 사용될 수 있는지 생각해봐야 한다. 이 레시피에서는 이러한 기술을 사용한 스마트 봇을 만들어보자.

> 스마트 봇은 예측 지능, AI, NLP 같은 여러 기술을 기반으로 구축될 수 있다. 그러나 목표를 달성하는 데 사용할 기술을 결정하는 것은 전적으로 여러분에게 달려 있다. 또한 봇은 웹이나 앱에 있을 필요가 없다. 간단한 CLI 기반 봇이 될 수 있다. 웹 UI, CLI 혹은 모바일 앱은 봇의 배포자로 사용될 수 있지만 봇에 필수적이지는 않다.

준비하기

봇에 AI를 포함시키기 위해 `aiml`이라는 잘 알려진 파이썬 모듈을 사용할 것이다. AIML은 Artificial Intelligence Markup Language의 약자이지만 본질적으로 XML 파일이다. AIML은 패턴 매칭 및 응답 결정을 위한 규칙을 정의하는 XML 형식이다. 이제 `aiml` 모듈의 설치를 시작해보자.

```
chetans-MacBookPro:ch09 Chetan$ source bots/bin/activate
(bots)chetans-MacBookPro:ch09 Chetan$
(bots)chetans-MacBookPro:ch09 Chetan$ pip install aiml

Collecting aiml
Installing collected packages: aiml
Successfully installed aiml-0.8.6
```

실행 방법

1. 1단계로 AIML 파일을 생성한다. 선호하는 편집기로 이동해 일반 XML 파일과 마찬가지로 AIML 파일을 다음 콘텐츠와 함께 생성한다.

```
<aiml version="1.0.1" encoding="UTF-8">
<!-- chat.aiml -->

  <category>
    <pattern>HELLO</pattern>
    <template>
```

```
        Hi, hello!
      </template>
    </category>

    <category>
      <pattern>WHO ARE *</pattern>
      <template>
        <random>
          <li>I'm a bot!</li>
          <li>Bad guy!</li>
          <li>My name is superman!</li>
        </random>
      </template>
    </category>

    <category>
      <pattern>AWESOME *</pattern>
      <template>
        You're nice too! :)
      </template>
    </category>

</aiml>
```

2. 다음으로, AIML 파일을 로드하는 시작startup XML 파일을 생성한다. 위의 AIML 파일에 추가한 인공 지능도 로드된다. 이 파일을 init.xml이라고 하자.

```
<aiml version="1.0.1" encoding="UTF-8">
  <!-- init.xml -->

  <!-- Category는 원자 AIML 단위 -->
  <category>

    <!-- 사용자 입력에서 일치하는 패턴 -->
    <!-- 사용자가 "LOAD AIML B"를 입력하면 -->
    <pattern>LOAD AIML B</pattern>
```

```
    <!-- Template은 패턴에 대한 반응이다. -->
    <!-- aiml 파일을 설정한다. -->
    <template>
      <learn>chat.aiml</learn>
      <!-- 여기에 더 많은 aiml 파일을 추가할 수 있다. -->
      <!--<learn>more_aiml.aiml</learn>-->
    </template>

  </category>

</aiml>
```

3. 이제 챗봇을 실행하기 위한 파이썬 코드를 개발하자. 다음 코드는 필요로 하는 것을 정확하게 수행한다. 이 파일을 aibot.py라고 부른다.

```
import aiml

# 커널을 생성하고 AIML 파일을 배운다.
kernel = aiml.Kernel()
kernel.learn("init.xml")
kernel.respond("load aiml b")

# 이 루프를 멈추려면 Ctrl+C를 누른다.
while True:
  print kernel.respond(raw_input("Enter your message >>"))
```

4. 이 봇을 `python aibot.py` 커맨드로 실행하면 사용자 입력을 기다리는 입력 화면이 나타난다. 작동 방법은 다음 스크린샷을 확인한다.

```
/Users/chetan/book/ch09/bots/bin/python /Users/chetan/book/ch09/aibot.py
Loading init.xml... done (0.03 seconds)
Loading chat.aiml... done (0.00 seconds)
Enter your message >> hello
Hi, hello!
Enter your message >> who are you?
My name is superman!
Enter your message >>
```

작동원리

앞의 파이썬 코드는 AI에 기반을 둔 전형적인 봇을 모방한 것이다. 파이썬 코드를 실행하면 `amil.Kernel()`이 AI 커널을 로드할 것이다.

커널이 로드되면 `kernel.learn()`은 시작 XML 파일을 호출할 것이다. `load aiml b` 커맨드가 커널에 전송되면, AIML 규칙 엔진은 로드된다.

엔진이 커널에 로드되면 봇과 자유롭게 챗할 수 있다.

앞의 스크린샷에서 hello라고 하면 봇은 그것(chat.aiml 파일)을 인식하고 chat.aiml에서 구성된 Hi, hello!로 응답한다.

두 번째 경우에, AI 봇은 사용자가 who are you?를 요청하는 경우 패턴 `WHO ARE *`와 일치한다. 패턴은 chat.aiml에서 재정의된다.

여러분이 관찰해보면, `WHO ARE *` 패턴은 chat.aiml 파일에서 다중 응답을 위해 구성되고 따라서 봇은 런타임에 무작위 응답을 선택하고 My name is superman!을 반환한다.

봇을 통한 비즈니스 프로세스 자동화

지금까지 8장에서는 봇이 무엇이며, 어떻게 만들어졌는지를 살펴보고, 간단한 사용 사례를 통해 봇이 어떻게 사용될 수 있는지 알아봤다. 지금까지 개발한 지식으로 제이의 문제를 해결해보고, 봇 만들기에 대해 좀 더 배워보자.

제이는 유명한 서적 출판사인 MyBooks의 마케팅 관리자다. 제이의 업무는 책 홍보 이메일을 작성하는 것이다. 제이는 자신이 전송하는 홍보 이메일이 너무 일반적이고 독자들을 효과적으로 겨냥한 것이 아니라고 생각한다. 예를 들어, 파이썬 학습 가이드의 이메일은 자바 개발자가 비용을 지출하도록 권장하지 않을 수 있다. 제이는 청중의 관심사를 이해하고 상호작용을 좀 더 적절하게 만들면 훨씬 더 잘할 수 있다고 생각한다. 독자들은 이런 방식으로 책을 구입하기를 원할 것이다. 또한 많은 독자(잠재 구매자)가 페이스북에 있다고 느끼지만 현재 출판사는 연락하지 않는다. 제이를 도울 수 있을까?

준비하기

제이를 위해 환상적인 봇을 개발하도록 도와주자. 제이의 문제를 살펴보면 제이는 청중(이 경우 책을 구입하는 데 관심이 있는 독자)을 이해하고 관심사에 따라 책을 제안해야 한다. 따라서 봇은 독자들로부터 관련 정보를 얻을 만큼 똑똑해야 한다.

또한 독자는 이미 페이스북에 접속되어 있기 때문에, MyBooks 페이스북 페이지를 생성하고, 독자들이 연락할 수 있도록 페이스북 메신저 봇을 만들 수 있다. 이 작업을 수행하는 방법을 살펴보자.

봇을 만들기 전에 이 실습에 필요한 파이썬 모듈을 설치하자. 파이썬 pip를 사용해 flask와 requests 모듈을 설치한다.

```
(bots)chetans-MacBookPro:ch09 Chetan$ pip install flask

Collecting flask
  Using cached Flask-0.11.1-py2.py3-none-any.whl
Collecting click>=2.0 (from flask)
Collecting itsdangerous>=0.21 (from flask)
Collecting Werkzeug>=0.7 (from flask)
  Downloading Werkzeug-0.11.11-py2.py3-none-any.whl (306kB)
    100% |████████████████████████████████| 307kB
1.4MB/s
Collecting Jinja2>=2.4 (from flask)
  Using cached Jinja2-2.8-py2.py3-none-any.whl
Collecting MarkupSafe (from Jinja2>=2.4->flask)
Installing collected packages: click, itsdangerous, Werkzeug, MarkupSafe,
Jinja2, flask
Successfully installed Jinja2-2.8 MarkupSafe-0.23 Werkzeug-0.11.11
click-6.6 flask-0.11.1 itsdangerous-0.24
```

```
(bots)chetans-MacBookPro:ch09 Chetan$ pip install requests

Collecting requests
  Using cached requests-2.11.1-py2.py3-none-any.whl
Installing collected packages: requests
Successfully installed requests-2.11.1
```

실행 방법

1. 페이스북 메신저 봇을 개발하려면, 먼저 페이스북 계정을 생성한다. 계정에 로그인하고 https://www.facebook.com/pages/create/로 이동해 새 페이지를 생성한다.
2. 이 경우에는 MyBook의 회사를 위한 페이지를 구축하고 있으므로, MyBooks 페이지를 호출하고 적절한 조직 유형인 Media/news company를 선택할 수 있다. 이것은 다음과 같다.

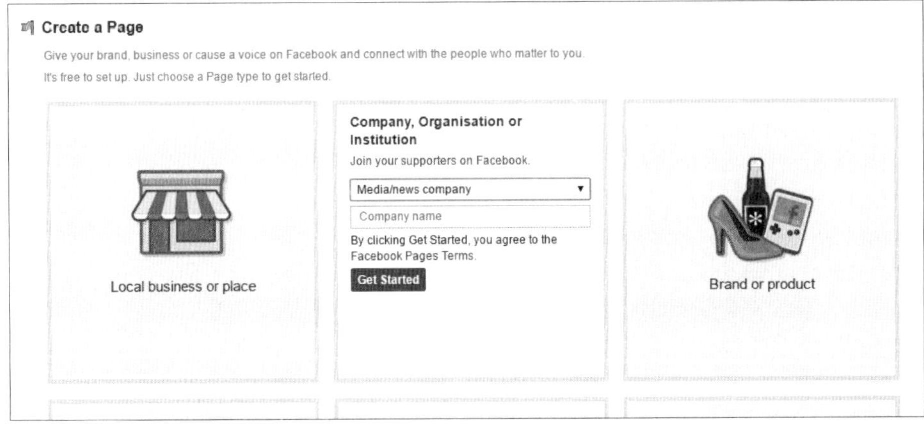

3. 페이스북 페이지를 생성하는 두 번째 단계는 다음 스크린샷과 같이 페이스북에서 요청한 그 밖의 세부 정보를 작성하는 것이다. 페이지에 멋진 설명(Get updates on our latest books)을 입력했다.

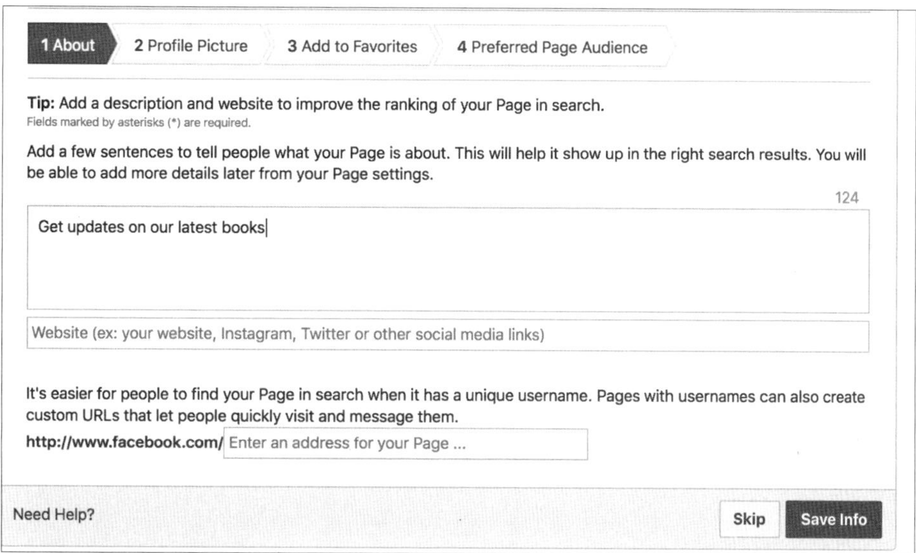

4. 제이를 위한 모든 세부 정보를 채웠고, MyBooks 페이스북 페이지는 준비가 되어 아주 멋진 모습을 보인다.

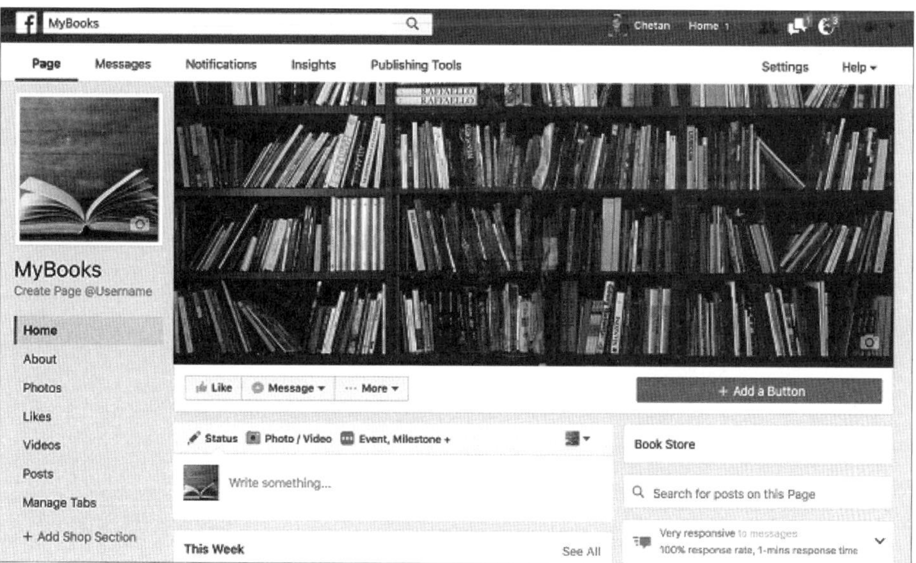

시작이 좋다! 독자들은 이 페이지를 따르기 시작하겠지만, 독자들이 페이스북 페이지를 통해 대화할 수 있는 능력을 추가할 필요가 있다. 페이스북 메신저 봇으로 이 작업을 수행한다. 이제 솔루션의 이러한 측면을 살펴보자.

5. 페이스북 메신저 봇을 생성하려면, 페이스북 앱이 필요하다. 다음 스크린샷과 같이 https://developers.facebook.com/quickstarts/?platform=web을 탐색하고 **Skip and Create App ID**를 클릭해 앱을 생성할 것이다.

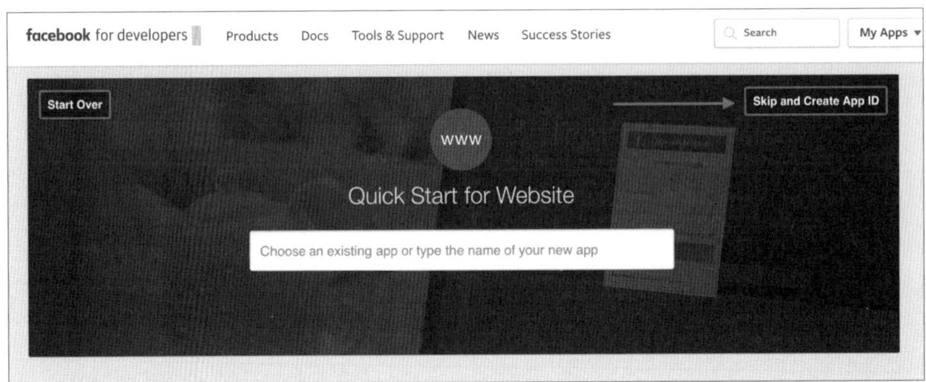

6. 이제 필요한 세부 정보를 입력하고 **Create App ID** 버튼을 눌러 앱을 생성한다. 다음 스크린샷은 앱을 생성하기 위해 추가한 세부 정보를 보여준다.

Create a New App ID

Get started integrating Facebook into your app or website

Display Name

Chet

Contact Email

mybooks@mybooks.com

Category

Books

By proceeding, you agree to the Facebook Platform Policies

Cancel | Create App ID

7. 세부 정보를 입력하고 Create App ID를 클릭하자마자 새 앱이 생성된다. 이 페이스북 앱은 봇을 위한 것이다. 페이지의 오른쪽 상단에 앱 ID가 표시되지만 봇과 연결하려면 아래로 스크롤해 Messenger 섹션의 Get Started를 클릭한다.

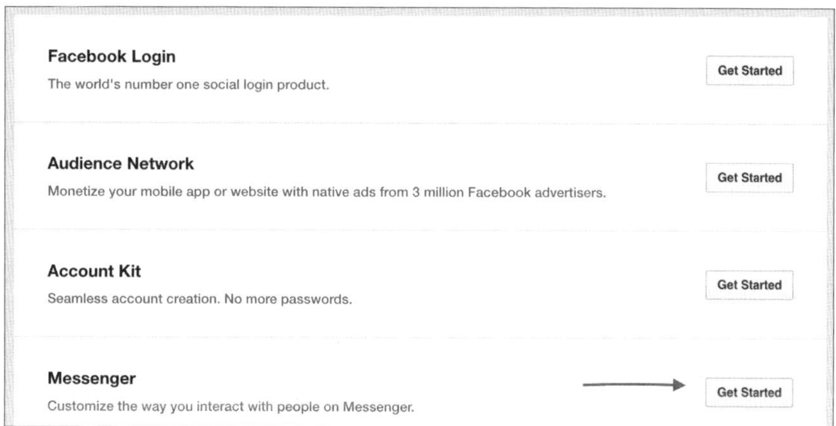

8. 봇이 메신저에 액세스할 수 있도록 다음 스크린샷과 같이 Page Access Token을 생성할 것이다.

이 토큰을 안전하게 보관하고 누구와도 공유하면 안 된다.

9. 이 토큰은 MyBooks 페이스북 페이지에서 봇과 대화를 시작한 독자에게 응답하는 데 사용된다.

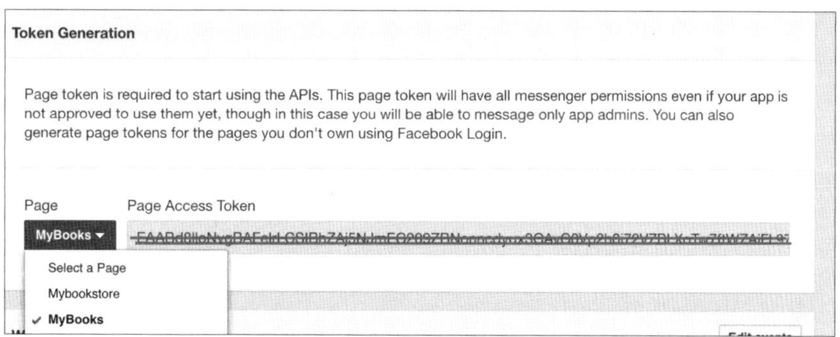

10. 좋다, 마지막으로 보류 중인 것이 하나 있다. 독자들로부터 메시지도 수신해야 한다. 그래야만 독자들에게 응답할 수 있다. 이를 위해 Webhooks 섹션으로 이동해 몇 가지 설정을 추가한다.

- **콜백 URL** Callback URL : 페이스북 페이지를 통해 독자의 메시지를 수신하는 서버에 대한 링크다.
- **확인 토큰** Verification Token : 어떤 문자 집합이라도 사용할 수 있다. 예: token
- **구독 필드** Subscription Fields : 봇의 구독 필드로 messages를 선택한다(나중에 변경할 수 있음).

보다시피, 콜백 URL이 필요하다. 콜백 URL이 제대로 설정됐는지 여부를 확인하기 위해 페이스북에서 사용된다. 이를 위해 플라스크 서버를 생성하고 콜백 URL에 사용할 라우트를 구성한다. 다음 코드는 확인을 위해 콜백 URL로 사용되는 /bot이라는 라우트를 생성한다.

```
from flask import Flask
from flask import request
import sys, requests, json, os

app = Flask(__name__)

@app.route("/bot/", methods=['GET', 'POST'])
def hello():
  if request.method == 'GET':
    return request.args.get('hub.challenge')
```

포트 5000에서 서버를 실행하고, 또한 ngrok를 사용해 동일한 포트에서 실행하면 Webhook 설정으로 사용할 수 있는 콜백 URL을 얻는다. 콜백 URL은 다음과 같다.

Callback URL
https://2d7d823f.ngrok.io/bot/
Verify Token
token

설정은 다음 스크린샷과 같이 버튼을 클릭해 확인하고 저장할 수 있다.

설정을 확인하고 저장하면 GET 요청은 `hub.challenge` 코드로 플라스크 서버에 전송된다. `flask` 라우트에서 이 코드를 페이스북에 반환하고 Webhook 설정을 확인한다.

```
/Users/chetan/book/ch09/bots/bin/python
/Users/chetan/book/ch09/bookbot.py
 * Running on http://127.0.0.1:5000/
  (Press CTRL+C to quit)

127.0.0.1 - - [01/Oct/2016 10:17:43] "GET
/bot/?hub.mode=subscribe&hub
.challenge=1742124657&hub.verify_token=
token HTTP/1.1" 200 –
```

봇이 잘 작동하게 하기 위해 페이스북 페이지가 읽거나 메시지를 반복하는 것과 같은 특정한 이벤트를 가능하게 할 필요가 있다. Webhooks 섹션에서 이러한 설정을 가능하게 한다.

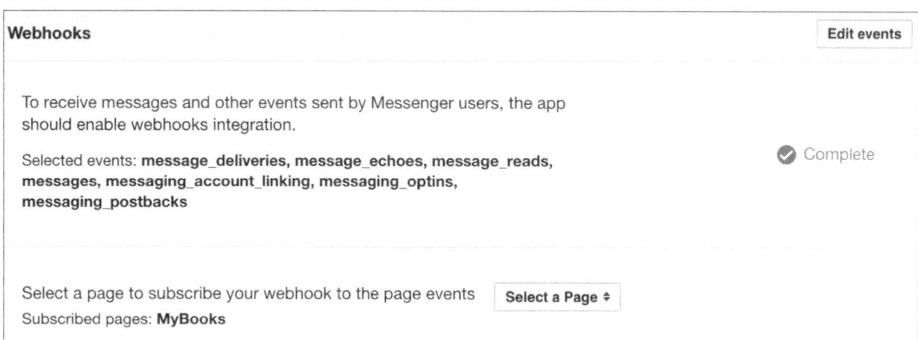

11. 이제 독자들로부터 메시지를 수신하기 위해 Webhook을 사용할 준비가 됐고, 사용자에게 응답할 수 있는 액세스 토큰access token도 있다. 알다시피, Webhook은 봇 서버가 될 것이다! 봇이 더 똑똑한 일을 하게 만들자. 다음 코드는 봇이 제이가 필요로 하는 모든 위대한 일을 할 수 있게 한다.

```
from flask import Flask
from flask import request
import requests, json

app = Flask(__name__)

def send_weburl(payload, recipient_id):
  headers = {
    "Content-Type": "application/json"
  }
  token = {
    "access_token":
    "TOKEN"
  }

  if payload == 'Python':
    data = json.dumps({
      "recipient": {
        "id": recipient_id
      },
      "message":{
        "attachment":{
          "type":"template",
          "payload":{
            "template_type":"generic",
            "elements":[
              {
                "title":"Learn Python Design Patterns: Chetan Giridhar",
                "item_url":"https://www.amazon.com/Learning-Python-
Design-Patterns-Second/dp/178588803X",
                "image_url":"https://images-na.ssl-imagesamazon.com/
images/I/51bNOsKpItL._SX404_BO1,204,203,200_.jpg",
                "subtitle":"Python Book for software architects and
developers",
```

```
                "buttons":[
                  {
                    "type":"web_url",
                    "url":"https://www.amazon.com/Learning-Python-Design-
Patterns-Second/dp/178588803X",
                    "title":"Buy",
                    "webview_height_ratio":"full"
                  }
                ]
              }
            ]
          }
        }
      }
    })

  if payload == 'Java':
    data = json.dumps({
      "recipient": {
        "id": recipient_id
      },
      "message":{
        "attachment":{
          "type":"template",
          "payload":{
            "template_type":"generic",
            "elements":[
              {
                "title":"RESTful Java Patterns and Best Practices: Bhakti
Mehta",
                "item_url":"https://www.amazon.com/RESTful-Java-Patterns-
Best-Practices/dp/1783287969",
                "image_url":"https://images-na.ssl-imagesamazon.com/
images/I/51YnSP6uqeL._SX403_BO1,204,203,200_.jpg",
                "subtitle":"Python Book for software architects and
developers",
                "buttons":[
                  {
                    "type":"web_url",
```

```
                    "url":"https://www.amazon.com/RESTful-Java-Patterns-
Best-Practices/dp/1783287969",
                    "title":"Buy",
                    "webview_height_ratio":"full"
                  }
                ]
              }
            ]
          }
        }
      }
    })

  r = requests.post("https://graph.facebook.com/v2.6/me/messages",
                    params=token, headers=headers, data=data)

def send_postback(recipient_id):
  headers = {
    "Content-Type": "application/json"
  }
  token = {
    "access_token":
    "TOKEN"
  }

  data = json.dumps({
    "recipient": {
      "id": recipient_id
    },
    "message": {
      "attachment": {
        "type": "template",
        "payload": {
          "template_type": "button",
          "text": "Hey there, Welcome to MyBooks. What are you interested in?",
          "buttons": [
            {
              "type":"postback",
              "title":"Java",
```

```
            "payload":"Java"
          },
          {
            "type":"postback",
            "title":"Python",
            "payload":"Python"
          }
        ]
      }
    }
  }
})

r = requests.post("https://graph.facebook.com/v2.6/me/messages",
                  params=token, headers=headers, data=data)

@app.route("/bot/", methods=['GET', 'POST'])
def hello():
  print request.data
  if request.method == 'GET':
    return request.args.get('hub.challenge')

  data = request.get_json()
  if data["object"] == "page":
    for entry in data["entry"]:
      for messaging_event in entry["messaging"]:
        if messaging_event.get("postback"):
          sender_id = messaging_event["sender"]["id"]
          payload = messaging_event["postback"]["payload"]
          send_weburl(payload, sender_id)

        if messaging_event.get("message"): # 리더는 우리에게 메시지를 전송한다.
          sender_id = messaging_event["sender"]["id"]
          send_postback(sender_id)

  return "ok", 200

if __name__ == "__main__":
  app.run()
```

12. 앞의 플라스크 서버를 실행해 봇을 활성화한다. 이제 페이스북 페이지로 이동해 봇의 작동 방식을 살펴보자. 페이스북 페이지에서 Message를 클릭하면 MyBooks 페이지의 봇과 채팅을 시작할 수 있다.

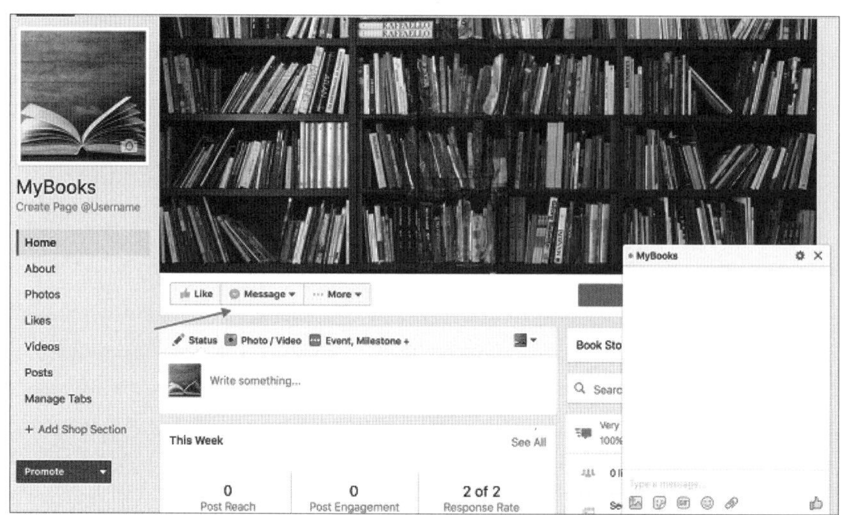

13. 간단한 Hi 메시지를 사용해 봇과 대화를 시작하자. 봇은 파이썬 혹은 자바 책에 대한 정보를 원하는지에 대한 질문으로 응답한다. 멋지다!

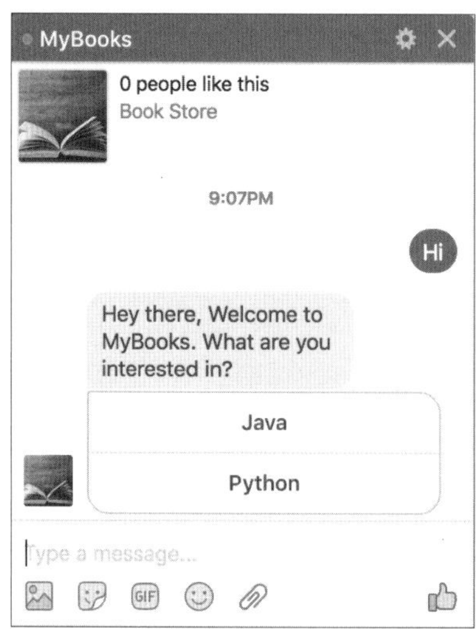

14. 이제, Python을 클릭하면 봇은 파이썬으로 작성된 아키텍처 도서를 추천하고 독자들에게 그것을 구매하도록 장려한다. 독자가 Java를 클릭할 때도 마찬가지다. 다음 스크린샷을 참고한다.

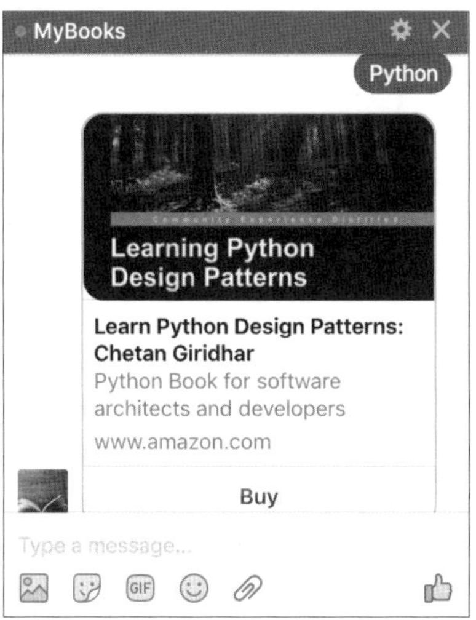

다음 스크린샷은 사용자가 Java를 선택할 경우 『RESTful Java Patterns and Best Practices』 책을 권장하는 자바 예제를 보여준다.

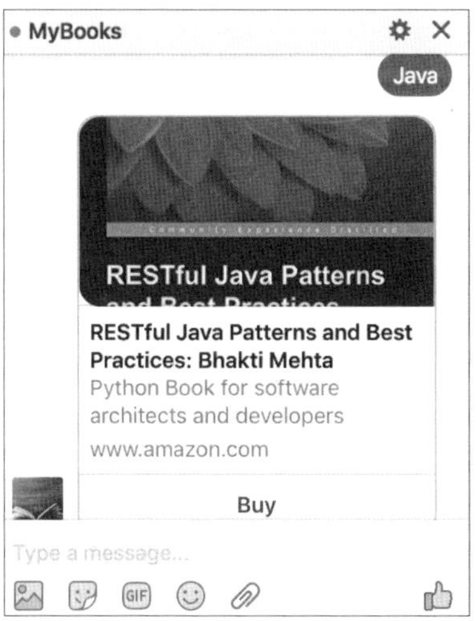

15. 이것이 바로 제이가 필요로 하는 것이다. 따라서 독자가 MyBooks 페이지에 도착하면 봇과 대화를 하고 봇은 관심사를 기반으로 책을 추천한다. 일반적인 홍보 이메일과 비교해볼 때, 봇의 제안은 독자에게 훨씬 더 관련이 있기 때문에 독자가 책을 구입할 확률이 더 높다. 굉장하다!

작동원리

먼저 제이의 출판사 MyBooks의 페이스북 페이지를 생성했다. 그런 다음 페이스북의 메신저 봇과 이 페이지를 연결하고 Access Token을 얻어서 봇과 채팅하는 독자에게 메시지를 전송했다. 또한 Webhooks를 설정해 봇이 독자들로부터 메시지를 받고 Access Token을 사용해 메시지를 재전송한다. 여기서 Webhook은 봇 뒤에 숨은 두뇌다.

독자가 MyBooks 페이지에 도달하면, Messenger를 클릭해 봇과 대화를 시작한다. 그 혹은 그녀가 Hi라고 말하면 HTTP의 POST 요청은 Webhook https://2d7d823f.ngrok.io/bot/에 메시지와 함께 전송된다.

봇은 리더로부터 메시지를 읽고 일반 템플릿 메시지를 postback 옵션으로 독자에게 전송한다. 봇은 페이스북의 그래프Graph API를 사용해 이 메시지를 전송한다.

페이스북에는 postback 메시지, 버튼, 이미지, URL 및 오디오/비디오 미디어 파일을 전송하기 위한 템플릿 메시지가 있다.

독자가 Python을 선택하면, 봇은 이 메시지를 수신하고 페이로드를 기반으로 도서의 이미지를 URL과 함께 반환해 사용자가 구입할 수 있게 한다. 사용자는 Buy를 클릭하고 책의 URL로 이동해 책을 구입할 수 있는데, 이것이 정확하게 제이가 원하는 것이다!

더 알아보기

8장에서는 CLI, 웹 UI 및 모바일 앱을 기반으로 봇을 생성한다. 봇은 멋진 API를 가진 슬랙Slack 같은 챗 시스템에 상주할 수 있다. 여러분은 아마 그것을 사용해보고 싶을 것이다. 만약 하나를 사용한다면, 나에게 조언을 보내라. 나는 그것을 시험해보고 싶다.

트위터로 나에게 연락할 수도 있고, 나에게 DM(direct message)을 보내면 여러분에게 연락할 것이다.

9 이미지 작업

우리는 거의 매일 기본적으로 이미지를 다룬다. 페이스북 프로필 페이지에 이미지를 업로드하거나, 모바일 혹은 웹 애플리케이션을 개발하는 동안 이미지를 조작하는 등 다양한 사용 사례가 있다. 컴퓨터 비전 분야에서 이렇게 많은 발전이 있었기 때문에, 이미징은 중요한 분야가 됐다. 파이썬으로 이미지를 사용해 작업하는 방법은 간단하다.

9장에서 다루는 내용은 다음과 같다.

- 이미지 전환
- 크기 조정, 자르기 및 썸네일 생성
- 복사/붙여넣기 및 워터마크 이미지
- 이미지 차이 및 비교
- 얼굴 인식
- 비즈니스 프로세스의 이미지

소개

전자 세계의 이미지는 0과 1로 구성된 일련의 비트다. 이미지는 장면이나 문서의 전자 스냅샷이다. 그림 혹은 사진도 디지털화하여 이미지를 만들 수 있다. 이제 이미지를 더 깊이 이해하고 이미지가 어떻게 구성되어 있는지 살펴보자.

모든 이미지는 샘플링되어 **픽셀**pixel이라는 점의 그리드로 표시된다. 이 픽셀은 화면에 표시된 그림의 최소로 관리 가능한 요소를 나타낸다. 이미지에서 사용 가능한 픽셀 수가 많을수록, 장치 화면에서는 이미지가 더 정확하게 표시된다.

각 픽셀의 강도intensity는 가변적이다. 디지털 세계에서 이미지의 색상은 예를 들면 RGBred, green, blue 혹은 CMYKcyan, magenta, yellow, black 같은 색상의 세 가지 혹은 네 가지 강도로 표현된다. 컴퓨터 프로그램은 종종 RGBA 형식의 색상을 나타내며, 여기서 A는 알파alpha(색상의 투명도)를 나타낸다. 각 픽셀은 RGBA 형식의 이진 형식으로 표현되며 시퀀스sequence로 컴퓨터에 의해 저장된다. 그런 다음 컴퓨터는 이 시퀀스를 표시하기 위해 읽고, 경우에 따라 인쇄를 위해 아날로그 버전으로 변환한다. 특정 이미지 속성을 자세히 살펴보자.

이미지 속성

몇 가지 이미지 속성을 살펴보자.

- **이미지 크기**image size : 앞서 살펴봤듯이 컴퓨터 이미지는 일련의 0과 1로 저장되며, 픽셀(직사각형 점) 단위로 측정된다. 이미지 파일 크기는 포함된 픽셀 수와 저장된 색 정보의 양에 따라 계산된다. 실제로 파일 크기는 컴퓨터 하드 드라이브에서 이미지가 차지하는 공간이다.
- **비트 심도**bit depth : 단일 픽셀의 색상을 나타내는 데 사용되는 비트 수다. 이 개념은 픽셀을 설명하는 데 사용되는 비트 수를 나타내는 픽셀당 비트 수로 정의할 수 있다. 이미지의 비트 심도가 클수록 저장할 수 있는 색의 수가 증가한다. 1비트 이미지에는 0과 1이라는 2개(2^1)의 색만 저장할 수 있으므로 흰색과 흑백으로 표시된다. 그에 비해, 8비트 이미지는 256(2^8) 색상을 저장할 수 있다.

- **이미지 해상도**image resolution: 해상도는 이미지의 픽셀 수를 나타낸다. 해상도는 때때로 이미지의 너비width 및 높이height로 식별된다. 예를 들어, 1,920×1,024픽셀 해상도의 이미지는 1,966,080픽셀을 포함하거나 1.9메가픽셀 이미지다.
- **화질**image quality: 이미지 저장소에 대한 정보를 기반으로 변경할 수 있다. 이미지를 나타내기 위해 모든 픽셀을 저장할 필요는 없다. 예를 들어 사진에서 파란색 바다의 연속 블록은 픽셀을 모두 가질 필요가 없으며, 이미지를 압축해 이미지 품질에 영향을 주지 않으면서 이미지의 디스크 공간을 줄일 수 있다. 디스크 공간의 이러한 감소를 압축compression이라 한다. 압축률이 높다는 것은 상세 정보의 눈에 띄는 손실을 의미한다. 오늘날 사용되는 일반적인 압축 유형은 JPG 압축이며, 크기 및 이미지 품질을 떨어뜨린다.
- **이미지 형식**image format: 이미지는 다른 확장자로 컴퓨터에 저장된다. BMP 혹은 TIF 같은 형식은 전혀 압축되지 않는다. 따라서 더 많은 디스크 공간을 차지한다. JPG 같은 파일은 압축할 수 있으며 압축 수준을 선택할 수도 있다. 따라서 TIF 이미지는 무손실이고, JPG 압축은 손실 압축lossy compression이라고 한다. 손실 압축은 인간이 음영 차이를 차별화하지 못하는 것을 사용한다는 점이 흥미롭다. 다수의 손실 변환은 이미지 품질 저하를 초래하지만 여러 번의 무손실 변환은 이미지 품질을 보존한다. 하지만 일반적으로, 그것은 압축에 있어서 이미지 저하와 크기 간의 교환 조건이다.

9장에서는 이미지에 관한 개념을 좀 더 살펴보고, 파이썬으로 이미지에서 수행할 수 있는 다양한 작업을 다룬다. 이미지를 조작하는 데 도움이 되는 여러 모듈을 살펴볼 것이다. 9장의 마지막 부분에서는 이 장에서 다룬 레시피를 활용한 지식으로 자동화할 수 있는 일반적인 비즈니스 프로세스에 대해서도 다룰 것이다.

9장에서 사용하는 파이썬 모듈은 다음과 같다.

- `Pillow`(https://pypi.python.org/pypi/Pillow)
- `scipy`(https://www.scipy.org/)
- `opencv`(https://pypi.python.org/pypi/opencv-python)

이미지 전환

간단한 예제로 이미지 여행을 시작해보자. 그러나 그 전에 가상 환경을 구축한다.

1. virtualenv 커맨드를 사용해 가상 환경을 구축하고 활성화한다.

```
chetans-MacBookPro:~ Chetan$ cd book/ch10/
chetans-MacBookPro:ch10 Chetan$ virtualenv ch10
New python executable in ch10/bin/python2.7
Also creating executable in ch10/bin/python
Installing setuptools, pip, wheel...done.
chetans-MacBookPro:ch10 Chetan$ source ch10/bin/activate
(ch10)chetans-MacBookPro:ch10 Chetan$
```

2. 이제 9장의 레시피로 작업하기 위한 독립적인 환경을 구성했다. 첫 번째 예제에서는 파이썬의 Pillow 모듈을 사용할 것이다. 레시피를 진행하기 전에 먼저 이 모듈을 설치하자. Pillow 모듈을 설치하기 위해 가장 선호하는 python-pip를 사용할 것이다.

```
(ch10)chetans-MacBookPro:ch10 Chetan$ pip install pillow
You are using pip version 7.1.0, however version 8.1.2 is
available.
You should consider upgrading via the 'pip install --upgrade
pip' command.
Collecting pillow
  Downloading Pillow-3.4.2.tar.gz (10.8MB)
  100% |████████████████████████████████|
10.8MB 39kB/s
Building wheels for collected packages: pillow
  Running setup.py bdist_wheel for pillow
Installing collected packages: pillow
Successfully installed pillow-3.4.2
```

이제 환경이 생겼고 Pillow 모듈도 설치됐다. 이제 레시피 준비 작업이 끝났다.

실행 방법

이 절에서는 이미지를 다른 형식으로 변환하는 방법을 다룰 것이다.

1. 우선, 모든 작업을 수행하기 위해 샘플 이미지로 사용할 수 있는 이미지를 다운로드하자. 나는 일몰을 좋아해서 9장의 레시피 대부분에 일몰 이미지를 사용했는데, 보이는 모습은 다음과 같다. 내 노트북에 저장하고 beach_sunset.png라고 이름을 지었다.

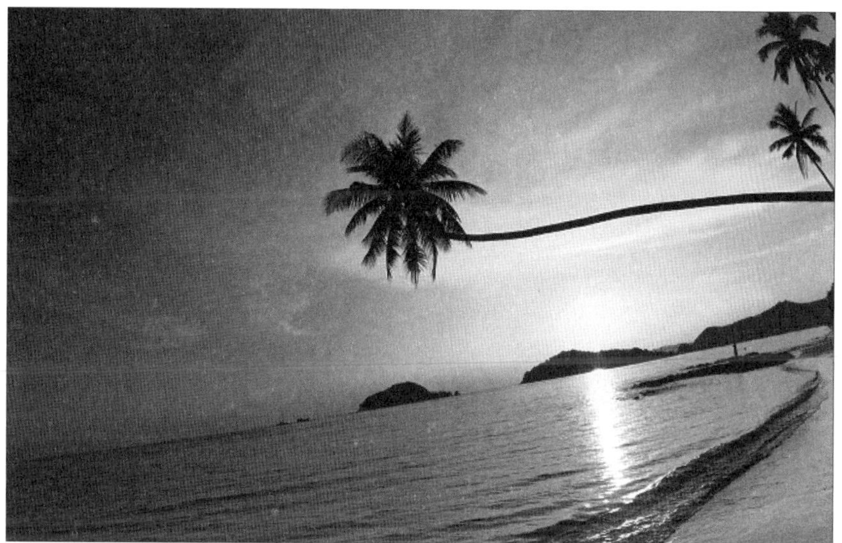

2. 이제 이 이미지를 JPEG 형식으로 변환하는 파이썬 코드를 작성하자. 다음 코드는 우리가 필요로 하는 것을 정확하게 수행한다. convert.py라는 파일로 파이썬 코드를 저장한다.

```
from PIL import Image
img = Image.open('beach_sunset.png')
img.save('beach-sunset-conv.jpg','jpeg')
```

이 프로그램을 파이썬의 `python convert.py` 커맨드로 실행하면 원본 PNG 이미지가 JPG 형식으로 변환되고 beach−susnset−conv.jpg로 저장된다.

3. 깔끔하다! 이제 이 이미지에 대해 작업을 한 번 더 수행해 그레이스케일grayscale(흑백 형식)로 변환하자. 사람들이 이미지를 흑백 형식으로 변환해 향수 어린 느낌을 부여하는 건 흔한 일이다. 다음 커맨드 라인을 사용해 쉽게 수행할 수 있다.

```
from PIL import Image
img = Image.open('beach_sunset.png').convert('L')
img.show()
img.save('beach-sunset-gray.png','png')
```

이제 이 프로그램을 실행하면 다음과 같은 또 다른 이미지가 beach-sunset-gray.png라는 이름으로 디스크에 생성될 것이다.

4. 더 나아가, 이미지 회전과 뒤집기 같은 작업을 수행해보자. 이러한 작업은 재미있는 웹사이트에서 자주 사용되며 이미지가 있는 곳에서 간단히 활용할 수 있다. 다음 코드는 이미지를 180도 회전시키는 데 도움이 될 것이다.

```
from PIL import Image
img = Image.open('sunset.jpg')
img.rotate(180).save('sunset180deg.jpg')
```

기본 이미지로 이 코드를 실행하면 다음과 같이 180도 회전된 이미지, 즉 이미지가 거꾸로 보인다.

5. 이미지 회전도 좋지만, 이미지를 뒤집을 수 있다면 정말 재미있을 것이다. PIL은 실망시키지 않으며 이미지를 수평 및 수직으로 뒤집을 수 있는 옵션을 제공한다. 다음 코드는 뒤집기 작업을 수행하는 데 도움이 된다.

```
from PIL import Image
img = Image.open('sunset.jpg')
img.transpose(Image.FLIP_LEFT_RIGHT).save('sunset_horizontal_flip.png')
img.transpose(Image.FLIP_TOP_BOTTOM).save('sunset_vertical_flip.png')
```

이제 이 코드를 실행하면 2개의 이미지가 생성될 것이다. 다음 이미지는 원본 이미지와 동일하지만 수평으로 뒤집는다(마치 이미지의 오른쪽에 거울이 있는 것처럼). 산이 이미지의 오른쪽으로 움직인 방법을 살펴본다.

다음 스크린샷은 원본 이미지의 대칭 이미지로, 수직으로 뒤집혔다. 산은 여전히 이미지의 왼쪽에 있지만 거꾸로 되어 있다. 석양도 마찬가지다. 일출처럼 보일까?

작동원리

이 절에서는 PNG와 JPEG라는 두 가지 이미지 형식을 다룬다. PNG Portable Network Graphics 파일은 품질을 저하시키지 않으면서 사진 이미지를 압축하는 비손실 파일이다. 인터넷 그래픽을 위한 훌륭한 파일 형식이다. 여러 배경과 함께 사용할 수 있으며 투명도를 지원한다. 첫 번째 코드 예제인 beach_sunset.png에 사용된 이미지의 경우, 파일 크기는 550KB이다.

JPEG Joint Photographic Experts Group 는 손실 압축 기술을 사용해 이미지를 압축한다. JPG는 이미지 섹션을 픽셀 혹은 타일로 줄여 이미지를 압축한다. JPG 이미지는 설정에 따라 N:1의 비율로 압축될 수 있다. 이미지가 쉽게 압축되고 인터넷상의 이미지를 액세스하기 위한 인터넷 대역폭을 줄일 수 있기 때문에 JPG는 인터넷의 이미지 표준이 됐다. 변환된 이미지는 파일 크기가 450KB로, PNG 파일보다 거의 20% 더 작다.

이제 파이썬 코드를 살펴보자. `Image` 클래스는 `PIL` 모듈에서 가져온다. `Image` 클래스는 이미지를 디스크에 저장하는 것과 같은 작업과 마찬가지로 이미지의 오픈, 로드 및 변환을 담당한다. 이 예제에서는 `open( )` 메소드를 사용해 PNG 이미지를 열고, `save( )` 메소드를 사용해 이미지를 JPEG 형식으로 저장한다.

두 번째 예제에서는 이미지를 흑백 형식으로 변환한다. RGB 및 CMYK 형식과 마찬가지로 흑백을 나타내는 L 형식도 있다. 이미지를 L 형식으로 변환하는 동안, ITU-R luma 형식(L = R*299/1000 + G*587/1000 + B*114/1000)을 사용한다.

파이썬 코드에 관해서도 다시 `Image` 클래스를 사용해 파일을 `open( )` 메소드를 사용하고, `convert( )` 메소드를 사용해 인수 L로 이미지를 흑백으로 변환한다. 마지막으로, `save( )` 메소드를 사용해 디스크에 파일을 저장한다. 여기서 파일 형식을 PNG로 유지한다.

세 번째 예제에서는 동일한 `Image` 클래스와 `open( )` 메소드를 사용해 `img` 객체를 가져온다. 이 객체는 회전 각도를 인자로 사용해 `rotate( )` 메소드를 호출하는 데 사용된다. 이 예제에서는 이미지를 180도 회전시키고, 마지막으로 `save( )`를 호출해 회전된 이미지를 sunset180deg.jpg라는 이름으로 디스크에 저장한다.

마지막 예제에서는 PIL 모듈의 transpose( ) 메소드를 사용해 Image.FLIP_LEFT_RIGHT 및 Image.FLIP_TOP_BOTTOM 속성으로 이미지를 좌우 및 상하 양방향으로 회전하고 sunset_horizontal_flip.png 및 sunset_vertical_flip.png라는 이름으로 저장한다.

더 알아보기

Pillow 모듈에는 크기 조정, 붙여넣기, 자르기 등 이미지에서 좀 더 복잡한 작업을 수행하는 데 도움이 되는 많은 메소드가 있다. 다음 레시피에서 살펴볼 것이다.

크기 조정, 자르기 및 썸네일 생성

이미지의 선택된 부분을 가져오기 위해 이미지의 크기를 조정하고 자르는 등의 작업은 매우 일반적이지만, 프로그래밍 방식으로 시도할 경우 이러한 작업이 더 이상 지루하지 않을 수 있다. 이러한 작업을 어떻게 수행할 수 있는지 살펴보자.

준비하기

이 레시피에서는 Pillow 라이브러리를 사용해 이미지의 크기를 조정하고 자른다. 이미 Pillow 모듈을 설치했으므로 설치에 대해 걱정할 필요가 없다. 목표에 집중하자.

실행 방법

1. 먼저 주어진 면적으로 이미지 크기를 조정하는 방법을 살펴보자. 파이썬 파일 resize.py를 생성하고 다음 코드를 붙인다.

```
from PIL import Image
img = Image.open('sunset.jpg')
resized = img.resize((256,256))
resized.save('sunset-resize.jpg', 'jpeg')
```

2. 또한 인터넷에서 이미지를 다운로드하고 sunset.jpg라고 이름을 정한다. 이미지는 다음과 같다.

3. 이제 `python resize.py` 커맨드로 파이썬 코드를 실행하고 디스크의 sunset-resize.jpg 이미지를 살펴본다. 이미지의 크기가 조정되고 다음 스크린샷과 유사하게 보인다.

이미지는 예상대로 256×256픽셀이다.

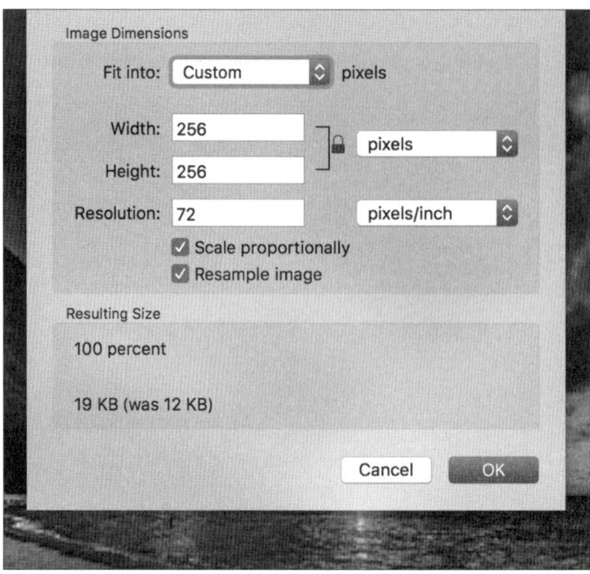

4. 프로그래밍에서 종종 필요로 하는 또 다른 작업은 이미지에 대한 썸네일 생성이다. 썸네일은 원본 이미지의 미리보기로 사용되며, 일반적으로 영화 리뷰 웹사이트 혹은 서적 출판 웹사이트에서 사용된다. `Pillow` 모듈을 사용해 썸네일을 쉽게 생성할 수 있는지 살펴보자. 파이썬 파일을 생성하고 다음 코드를 추가한다.

```
import os, sys
from PIL import Image

size = 128, 128
infile = "sunset.jpg"
outfile = os.path.splitext(infile)[0] + ".thumbnail.jpg"
if infile != outfile:
  try:
    im = Image.open(infile)
    im.thumbnail(size, Image.BICUBIC)
    im.save(outfile, "JPEG")
  except IOError:
    print "cannot create thumbnail for '%s'" % infile
```

이제 이 코드를 실행하면 원본 이미지의 썸네일인 sunset.thumbnail.jpg 이미지가 생성될 것이고 아래 스크린샷과 같이 표시될 것이다. 이미지의 크기를 살펴보면 128×128이 아니다(내 경우는 128×80픽셀). 그 이유를 조금 다룰 것이다.

좋다! 이미지에서 생성된 썸네일은 프로필 썸네일 혹은 혹은 미리보기 이미지로 웹사이트에서 사용될 수 있다.

5. 이 레시피에서 다룰 또 다른 작업은 이미지 자르기다. 다음 코드는 우리가 필요로 하는 것을 정확하게 수행한다.

```
from PIL import Image
img = Image.open('sunset.jpg')
cropImg = img.crop((965, 700, 1265, 960))
cropImg.save('sunset-crop.jpg')
```

위의 파이썬 코드를 실행하면 디스크에 생성된 원본 일몰 이미지에서 태양을 자른 다음과 같은 이미지 sunset-crop.jpg가 표시된다.

Pillow를 사용해 이미지에 대해 여러 작업을 매우 쉽고 직관적으로 수행할 수 있는 방법을 살펴볼 수 있어서 좋았다. 하지만 이러한 작업은 어떻게 작동할까? 사용된 메소드는 무엇인가? 그것들을 살펴보자.

작동원리

이 레시피에서는 Pillow의 Image 클래스를 사용해 이미지의 크기를 조정하고 이미지를 자르고 원본 이미지에서 썸네일을 생성했다.

첫 번째 코드에서는 open( ) 메소드로 sunset.jpg 이미지를 열었다. 그런 다음 크기 조정된 이미지의 너비와 높이를 나열하는 튜플 인자와 함께 resize( ) 메소드를 사용했다. 그 후 save( ) 메소드로 파일 이름이 sunset-resize.jpg이고 JPEG 파일 형식인 파일을 디스크에 저장했다.

두 번째 코드에서는 open( ) 메소드를 사용해 이미지를 열고 이미지 객체를 가져왔다. 그런 다음 이미지 객체에서 Image 클래스의 thumbnail( ) 메소드를 사용해 썸네일을 생성했다. thumbnail( ) 메소드는 이미지 크기(128×128)를 결정하고 BICUBIC 이미지 필터링 메커니즘을 사용한다. 마지막으로, save( ) 메소드로 이미지를 저장했으며 대상 파일 이름을 sunset.thumbnail.jpg로 설정했다. 썸네일의 크기를 살펴본 결과 정확히 128×128 크기가 아님을 알았다. 실제로는 128×80이다. PIL은 이미지 너비를 128픽셀로 유지한 다음 높이를 다시 계산해 이미지의 비율을 유지한다.

그리고 세 번째 예제는 Pillow 모듈에서 Image 클래스의 crop( ) 메소드로 이미지를 잘랐다. crop( ) 메소드는 원본 이미지에서 이미지를 조각내야 하는 위치의 좌표 4개를 모두 가져온다. 이 예제에서는 원본 이미지를 자르기 위해 좌표를 left = 965, top = 700, right = 1265, bottom = 960으로 지정했으므로 예제에서 봤듯이 얻은 결과는 태양의 이미지다.

더 알아보기

썸네일 생성 예제에서, 더 명확하게 하기 위해 이미지에 적용된 필터에 대해 간단히 언급했다. 9장에서 자세히 다루지는 않겠지만 관심이 있다면 http://pillow.readthedocs.io/en/3.0.x/releasenotes/2.7.0.html#default-filter-for-thumbnails를 참고한다.

복사/붙여넣기 및 워터마크 이미지

이 레시피는 디자이너와 마케팅 담당자가 가장 많이 사용하는 작업, 즉 워터마크 이미지를 만드는 작업을 다룰 것이다. 이미지를 서로 복사/붙여넣기 하는 재미있는 방법도 다룰 것이다. 계속 살펴보자.

준비하기

이 레시피에서는 이미지의 복사/붙여넣기를 위해 Pillow를 계속 사용하지만, 워터마킹을 위해 또 다른 파이썬 모듈인 wand를 사용한다. 따라서 보통의 실습처럼 코드 작성을 시작하기 전에 먼저 wand 모듈을 설치하자. 가장 선호하는 도구인 파이썬의 pip로 wand를 설치한다.

```
(ch10)chetans-MacBookPro:ch10 Chetan$ pip install wand
You are using pip version 7.1.0, however version 8.1.2 is available.
You should consider upgrading via the 'pip install --upgrade pip' command.
Collecting wand
  Downloading Wand-0.4.3.tar.gz (65kB)
    100% |████████████████████████████████|
65kB 101kB/s
Building wheels for collected packages: wand
  Running setup.py bdist_wheel for wand
  Stored in directory:
    /Users/chetan/Library/Caches/pip/wheels/77/
    c2/a3/6cfc4bb3e21c3103df1ce72d7d301b1965657ee6f81cd3738c
Successfully built wand
Installing collected packages: wand
Successfully installed wand-0.4.3
```

모듈을 이미 설치했는가? 이제 시작하자.

실행 방법

1. 먼저 Pillow로 복사/붙여넣기 작업을 수행하는 방법을 살펴보자. 이전 절에서 원본 이미지인 sunset.jpg 및 원래 이미지에서 자른 태양 이미지인 sunset-crop.jpg의 두 가지 이미지가 있음을 기억한다. 다음 파이썬 코드에서 이 이미지들을 사용할 것이다.

```
from PIL import Image
img = Image.open('sunset-crop.jpg')
pasteImg = Image.open('sunset.jpg')
pasteImg.paste(img, (0,0))
pasteImg.save('pasted.jpg')
```

2. 파일 코드를 copy_paste.py라는 이름으로 저장하고, 파이썬 커맨드 python copy_paste.py를 사용해 코드를 실행하자. 코드를 실행하면 다음 스크린샷과 같은 pasted.jpg라는 새 파일이 생성된다.

자른 이미지를 복사해 원본 이미지에 붙이고, 붙여넣기 한 이미지를 pasted.jpg로 저장하는 것이다. 멋지지 않은가?

이제 상업적으로 사용되는 흥미로운 예제를 살펴보자. 이 예제에서는 기존 이미지에 워터마크를 추가하고 다른 이름으로 저장한다. 그러나 파이썬 코드에 들어가기 전에 워터마크 이미지가 어떻게 보이는지 살펴보자.

다음 파이썬 코드는 위의 워터마크를 원래의 sunset.jpg 이미지 파일에 추가하는 데 도움이 된다.

```
from wand.image import Image

with Image(filename='sunset.jpg') as background:
  with Image(filename='watermark.jpg') as watermark:
    background.watermark(image=watermark, transparency=0.25, left=560,
                         top=300)
    background.save(filename='result.jpg')
```

3. 이 코드를 실행하면 프로젝트에서 result.jpg 파일이 생성될 텐데, 다음 스크린샷과 비슷하게 보일 것이다. Copyrighted Image 텍스트가 위에 표시된 상태로 이미지가 워터마킹되는 방법을 살펴본다.

작동원리

첫 번째 코드는 PIL 모듈과 Image 클래스를 사용해 자른 이미지와 원본 이미지를 open( ) 메소드로 파일 핸들(즉, img 및 pasteImg)을 얻었다.

이름에서 알 수 있듯이, 파일 핸들을 사용해 자른 이미지 img를 열고 pasteImg에 붙인다.

이미지를 붙이기 위해 Pillow의 paste( ) 모듈을 사용하고 img 파일 핸들을 소스 이미지로 전달했다. 또한 원본 이미지에 자른 이미지를 붙여넣을 좌표를 전달했다. 좌표를 (0, 0)으로 선택했으므로 자른 이미지는 원본 이미지의 왼쪽 상단 모서리에 붙였다. 마지막으로, 이 이미지를 pasted.jpg로 저장했다.

두 번째 예제에서는 원본 이미지 sunset.jpg와 워터마크 이미지 watermark.jpg를 열고 각

각 파일 핸들 background 및 watermark를 생성했다. 그런 다음 wand 모듈의 watermark( ) 메소드를 사용해 원본 이미지에 워터마크를 추가했다.

watermark( ) 메소드는 배경 이미지 객체(여기서 백그라운드는 원본 이미지 객체)에서 작동한다. keyword 인자로 이미지를 사용해 워터마크 이미지의 객체를 나타낸다. 워터마크 이미지의 투명도를 설정할 수도 있는데, 여기서 0은 워터마크가 완전히 보이고 1은 보이지 않음을 나타낸다. watermark( ) 메소드로 얻을 수 있는 또 다른 유용한 점은 원본 이미지에서 워터마크 위치를 선택할 수 있다는 것이다. 이 예제에서는 왼쪽에서 560, 위쪽에서 300이 되도록 좌표를 조절했다.

멋지다! 9장의 남은 레시피에서 저장하고 있는 것을 살펴보자.

이미지 차이 및 비교

여러분은 텍스트 기반 검색을 사용하거나 심지어 구현해야 한다. 하지만 이미지 기반 검색을 수행할 수도 있을까? 물론, 구글은 그것을 꽤 잘한다. 어떻게 그렇게 할 수 있을까? 직접 구현해야 하는 경우 두 이미지를 비교하는 방법을 잘 알아야 한다. 사용 사례에 따라 diff를 얻거나 혹은 두 이미지 간의 차이를 가져올 수도 있다. 이 레시피에서는 두 가지 사용 사례를 다룰 것이다.

- 두 이미지의 차이를 얻고 이미지로 그 차이를 저장하는 방법
- 두 이미지를 과학적 방법으로 객관적으로 비교하는 방법

준비하기

이번 레시피에서는 계속해서 Pillow로 이미지를 비교할 것이다. Image 클래스와 함께 ImageChops 클래스를 사용해 두 이미지의 차이를 가져온다. 픽셀 단위의 이미지를 비교하기 위해 scipy 모듈을 사용한다.

1. 이미 Pillow 모듈을 설치했으므로 파이썬 pip를 사용해 scipy 모듈을 설치하자. 맥 OS X 머신에서는 scipy 모듈을 설치하기 위한 컴파일러가 필요하다. 맥의 brew 커맨드로 맥에 GCC 컴파일러를 설치할 것이다.

```
(ch10)chetans-MacBookPro:ch10 Chetan$ brew install gcc
Warning: Building gcc from source:
The bottle needs the Xcode CLT to be installed.
==> Using the sandbox
==> Downloading https://ftpmirror.gnu.org/gcc/gcc-6.2.0/gcc-
6.2.0.tar.bz2
Already downloaded: /Users/chetan/Library/Caches/Homebrew/gcc-
6.2.0.tar.bz2
==> Downloading
https://raw.githubusercontent.com/Homebrew/formula-patches/
e9e0ee09389a54cc4c8fe1c24ebca3cd765ed0ba/gcc/6.1.0-jit.patch
Already downloaded: /Users/chetan/Library/Caches/Homebrew/gcc--
patch-     863957f90a934ee8f89707980473769cff47
ca0663c3906992da6afb242fb220.patch
==> Patching
==> Applying 6.1.0-jit.patch
patching file gcc/jit/Make-lang.in
==> ../configure --build=x86_64-apple-darwin15.5.0 --
  prefix=/usr/local/Cellar/gcc/6.2.0 --
  libdir=/usr/local/Cellar/gcc/6.2.0/lib/gcc/6 --enable-
  languages=c,c++,objc,obj-c++,fortran
  ==> make bootstrap

==> make install
==> Caveats
GCC has been built with multilib support. Notably,
  OpenMP may not
work:
  https://gcc.gnu.org/bugzilla/show_bug.cgi?id=60670
If you need OpenMP support you may want to
brew reinstall gcc --without-multilib
==> Summary
  /usr/local/Cellar/gcc/6.2.0: 1,436 files, 282.6M, built in 70
  minutes 47 seconds
  (ch10)chetans-MacBookPro:ch10 Chetan$
```

2. 이제 GCC가 설치됐으므로, python-pip로 scipy를 설치하자. 시스템의 설치 로그는 다음과 같다.

```
(ch10)chetans-MacBookPro:ch10 Chetan$ pip install scipy
You are using pip version 7.1.0, however version 8.1.2 is
available.
You should consider upgrading via the 'pip install --upgrade
pip'
command.
Collecting scipy
  Using cached scipy-0.18.1.tar.gz
Building wheels for collected packages: scipy
  Running setup.py bdist_wheel for scipy

  Stored in directory:

  Users/chetan/Library/Caches/pip/wheels/33/
  c4/f5/e00fe242696eba9e5f63cd0f30eaf5780b8c98067eb164707c
Successfully built scipy
Installing collected packages: scipy
Successfully installed scipy-0.18.1
```

실행 방법

1. 모듈이 이미 설치됐으므로, 필요에 맞게 모듈을 활용하자. 우선, 두 이미지 간의 차이를 가져와서 그 차이를 이미지 자체로 저장하는 방법을 살펴보자. 다음 코드는 이 작업을 수행한다.

```
from PIL import Image, ImageChops

def differnce_images(path_one, path_two, diff_save_location):
  image_one = Image.open(path_one)
  image_two = Image.open(path_two)

  diff = ImageChops.difference(image_one, image_two)

  if diff.getbbox() is None:
```

```
        print "No difference in the images"
        return
    else:
        print diff.getbbox()
        diff.save(diff_save_location)

differnce_images('sunset.jpg','pasted.jpg', 'diff.jpg')
```

위의 코드 예제에서는 원본 이미지인 sunset.jpg와 복사/붙여넣기 이미지인 pasted.jpg의 차이를 계산했다(이전 레시피를 떠올려보면 pasted.jpg는 원래 일몰 이미지 위에 자른 태양 이미지를 붙여서 얻은 이미지다). 차이 이미지가 보이는 방식은 다음과 같다.

기본 원본 이미지는 동일하게 유지되므로 잘린 태양 이미지만 어떻게 다른지 살펴본다. 좋다! 검은색 영역은 무엇을 나타낼까? '작동원리' 절에서 설명할 것이다.

2. 이제 객관적인 방식으로 이미지 간의 차이를 계산하자. 이를 위해 scipy 모듈을 사용한다. 다음 코드 예제는 여러분이 원하는 것을 알려준다.

```
import sys
from scipy.misc import imread
```

```
from scipy.linalg import norm

def compare_images(img1, img2):
  diff = img1 - img2
  z_norm = norm(diff.ravel(), 0)
  return z_norm

img1 = imread("sunset.jpg").astype(float)
img2 = imread("pasted.jpg").astype(float)

z_norm = compare_images(img1, img2)
print "Pixel Difference:", z_norm
```

위의 파이썬 코드를 실행하면, 두 이미지의 픽셀 차이를 모두 확인할 수 있을 것이다. 예제의 출력은 다음과 같다.

```
Pixel Difference: 246660.0
```

작동원리

첫 번째 코드에서는 Pillow 라이브러리의 ImageChops 클래스를 사용해 두 이미지 간의 차이를 계산했다. 평소와 같이, open() 메소드로 두 이미지를 열고 개별 이미지 객체 image_one 및 image_two를 얻었다.

그런 다음 ImageChops 클래스의 difference() 메소드를 사용하고 이 메소드의 인자로 이미지 객체를 전달했다. difference() 메소드는 diff 객체를 반환하며, 기본적으로 두 이미지 간의 차이를 나타내는 객체다.

마지막으로, 차이를 diff.jpg라는 이름으로 디스크에 이미지로 저장했다. 또한 이미지에서 0이 아닌 영역의 경계 상자를 계산하는 diff 객체의 getbbox() 메소드를 사용했다. 여기서 0이 아닌 영역은 sunset.jpg와 pasted.jpg의 차이가 0인 픽셀을 나타낸다.

이제 diff.jpg를 살펴보면 거대한 검은색 영역이 포함되어 있다. 이는 차이가 0인 픽셀이며, 따라서 색상이 검정이다. 동일한 이미지의 경우, getbbox() 메소드는 None을 반환한다.

두 번째 예제에서는 최저 기준zero norm을 기초로 하여 두 이미지를 비교했는데, 이것은 픽셀 수가 0이 아니라는 것을 나타내며, 다시 말해서 두 이미지 간에 얼마나 많은 픽셀이 다른지를 나타낸다. 이미지를 비교하기 위해, 우선 `scipy` 모듈의 `imread()` 메소드를 사용해 두 이미지를 모두 읽는다. 이미지 객체는 `img1`과 `img2`이다.

그런 다음 `diff = img1 - img2`로 두 이미지 간의 차이를 계산했다. 반환된 이 차이는 `scipy`의 `ndarray` 유형이다. 이 차이를 `norm()` 메소드로 전달하면 이미지 간에 다른 픽셀 수를 반환한다.

더 알아보기

이미지를 비교하는 방법은 여러 가지가 있지만, 9장에서 다루지는 않는다. 정말로 관심이 있다면 더 중점적으로 독서를 할 것을 추천한다. 하지만 모든 실제적인 목적에는 9장의 내용 정도면 충분하다고 생각한다.

얼굴 인식

이전 절에서 다양한 이미지 작업을 다뤘다. 이 레시피에서는 더 깊이 파고들어 얼굴 인식face detection 같은 고급 작업을 살펴보자.

준비하기

이 레시피에서는 파이썬 `opencv` 모듈을 사용할 것이므로 필요한 모듈을 설치하자.

1. `opencv` 파이썬 바인딩을 사용하려면 먼저 컴퓨터에 `opencv`를 설치해야 한다. 내 맥 OS X 머신에서는 다음과 같은 방법으로 `opencv`를 설치하기 위해 `brew` 유틸리티를 사용한다.

   ```
   (ch10)chetans-MacBookPro:ch10 Chetan$ brew install
   homebrew/science/opencv
   ```

```
==> Tapping homebrew/science
Cloning into '/usr/local/Homebrew/Library/Taps/homebrew/homebrew-
science'...
...
...
==> Summary
  /usr/local/Cellar/opencv/2.4.13.1: 277 files, 35.5M
```

2. 컴퓨터에 opencv를 설치하는 것만으로는 도움이 되지 않는다. 또한 다음 커맨드를 사용해 cv2.so(.so는 공유 객체 혹은 라이브러리)가 가상 환경에 연결되도록 지정해야 한다.

```
cd ch10/lib/python2.7/site-packages/
ln -s /usr/local/Cellar/opencv/2.4.13.1/lib/python2.7/site-
packages/cv.py
ln -s /usr/local/Cellar/opencv/2.4.13.1/lib/python2.7/site-
packages/cv2.so
```

좋아! 그래서 지금 이 레시피의 예제에 필요한 opencv를 설치했다.

실행 방법

1. 가장 선호하는 편집기로 이동해 파이썬 파일을 생성하고 face_detection.py로 저장한다. 이제 다음 코드를 파이썬 파일에 복사한다.

```
import cv2

face_cascade = cv2.CascadeClassifier('haarcascade.xml')
original_image_path = 'Chetan.jpeg'

image = cv2.imread(original_image_path)

faces = face_cascade.detectMultiScale(
  image, scaleFactor=1.1, minNeighbors=3,
  minSize=(30, 30), flags=cv2.cv.CV_HAAR_SCALE_IMAGE)
```

```
for (x, y, w, h) in faces:
  cv2.rectangle(image, (x, y), (x + w, y + h), (0, 255, 0), 2)

cv2.imwrite('chetan_face.jpg', image)
```

2. 이제 haarcascade.xml의 이름으로 XML 파일을 생성하고 이 책의 코드 저장소에서 콘텐츠를 복사한다. 예제에서 내 사진 중 하나인 Chetan.jpeg를 사용하고 있지만, 어떤 사진이든 사용할 수 있다. Chetan.jpeg는 다음과 같이 보인다.

3. 이제 파이썬 코드를 실행하고 코드가 이미지에서 내 얼굴을 인식할 수 있는지 살펴본다. `python face_detection.py` 커맨드로 코드를 실행하고 다음과 같은 Chetan_face.jpg 이미지를 생성한다. 실제로, 내 얼굴을 인식했다.

작동원리

레시피에서는 우선 haarcascade.xml 파일로 캐스케이드 분류기cascade classifier 객체를 생성하기 위해 opencv 모듈을 사용했다. 이 객체를 face_cascade라고 불렀다.

하르Haar의 특징 기반 캐스케이드 분류기를 이용한 객체 인식은 2001년 폴 비올라Paul Viola와 미카엘 존스Michael Jones가 제안한 효과적인 객체 인식 방법이다. 이것은 캐스케이드 함수cascade function가 많은 양화positive image 및 음화negative image로부터 훈련된 기계 학습 기반 방식이다. 그런 다음 다른 이미지에서 객체를 인식하는 데 사용된다.

하르 특징은 코드 예제에서 사용한 표준 XML 파일에서 제공된다. 실제로 원하는 객체를 탐지하기 위해 분류기를 훈련시킬 수 있다. 예를 들어, 눈 인식eye detection은 또 다른 분류기를 사용한다.

다음으로, opencv 모듈의 imread( ) 메소드를 사용해 원본 기본 이미지인 Chetan.jpeg를 읽고 인식을 위한 최소 윈도를 정의했다.

사실 하르 캐스케이드 분류기는 슬라이딩 윈도 접근 방식에서 작동하므로 인식을 위한 최소 윈도를 필요로 한다. 분류기는 구성된 minNeighbors도 필요하다.

이와 같은 설정은 캐스케이드 객체의 detectMultiScale( ) 메소드에서 구성된다. minSize =(30,30) 및 minNeighbors=3으로 설정했다.

마지막으로, 추출된 이미지를 디스크에 저장했고 원본 이미지는 녹색 사각형을 이미지의 얼굴 인식 표시로 사용한다.

더 알아보기

opencv로 매우 간단한 얼굴 인식 예제를 살펴보고 분류기에 대해 조금 다뤘다. opencv는 배울 것이 더 많다.

http://docs.opencv.org/trunk/index.html은 흥미롭게 읽을 수 있는 리소스에 대한 링크다.

비즈니스 프로세스의 이미지

피터는 대기업인 MBI 주식회사의 IT 관리자다. 피터의 회사는 계약 자금 문서, 표준 운영 절차 및 공급망 문서의 대부분이 종이 기반일 만큼 오래 존재해왔다. 피터는 자신의 회사를 종이 없는 회사로 만들어야 하는 엄청난 책임을 지고 있다.

즉, 서류 기록을 관리하는 번거로움과 비용을 없앨 책임이 있음을 의미한다. 9장에서는 지금까지 살펴본 이미지 관련 지식(그리고 더 많이 배우게 될 것이다)을 통해 피터를 도울 수 있는지 알아보자.

신중하게 분석해보면 피터는 두 가지 중요한 작업을 수행해야 한다.

- 종이를 스캔하고 이미지를 전자 형식으로 저장한다.
- 쉽게 색인할 수 있도록 이러한 문서의 텍스트 파일을 생성한다.

준비하기

이번 실습에 필요한 다음과 같은 모듈을 설치하는 것으로 시작하자.

- scikit-image(http://scikit-image.org/)
- pyimagesearch(http://www.pyimagesearch.com/)
- tessaract, pytesseract(https://pypi.python.org/pypi/pytesseract/)

모듈 설치를 시작하자.

1. 우선 scikit-image를 설치하자.

```
(ch10)chetans-MacBookPro:ch10 Chetan$ pip install scikit-image
You are using pip version 7.1.0, however version 8.1.2 is available.
You should consider upgrading via the 'pip install --upgrade
pip' command.
Collecting scikit-image
  Downloading scikit-image-0.12.3.tar.gz (20.7MB)
```

```
    100% |████████████████████████████████|
20.7MB 19kB/s
Requirement already satisfied (use --upgrade to upgrade):
six>=1.7.3 in ./lib/python2.7/site-packages (from scikit-image)
Collecting networkx>=1.8 (from scikit-image)
  Downloading networkx-1.11-py2.py3-none-any.whl (1.3MB)
    100% |████████████████████████████████|
1.3MB 325kB/s
Requirement already satisfied (use --upgrade to upgrade):
pillow>=2.1.0 in ./lib/python2.7/site-packages (from scikitimage)
Collecting dask[array]>=0.5.0 (from scikit-image)
  Downloading dask-0.11.1-py2.py3-none-any.whl (375kB)
    100% |████████████████████████████████|
376kB 946kB/s
Collecting decorator>=3.4.0 (from networkx>=1.8->scikit-image)
Using cached decorator-4.0.10-py2.py3-none-any.whl
Collecting toolz>=0.7.2 (from dask[array]>=0.5.0->scikit-image)
Using cached toolz-0.8.0.tar.gz
Requirement already satisfied (use --upgrade to upgrade):
numpy in
./lib/python2.7/site-packages (from dask[array]>=0.5.0->scikit-image)
Building wheels for collected packages: scikit-image, toolz
  Running setup.py bdist_wheel for scikit-image
  Stored in directory:
/Users/chetan/Library/Caches/pip/wheels/d5/e8/77/925fe026d562a74a0bccf1c7dd
47d00f5f6ab2d395f247e674
  Running setup.py bdist_wheel for toolz
  Stored in directory:
/Users/chetan/Library/Caches/pip/wheels/b0/84/bf/7089262387e8ea60bdefb1fdb8
4d2ee99427f6d09c9c7ba37d
Successfully built scikit-image toolz
Installing collected packages: decorator, networkx, toolz, dask,
scikit-image
Successfully installed dask-0.11.1 decorator-4.0.10 networkx-1.11
scikit-image-0.12.3 toolz-0.8.0
```

2. 다음으로 pyimagesearch를 설치하자. 이것은 아드리안 로즈브록Adrian Rosebrock이 개발한 훌륭한 라이브러리 모음이다. 아드리안 로즈브록은 자신의 작업을 https://github.com/jrosebr1에서 오픈소스로 공개했다. 사실, 이 코드 레시피에서는 pyimagesearch의 스캐너 예제를 활용한다.

3. 마지막으로, tesseract와 pytesseract를 설치하자. OCROptical Character Reader 모듈과 tesseract, 그리고 OCR 모듈을 사용하기 위한 파이썬 모듈인 pytesseract를 설치해야 한다.

```
(ch10)chetans-MacBookPro:ch10 Chetan$ brew install tesseract
==> Auto-updated Homebrew!
Updated 4 taps (homebrew/core, homebrew/dupes, homebrew/python,
homebrew/science).
..
..
..
==> Installing dependencies for tesseract: leptonica
==> Installing tesseract dependency: leptonica
==> Downloading https://homebrew.bintray.com/bottles/leptonica-
1.73.el_capitan.bottle.tar.gz
  ##########################################################
  ################ # 100.0%
==> Pouring leptonica-1.73.el_capitan.bottle.tar.gz
  /usr/local/Cellar/leptonica/1.73: 50 files, 5.4M
==> Installing tesseract
==> Downloading https://homebrew.bintray.com/bottles/tesseract-
3.04.01_2.el_capitan.bottle.tar.gz
  ###########################################################
  ############### # 100.0%
==> Pouring tesseract-3.04.01_2.el_capitan.bottle.tar.gz
  /usr/local/Cellar/tesseract/3.04.01_2: 76 files, 39M
(ch10)chetans-MacBookPro:ch10 Chetan$ pip install pytesseract
Collecting pytesseract
  Downloading pytesseract-0.1.6.tar.gz (149kB)
    100% |████████████████████████████████|
151kB 201kB/s
Building wheels for collected packages: pytesseract
```

```
  Running setup.py bdist_wheel for pytesseract
  Stored in directory:
  /Users/chetan/Library/Caches/pip/wheels/f2/27/64/
  a8fa99a36b38980aaf8d1d2c87f5dd6b5a0a274b8706e3df36
Successfully built pytesseract
Installing collected packages: pytesseract
Successfully installed pytesseract-0.1.6
```

이제 '실행 방법' 절에서 코드를 살펴보자.

실행 방법

1. 가장 선호하는 편집기로 이동해 파이썬 파일을 생성하고 이름을 scanner.py로 저장한다. 피터의 경우에는 이미지 형식의 재무 문서이지만, 이 예제를 살펴보면 나와 함께 편리하게 사용할 수 있는 이미지가 될 것이다. 내 이미지의 모습은 다음과 같다. 앤디 머리Andy Murray에 대한 신문 기사의 그림이고 그것을 디지털화하려고 한다.

Klizan scare for Murray in opener

Vienna: Andy Murray's pursuit of the world No. 1 ranking was severely tested by Slovak left-hander Martin Klizan in his Vienna opener on Wednesday before the British star clinched a 6-3, 6-7 (5-7), 6-0 win.

The 29-year-old Wimbledon and Olympic champion, who is closing in on Novak Djokovic's top ranking, took his season record to 66 wins and just nine losses.

2. 이제 scanner.py에 다음 코드를 복사하고 `python scanner.py` 커맨드로 코드를 실행한다.

```
from pyimagesearch.transform import four_point_transform
from pyimagesearch import imutils
from skimage.filters import threshold_adaptive
import cv2

image = cv2.imread("images/murray.jpg")
ratio = image.shape[0] / 500.0
orig = image.copy()

image = imutils.resize(image, height = 500)
gray = cv2.cvtColor(image, cv2.COLOR_BGR2GRAY)
gray = cv2.GaussianBlur(gray, (5, 5), 0)
edged = cv2.Canny(gray, 75, 200)
cv2.imwrite('scan_edge.jpg', edged)

(cnts, _) = cv2.findContours(edged.copy(), cv2.RETR_LIST,
cv2.CHAIN_APPROX_SIMPLE)
cnts = sorted(cnts, key = cv2.contourArea, reverse = True)[:5]
for c in cnts:
  peri = cv2.arcLength(c, True)
  approx = cv2.approxPolyDP(c, 0.02 * peri, True)
  if len(approx) == 4:
    screenCnt = approx
    break
cv2.drawContours(image, [screenCnt], -1, (0, 255, 0), 2)
cv2.imwrite('scan_contours.jpg', image)

warped = four_point_transform(orig, screenCnt.reshape(4, 2) * ratio)
warped = cv2.cvtColor(warped, cv2.COLOR_BGR2GRAY)
warped = threshold_adaptive(warped, 251, offset = 10)
warped = warped.astype("uint8") * 255
cv2.imwrite('scanned.jpg', warped)

print "Printing the contents of the image:"
from PIL import Image
img = Image.open("scanned.jpg")
import pytesseract
print(pytesseract.image_to_string(img))
```

파이썬 코드를 실행하면 하드 디스크에 3개의 이미지가 생성될 것이다. 첫 번째는 윤곽선 검출edge-detect 이미지이고 내 경우에는 다음과 같이 보인다. scan_edge.jpg로 저장된다.

3. 다음으로, 텍스트가 있는 이미지의 전체 영역을 감지하는 또 다른 이미지를 얻는다. 이를 윤곽 이미지contours image라고 하며 scan_contours.jpg로 생성된다. 텍스트를 사용할 수 있는 이미지 부분을 강조하는 방법을 살펴보자.

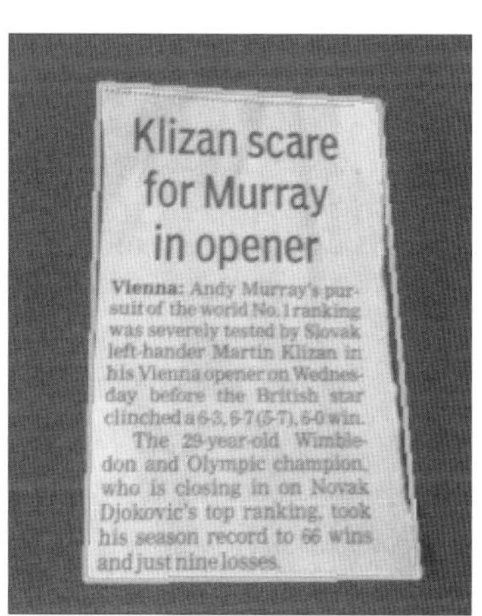

Klizan scare for Murray in opener

Vienna: Andy Murray's pursuit of the world No.1 ranking was severely tested by Slovak left-hander Martin Klizan in his Vienna opener on Wednesday before the British star clinched a 6-3, 6-7 (5-7), 6-0 win.

The 29-year-old Wimbledon and Olympic champion, who is closing in on Novak Djokovic's top ranking, took his season record to 66 wins and just nine losses.

4. 마지막으로, 앤디 머리의 뉴스 기사를 스캔한 복사본을 얻고 scanned.jpg 파일로 저장한다. 다음 스크린샷에서 뉴스 기사가 얼마나 잘 스캔됐는지 살펴보자.

Klizan scare for Murray in opener

Vienna: Andy Murray's pursuit of the world No. 1 ranking was severely tested by Slovak left-hander Martin Klizan in his Vienna opener on Wednesday before the British star clinched a 6-3, 6-7 (5-7), 6-0 win.

The 29-year-old Wimbledon and Olympic champion, who is closing in on Novak Djokovic's top ranking, took his season record to 66 wins and just nine losses.

처음 시작했을 때 정확히 원했던 바다! 이걸 피터에게 주면 매우 행복해할 것이다. 피터는 비용이 많이 드는 컨설팅 회사나 스캐너를 생각할지도 모르지만, 우리는 신속하게 할 수 있을 뿐만 아니라 무료로 할 수 있다.

5. 이 정도로 충분하지 않을까 봐, 여기서 피터를 위해 더 많은 것을 했다. 프로그램을 실행하면, 전체 기사의 텍스트를 제공하는 텍스트 출력도 얻을 수 있다. 이 텍스트를 사용해 피터는 문서를 분류하고 이에 따라 색인을 생성할 수 있다.

```
Printing the contents of the image:
Vienna: Andy Murray's pm"
suitof the world No. Iranking
was severely tested by Slovak
lefi-hander Martin Klizan in
his Vienna openeron Wednwo
day before the British star
clinched a 6-3, 64 (57), 6-0 win.
The 29-year-old Wimble-
```

```
don and Olympic champion,
who is closing in on Novak
, Djokovic's top ranking, took
his season record to 66 wins
and just ninelosses. fl
```

굉장하다! 프로그램의 내부를 '작동원리' 절에서 살펴보자.

작동원리

레시피에서 신문 기사의 사진을 가져와서 murray.jpg라고 저장했다. 이 이미지를 가져오기 위해 간단한 카메라 폰을 사용했다. 그런 다음 opencv 모듈의 imread( ) 메소드를 사용해 이미지를 읽었다.

또한 새로운 높이에 대한 원래 높이의 비율을 계산하고, 원본 이미지를 복사하고 크기를 조정했다. copy( ) 메소드를 사용해 이미지를 복사했으며, resize( ) 메소드를 사용해 크기를 새로운 높이로 조정했다.

그런 다음 이미지를 cvtColor( ) 메소드로 그레이스케일 형식으로 변환한 후, 가우시안 필터Gaussian filter를 적용해 이미지를 흐리게 표현했다.

Canny( ) 메소드를 사용해 텍스트의 가장자리를 감지하기 위해 흐린 이미지blurred image를 적용했고, 마지막으로 윤곽선 검출 이미지를 scan_edge.jpg 파일로 저장했다.

다음으로 findContours( ) 메소드를 사용해 이미지의 윤곽을 찾고 이미지의 결과를 scan_contours.jpg로 저장했다.

이후 이미지에 몇 가지 변형을 가했다. 4점 변환four-point transform을 사용하면 원본 이미지를 톱다운 뷰top-down view로 볼 수 있다. 이를 위해 four_point_transform( ) 메소드를 사용했다.

또한 이미지를 그레이스케일로 변환한 다음 흑백 용지 스타일로 표현하도록 임곗값을 설정했다. cvtColor( ) 메소드는 이미지를 그레이스케일로 변환하고 threshold_adaptive( )

메소드는 적절한 임곗값을 적용한다. 이게 끝이다! 이미지가 준비됐으며 이미 scanned.jpg 파일로 스캔되어 저장됐다.

그러나 '실행 방법' 절에서 봤듯이 신문 칼럼의 텍스트도 인쇄했다. 이미지 객체에서 `image_to_string()` 메소드를 사용해 `Pillow`의 `Image` 클래스와 `pytessaract` 모듈로 스캔된 이미지를 우선 읽음으로써 이를 해결할 수 있다.

멋지다! 종이 기반 문서를 전자 형식으로 변환하는 업무 프로세스를 자동화하고, 파일을 회사의 ERP 프로세스에 쉽게 적용할 수 있도록 파일에 색인화 기능을 추가했다. 피터는 여러분과 함께 행복해한다. 축하한다!

더 알아보기

스캔한 이미지의 텍스트 데이터를 추출하기 위해 OCR을 살펴봤지만, 지능형 문자 인식(손으로 쓴 텍스트 추출) 및 바코드 인식(다양한 유형의 바코드 인식) 같은 더 많은 것을 할 수 있다. 또한 9장에서는 이미지 필터링을 많이 다루지 않았다. 정말로 관심이 있다면, 9장의 범위를 넘어서는 이 주제를 다룬 읽을거리를 많이 찾아볼 수 있다.

10
데이터 분석과 시각화

여러분은 데이터가 너무 많은 경우 분석을 포기해버리는가? 어떻게 하면 데이터를 쉽게 분석하고 통찰력을 얻을 수 있는지 궁금해한 적이 있는가? 데이터 분석 프로세스가 궁금한가? 자, 제대로 찾아왔다.

10장에서 다루는 내용은 다음과 같다

- 시각화를 사용한 데이터 읽기, 선택, 해석
- 데이터 필터링 및 집계 사용
- 기업의 소셜 미디어 분석 자동화

소개

> 우리는 하나님을 신뢰한다. 다른 모든 사람은 데이터를 가져와야 한다.
>
> – W. 에드워즈 데밍W. Edwards Demming / 통계학자

오늘날 기업은 고객이 필요로 하는 정보, 구매할 채널 등을 파악하기 위해 데이터에 크게 의존한다. 이렇게 하면 기업은 신제품을 출시하거나 새로운 제안을 낼 때 정보에 근거한

결정을 내릴 수 있다. 그러나 기업들은 어떻게 이것을 달성할까? 의사결정은 실제로 무엇을 포함하는가?

데이터 기반 의사결정은 통찰력의 생성, 유용한 정보의 발견, 결론 도출을 목적으로 데이터의 상단에서 데이터 검사, 스크러빙scrubbing 혹은 정리cleaning, 데이터 변환 및 모델을 생성하는 과정을 말한다. 예를 들어, 전자상거래 회사는 이 프로세스를 사용해 소비자 구매 패턴을 분석하고 특정 제품 그룹에 대한 프로모션 오퍼를 제안하기 위한 적절한 시간대를 제안한다. 실제로 기업은 추세 생성, 예측 모델 구축, 원시 데이터에서 구조화된 정보 추출 같은 여러 목적을 위해 정적 혹은 실시간 데이터를 분석한다. 데이터 분석에는 다양한 측면과 접근 방식이 있으며 비즈니스 인텔리전스, 예측 분석 및 텍스트 마이닝에 따라 간단하게 분류할 수 있다.

비즈니스 인텔리전스BI, business intelligence는 대용량의 구조화된 데이터와 비정형 데이터를 처리할 수 있으므로 이러한 대량의 데이터를 쉽게 해석할 수 있다. 데이터에 대한 통찰력을 기반으로 새로운 기회를 파악하면 기업에서는 경쟁 우위와 안정성을 제공할 수 있다.

예측 분석predictive analytics은 미래 혹은 알려지지 않은 사건에 대한 예측을 하기 위해 과거 데이터 및 현재 경향을 분석하기 위한 기계 학습 같은 다양한 통계 모델의 적용을 포함한다. 여기에는 위험 평가 및 의사결정을 위해 모델을 생성하고 데이터 기능 간의 관계를 포착하는 작업이 포함된다.

텍스트 분석text analytics은 구조화된 혹은 비정형화된 텍스트 데이터에서 품질 정보를 유도하는 프로세스다. 텍스트 분석은 비즈니스를 위한 정보를 추출하고 분류하는 언어적, 통계적, 문맥적 기법을 포함한다.

하지만 데이터 기반 의사결정은 쉽지 않으며 쉽게 수행할 수 없다. 데이터 기반 의사결정은 여러 작업을 포함하는 단계별 프로세스다. 다음 절에서 전체 프로세스를 자세히 살펴보자.

데이터 기반 의사결정 단계

프로세스는 다음과 같은 단계로 분류할 수 있다. 물론, 목표에 맞게 프로세스를 커스터마이징할 수 있다.

- **가설 및 데이터 요구사항 정의**: 프로세스를 시작하기 전에 SMART Specific, Measurable, Acceptable, Relevant, Timely로 비즈니스 목표를 명확히 파악해야 한다. 해결하려는 문제를 명확히 하지 않은 채 데이터 수집을 시작하고 싶지 않다. 가능한 한 "지난 3분기 동안 소비자 공간에서 모바일 판매의 추세는 무엇인가?"와 같은 명확한 문제 진술 혹은 "이번 겨울에 150%의 이익으로 전자 제품을 판매할 수 있게 될 것인가?"와 같은 미래를 제시한다. 여러분의 회사에 이런 진술을 할 수 있는가?
- **데이터 소스**: 데이터 소스에 대해서도 분명히 밝혀야 한다. 데이터 분석을 수행하기 위해 회사 데이터베이스에 의존하고 있는가? 또한 분석을 기반으로 하는 서드파티 시장 조사 혹은 동향에 의존하고 있는가? 서드파티 데이터를 사용하는 경우, 소스(가능하면 API를 통해)에서 데이터를 추출하고 데이터 저장소에 저장하려면 어떻게 계획해야 하는가?
- **데이터 수집**: 이제 통찰력을 생성하려는 대상이 무엇인지 확실히 알았으니 다음 단계는 필요한 형식으로 데이터를 수집하는 것이다. 예를 들어 모바일 판매 추세에 대한 데이터를 원하는 경우 신제품 소개(제품), 오퍼(가격), 지불 옵션, 구매 날짜/시간, 기타 관련 요인 등 모바일 판매에 영향을 미치는 요소에 대한 데이터를 수집해야 한다. 또한 데이터를 저장하는 데 동의하거나 표준적인 방법을 사용해야 한다. 예를 들어 단위당 모바일 매출을 EUR이 아닌 USD로 저장하거나, 매출을 시간 단위가 아닌 일 단위로 저장할 수 있다. 이런 경우에는 대표 표본representative sample을 확인하는 것이 매우 유용하다. 대표 표본은 전체 인구를 정확하게 반영하고 분석에 확실히 도움이 된다.
- **데이터 변환**: 이제 데이터를 어디에서 가져올 것인지, 어떤 형식으로 데이터를 수집해야 하는지 알게 됐으므로 데이터를 읽는 위치를 결정해야 한다. 일반적이고 오래된 CSV일 수도 있고 SQL 데이터베이스일 수도 있다. 가장 좋은 방법으로 데

이터를 구성하고 분석할 수 있도록 사전에 알아야 한다. 이 단계는 원본 데이터 시스템에서 대상 데이터 시스템으로 데이터를 추출하기 때문에 변환이라고 할 수 있다. 큰 규모에서는 데이터웨어하우스 시스템에 저장된다.

- **데이터 정리**: 데이터를 처리하고 정리한 후에는 데이터의 이상 유무를 살펴봐야 한다. 전송된 데이터는 호환되지 않거나, 중복되거나, 적어도 측정, 샘플링 및 데이터 입력 오류를 포함할 수 있다. 데이터 정리는 부정확한 데이터의 제거, 누락 데이터에 대한 기본값 추가, 이상 징후 제거, 기타 데이터 불일치 해결이 포함된다. 이상 징후를 제거할 때는 주의를 기울여야 하는데, 제거할 방법을 결정해야 한다. 단순히 레코드를 삭제하는 것인가? 아니면 다른 관찰의 평균/양식을 전가하는 것인가? 여러분은 이 경우 최고의 의사결정자다.
- **데이터 분석**: 일단 데이터를 정리하고 사용할 준비가 되면 더 깊이 분석할 시간이다. 로지스틱 회귀분석Logistic Regression 같은 통계 기법을 사용해 비즈니스 인텔리전스를 위한 데이터를 분석하거나 예측 모델을 생성할 수 있다. 통찰력을 생성하고 의사결정에 이르기 위해 텍스트 분석도 수행할 수 있다.
- **데이터 시각화**: 일단 분석이 완료되면 분석을 효과적으로 청중에게 전달할 수 있도록 다양한 형식으로 보고할 수 있다. 데이터 시각화는 표와 차트 같은 정보 표시를 사용해 데이터에 포함된 주요 메시지를 전달하는 데 도움을 준다. 또한 시각화는 사용자가 분석을 통해 가정을 해석하고 의미 있는 정보를 생성하는 데 도움이 된다.
- **데이터 해석 및 피드백**: 이 단계는 세 가지 주요 질문에 답하는 데 도움이 된다. 분석이 여러분이 시작한 질문에 대한 답변을 제공하는가? 가설을 수락하거나 거절하는 것을 증명하는 데 도움이 되는가? 모델 혹은 결론을 향상하기 위해 더 많은 데이터가 필요한가? 결론이 시스템에 다시 전달되지 않으면 완료되지 않는다. 피드백 루프feedback loop는 예측 모델이 향후 사용을 위해 더욱 강화되고 잘 훈련되게 한다.

좋은 출발이다! 통찰력을 얻는 데 필요한 데이터 수집을 위해 완전한 프로세스를 올바로 알고 있어야 한다. 목표 정의, 데이터 수집 및 데이터 변환 같은 몇 가지 단계는 시장 상황에 맞게 커스터마이징되며, 해결되고 있는 문제들이라는 점을 깨닫게 될 것이다.

10장에서는 실시간 데이터 수집, 데이터 읽기, 데이터 분석 수행, 데이터 시각화 같은 일반적인 측면을 살펴볼 것이다. 데이터를 효과적으로 읽고 통찰력을 생성하기 위해 데이터를 분석하는 데 도움이 되는 인기 있는 파이썬 모듈을 다룰 것이다. 또한 데이터를 분석하고 시각화(차트)를 생성하는 데 도움이 되는 파이썬 모듈도 살펴볼 것이다.

10장의 마지막 부분에서는 이 장에서 다룬 레시피를 학습한 지식으로 자동화할 수 있는 일반적인 비즈니스 프로세스에 대해서도 살펴볼 것이다. 10장은 데이터 과학자로서의 여정을 시작하는 데 도움이 되지만, 통계 기법 혹은 예측 모델링 같은 광범위한 주제는 다루지 않는다.

10장에서 사용하는 파이썬 모듈은 다음과 같다.

- `pandas`(http://pandas.pydata.org/pandas-docs/version/0.15.2/tutorials.html)
- `numpy`(http://www.numpy.org/)
- `matplotlib`(http://matplotlib.org/)
- `seaborn`(https://pypi.python.org/pypi/seaborn/)

시각화를 사용한 데이터 읽기, 선택, 해석

이번 레시피는 알려진 데이터셋의 도움을 받는다. 1,460개의 회사 펀딩 후원 목록이 포함된 TechCrunch의 Continental USA CSV 파일을 사용한다. 여기에는 회사 이름, 직원 수, 펀딩 날짜, 모금 금액, 펀딩 유형(시리즈 A 혹은 엔젤 펀딩) 같은 데이터 포인트가 포함된다.

F1241 fx NY

	A	B	C	D	E	F	G	H	I	J
1	permalink	company	numEmps	category	city	state	fundedDate	raisedAmt	raisedCurrency	round
2	lifelock	LifeLock		web	Tempe	AZ	01-May-07	6850000	USD	b
3	lifelock	LifeLock		web	Tempe	AZ	01-Oct-06	6000000	USD	a
4	lifelock	LifeLock		web	Tempe	AZ	01-Jan-08	25000000	USD	c
5	mycityfaces	MyCityFaces	7	web	Scottsdale	AZ	01-Jan-08	50000	USD	seed
6	flypaper	Flypaper		web	Phoenix	AZ	01-Feb-08	3000000	USD	a
7	infusionsoft	Infusionsoft	105	software	Gilbert	AZ	01-Oct-07	9000000	USD	a
8	gauto	gAuto	4	web	Scottsdale	AZ	01-Jan-08	250000	USD	seed
9	chosenlist-cc	ChosenList.c	5	web	Scottsdale	AZ	01-Oct-06	140000	USD	seed
10	chosenlist-cc	ChosenList.c	5	web	Scottsdale	AZ	25-Jan-08	233750	USD	angel
11	digg	Digg	60	web	San Francisc	CA	01-Dec-06	8500000	USD	b
12	digg	Digg	60	web	San Francisc	CA	01-Oct-05	2800000	USD	a
13	facebook	Facebook	450	web	Palo Alto	CA	01-Sep-04	500000	USD	angel
14	facebook	Facebook	450	web	Palo Alto	CA	01-May-05	12700000	USD	a
15	facebook	Facebook	450	web	Palo Alto	CA	01-Apr-06	27500000	USD	b
16	facebook	Facebook	450	web	Palo Alto	CA	01-Oct-07	300000000	USD	c
17	facebook	Facebook	450	web	Palo Alto	CA	01-Mar-08	40000000	USD	c
18	facebook	Facebook	450	web	Palo Alto	CA	15-Jan-08	15000000	USD	c
19	facebook	Facebook	450	web	Palo Alto	CA	01-May-08	100000000	USD	debt_round
20	photobucket	Photobucket	60	web	Palo Alto	CA	01-May-06	10500000	USD	b
21	photobucket	Photobucket	60	web	Palo Alto	CA	01-Mar-05	3000000	USD	a
22	omnidrive	Omnidrive		web	Palo Alto	CA	01-Dec-06	800000	USD	angel
23	geni	Geni	18	web	West Hollyw	CA	01-Jan-07	1500000	USD	a
24	geni	Geni	18	web	West Hollyw	CA	01-Mar-07	10000000	USD	b
25	twitter	Twitter	17	web	San Francisc	CA	01-Jul-07	5400000	USD	b
26	twitter	Twitter	17	web	San Francisc	CA	01-May-08	15000000	USD	c
27	stumbleupor	StumbleUpon		web	San Francisc	CA	01-Dec-05	1500000	USD	seed
28	gizmoz	Gizmoz		web	Menlo Park	CA	01-May-07	6300000	USD	a
29	gizmoz	Gizmoz		web	Menlo Park	CA	16-Mar-08	6500000	USD	b
30	scribd	Scribd	14	web	San Francisc	CA	01-Jun-06	12000	USD	seed

1. 이 CSV 파일에서 데이터를 읽고 선택하는 데 사용할 모듈을 설치할 텐데, 그 전에 가상 환경을 설정하고 활성화할 것이다.

```
chetans-MacBookPro:ch11 Chetan$ virtualenv analyze
New python executable in analyze/bin/python2.7
Also creating executable in analyze/bin/python
Installing setuptools, pip, wheel...done.
chetans-MacBookPro:ch11 Chetan$ source analyze/bin/activate
(analyze)chetans-MacBookPro:ch11 Chetan$
```

2. 이제 pandas를 설치하자. CSV 파일을 읽고 분석할 데이터를 선택하기 위해 pandas를 사용할 것이다. 가장 좋아하는 유틸리티인 python-pip로 pandas를 설치한다. 다음은 맥 OS X의 pandas 설치 로그다.

```
(analyze)chetans-MacBookPro:ch11 Chetan$ pip install pandas
Collecting pandas
Collecting pytz>=2011k (from pandas)
  Using cached pytz-2016.7-py2.py3-none-any.whl
```

```
Collecting python-dateutil (from pandas)
  Using cached python_dateutil-2.6.0-py2.py3-none-any.whl
Collecting numpy>=1.7.0 (from pandas)
Collecting six>=1.5 (from python-dateutil->pandas)
  Using cached six-1.10.0-py2.py3-none-any.whl
Installing collected packages: pytz, six,
python-dateutil, numpy, pandas
Successfully installed numpy-1.11.2 pandas-0.19.1
python-dateutil-2.6.0 pytz-2016.7 six-1.10.0
```

pandas 모듈을 설치하면 numpy 모듈도 설치된다. 사실, 이 모듈을 내 머신에 더 빨리 설치했다. 따라서 많은 모듈이 캐시에서 선택된다. 컴퓨터마다 설치 로그는 다를 수 있다.

3. 다음으로, matplotlib와 seaborn을 설치하자. 시각화를 위해 사용할 라이브러리다. 다음은 먼저 matplotlib에 대한 머신의 설치 로그다.

```
(analyze)chetans-MacBookPro:ch11 Chetan$ pip install matplotlib
Collecting matplotlib
Requirement already satisfied (use --upgrade to upgrade):
  numpy>=1.6 in ./analyze/lib/python2.7/site-packages
  (from matplotlib)
Requirement already satisfied (use --upgrade to upgrade):
  pytz in ./analyze/lib/python2.7/site-packages
  (from matplotlib)
Requirement already satisfied (use --upgrade to upgrade):
  python-dateutil in ./analyze/lib/python2.7/site-packages
  (from matplotlib)
Collecting cycler (from matplotlib)
  Using cached cycler-0.10.0-py2.py3-none-any.whl
Collecting pyparsing!=2.0.0,!=2.0.4,!=2.1.2,>=1.5.6
(from matplotlib)
  Using cached pyparsing-2.1.10-py2.py3-none-any.whl
Requirement already satisfied (use --upgrade to upgrade):
six>=1.5 in ./analyze/lib/python2.7/site-packages
(from python-dateutil->matplotlib)
Installing collected packages: cycler, pyparsing,
```

```
matplotlib
Successfully installed cycler-0.10.0
matplotlib-1.5.3 pyparsing-2.1.10
```

이러한 모듈이 내 머신에 설치되어 있으므로 이 모듈을 머신에 처음으로 설치할 때 설치 로그가 달라질 수 있다. 여기에 seaborn에 대한 로그가 있다.

```
(analyze)chetans-MacBookPro:ch11 Chetan$ pip install seaborn
Collecting seaborn
Collecting scipy (from seaborn)
Requirement already satisfied (use --upgrade to upgrade):
numpy>=1.7.1 in ./analyze/lib/python2.7/site-packages
(from scipy->seaborn)
Installing collected packages: scipy, seaborn
Successfully installed scipy-0.18.1 seaborn-0.7.1
```

실행 방법

1. 먼저, https://support.spatialkey.com/spatialkey-sample-csv-data/에서 CSV 파일을 나운로드하자. TechCrunch 파일을 직접 다운로드할 수 있는 링크는 http://samplecsvs.s3.amazonaws.com/TechCrunchcontinentalUSA.csv이다. 다음과 같이 wget 커맨드를 사용해 이 파일을 다운로드할 수 있다.

```
(analyze)chetans-MacBookPro:ch11 Chetan$
  wget http://samplecsvs.s3.amazonaws.com/
  TechCrunchcontinentalUSA.csv
--2016-11-20 16:01:57--
  http://samplecsvs.s3.amazonaws.com/
  TechCrunchcontinentalUSA.csv
Resolving samplecsvs.s3.amazonaws.com... 54.231.97.224
Connecting to samplecsvs.s3.amazonaws.com
  |54.231.97.224|:80... connected.
HTTP request sent, awaiting response... 200 OK
Length: 93536 (91K) [application/x-csv]
Saving to: 'TechCrunchcontinentalUSA.csv'
TechCrunchcontinentalUSA.csv              100%
```

```
[==========================================================
 =========================================>]
                                     91.34K 20.3KB/s in 4.5s
2016-11-20 16:02:03 (20.3 KB/s) -
'TechCrunchcontinentalUSA.csv' saved [93536/93536]
```

2. 이제, CSV 파일을 읽기 위한 첫 번째 파이썬 코드를 작성하자. CSV 파일을 읽고 처음 다섯 행을 출력한다.

```
import pandas as pd

pd.set_option('display.line_width', 5000)
pd.set_option('display.max_columns', 60)

df = pd.read_csv('TechCrunchcontinentalUSA.csv')
print "First five rows:\n", df[:5]
```

위의 코드 예제에서는 CSV 파일의 처음 다섯 레코드를 읽는다.

```
First five rows:
     permalink      company  numEmps category        city state fundedDate  raisedAmt raisedCurrency round
0     lifelock     LifeLock      NaN      web       Tempe    AZ   1-May-07    6850000            USD     b
1     lifelock     LifeLock      NaN      web       Tempe    AZ   1-Oct-06    6000000            USD     a
2     lifelock     LifeLock      NaN      web       Tempe    AZ   1-Jan-08   25000000            USD     c
3  mycityfaces  MyCityFaces      7.0      web  Scottsdale    AZ   1-Jan-08      50000            USD  seed
4     flypaper     Flypaper      NaN      web     Phoenix    AZ   1-Feb-08    3000000            USD     a
```

3. pandas 모듈은 파일의 콘텐츠를 읽고 행과 열의 데이터 프레임으로 변환한다. 이제 위 코드의 결과를 살펴보면, 색인 열index column이 파일 콘텐츠에 추가된다는 사실을 알 수 있다. pandas로 날짜를 파싱하고, CSV 파일이 첫 번째 일 혹은 첫 번째 월(UK 혹은 US 형식)인지 여부를 확인하고, 날짜 열을 색인 열로 만들 수 있다.

```
import pandas as pd

pd.set_option('display.line_width', 5000)
pd.set_option('display.max_columns', 60)

df = pd.read_csv('TechCrunchcontinentalUSA.csv', index_col='fundedDate', \
                 parse_dates=['fundedDate'], dayfirst=True,)
print "Top five rows:\n", df[:5]
```

이 코드를 실행하면 다음 스크린샷과 같이 색인 열인 fundedDate를 확인할 수 있다.

```
Top five rows:
              permalink      company  numEmps category        city state  raisedAmt raisedCurrency round
fundedDate
2007-05-01     lifelock     LifeLock      NaN      web       Tempe    AZ    6850000            USD     b
2006-10-01     lifelock     LifeLock      NaN      web       Tempe    AZ    6000000            USD     a
2008-01-01     lifelock     LifeLock      NaN      web       Tempe    AZ   25000000            USD     c
2008-01-01  mycityfaces  MyCityFaces      7.0      web  Scottsdale    AZ      50000            USD  seed
2008-02-01     flypaper     Flypaper      NaN      web     Phoenix    AZ    3000000            USD     a
```

4. 깔끔하다! 이제, 데이터를 읽을 수 있지만 그 위에 몇 가지 분석을 할 수 있도록 일부 데이터를 선택한다. 회사의 모금 금액을 나타내는 열을 선택하자 (raisedAmt 열).

```
import pandas as pd

pd.set_option('display.line_width', 5000)
pd.set_option('display.max_columns', 60)

df = pd.read_csv('TechCrunchcontinentalUSA.csv', index_col='fundedDate', \
                 parse_dates=['fundedDate'], dayfirst=True,)

raised = df['raisedAmt'][:5]
print "Funding Raised by Companies over time:\n", raised
```

다음 스크린샷에는 모금 금액으로 회사의 상위 5개 레코드가 인쇄됐다.

```
Funding Raised by Companies over time:
fundedDate
2007-05-01     6850000
2006-10-01     6000000
2008-01-01    25000000
2008-01-01       50000
2008-02-01     3000000
Name: raisedAmt, dtype: int64
```

5. 좋다! 해당 컬럼을 선택하고 분석을 위한 데이터를 얻었다. 멋진 시각화를 생성할 수 있는지 살펴보자. 다음 레시피는 모금 금액(y축)을 기준으로 모든 연도(x축)에 대해 보고된 펀딩 후원의 선형 차트line chart를 생성한다.

```
import pandas as pd
from matplotlib import pyplot as plt
import seaborn as sns

plt.style.use('default')
pd.set_option('display.line_width', 5000)
pd.set_option('display.max_columns', 60)

df = pd.read_csv('TechCrunchcontinentalUSA.csv')
print "First five rows:\n", df[:5]

df = pd.read_csv('TechCrunchcontinentalUSA.csv', index_col='fundedDate', \
                 parse_dates=['fundedDate'], dayfirst=True,)
print "Top five rows:\n", df[:5]

raised = df['raisedAmt'][:5]
print "Funding Raised by Companies over time:\n", raised

sns.set_style("darkgrid")
sns_plot = df['raisedAmt'].plot()
plt.ylabel("Amount Raised in USD")
plt.xlabel("Funding Year")
plt.savefig('amountRaisedOverTime.pdf')
```

다음 스크린샷에서 펀딩 비율(혹은 보고 비율)이 어떻게 증가했는지 확인하고, 인상된 금액도 꾸준히 증가했음을 확인한다.

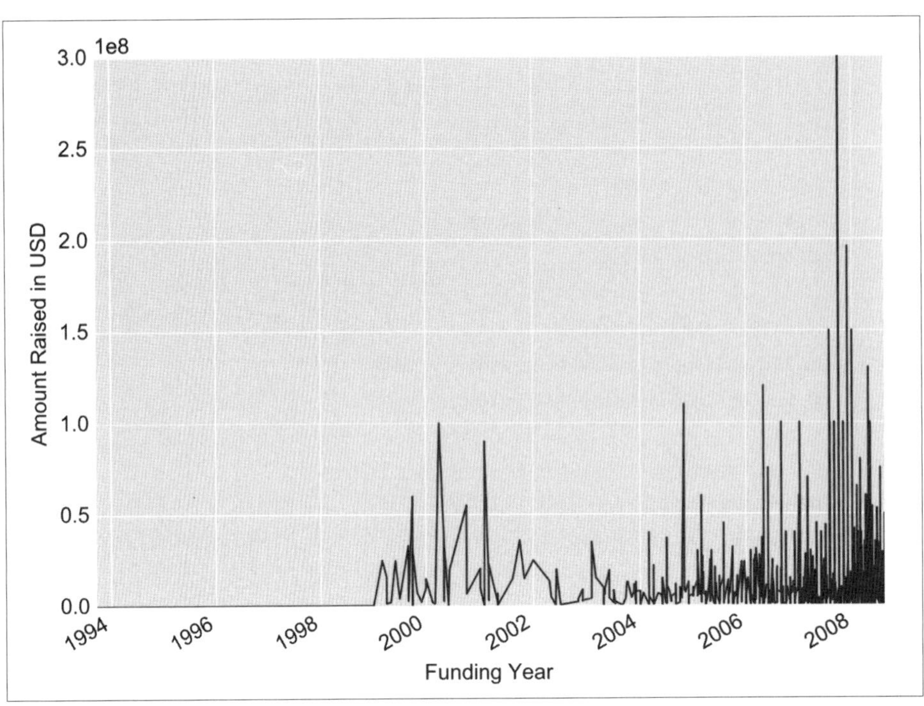

6. 환상적이다! 여기서 하고 있는 작업을 이미 좋아하기 시작했을 것이다. 더 나아가 CSV 파일에서 여러 열을 선택할 수 있는지 살펴보자. 다음 예제에서는 열 이름이 company, category, fundedDate인 50개의 행에 대한 데이터를 얻는다.

```
import pandas as pd

from matplotlib import pyplot as plt
plt.style.use('default')

pd.set_option('display.line_width', 5000)
pd.set_option('display.max_columns', 60)

fundings = pd.read_csv('TechcrunchcontinentalUSA.csv')
print "Type of funding:\n", fundings[:5]['round']

# 여러 열을 선택한다.
print "Selected company, category and date of funding:\n",\
      fundings[['company', 'category', 'fundedDate']][600:650]
```

이 코드의 출력은 다음과 같다.

```
Selected company, category and date of funding:
                   company  category fundedDate
600               RocketOn       web    1-Feb-08
601         What They Like       web   29-Aug-07
602                 GumGum       web    1-Dec-07
603                 GumGum       web   21-Jul-08
604      Snap Technologies       web    1-Jul-05
605                TwoFish       web    1-Jun-07
606            Three Rings       web    3-Mar-08
607              Smalltown       web    1-Nov-05
608        Sparkplay Media       web    1-Feb-08
609                    MOG       web    1-Mar-07
610                    MOG       web   29-Apr-08
611  Social Gaming Network       web   13-May-08
612                 Danger  software    1-Oct-01
613                 Danger  software    1-Feb-03
614                 Danger  software    1-Jul-04
615               Coverity  software    1-Feb-08
616              GenieTown       web    1-Oct-07
617                  Redux       web    1-Mar-07
618                  Redux       web    7-Apr-08
619               Evernote  software    1-Mar-06
620               Evernote  software    1-Sep-07
621                Numobiq    mobile    8-Feb-08
622          GoldSpot Media    mobile   23-Jan-08
623               Mobixell    mobile    8-Jul-08
624              Ad Infuse    mobile   23-Jan-08
625              Ad Infuse    mobile    1-Jun-06
626                 SendMe    mobile    1-Dec-06
627                 SendMe    mobile   18-Mar-08
628          Tiny Pictures    mobile    1-Aug-07
629          Tiny Pictures    mobile    1-Feb-08
630                 flurry    mobile    8-Mar-07
631              Sharpcast       NaN    8-Mar-06
632              Sharpcast       NaN    8-Mar-06
633                Teneros  software    1-Jul-04
634                Teneros  software    1-Mar-05
635                Teneros  software    1-Apr-06
636                Teneros  software    1-Jan-08
637             PhotoCrank       web    1-Apr-07
638                 Yodlee       web    4-Jun-08
639            SlideRocket       web   31-Dec-07
640            Surf Canyon  software   31-Jul-07
641            Surf Canyon  software    8-May-08
642        Central Desktop       web   16-Apr-08
643                OpenDNS       web    1-Jun-06
644                  Coveo       web    6-Mar-08
645                   Vizu       web   20-Feb-06
646                   Vizu       web   31-Jan-07
647               Taltopia       web    8-Mar-08
648      Kapow Technologies       web    6-Mar-08
649      Kapow Technologies       web    1-Feb-05
```

7. 이제 이 열 중에서 하나를 선택하고 그 위에 몇 가지 분석을 수행하자. 다음 코드 예제에서는 보고된 모든 펀딩 후원의 범주를 제공하는 category 열을 선택한다. 그런 다음 선택한 열을 처리해 펀딩된 회사의 가장 일반적인 카테고리를 가져온다.

```
import pandas as pd

from matplotlib import pyplot as plt
plt.style.use('default')

pd.set_option('display.line_width', 5000)
pd.set_option('display.max_columns', 60)

fundings = pd.read_csv('TechcrunchcontinentalUSA.csv')
print "Type of funding:\n", fundings[:5]['round']

# 여러 열을 선택한다.
print "Selected company, category and date of funding:\n",\
      fundings[['company', 'category', 'fundedDate']][600:650]

# 펀딩된 회사의 가장 일반적인 카테고리
counts = fundings['category'].value_counts()
print "Count of common categories of company that raised funds:\n", \
      counts
```

위 코드의 출력은 다음과 같다.

```
Count of common categories of company that raised funds:
web           1208
software       102
mobile          48
hardware        39
other           16
cleantech       14
consulting       5
biotech          4
Name: category, dtype: int64
```

8. 데이터와 숫자는 많은 정보를 제공하지만, 실제로 시각화를 통해서만 영향을 확인할 수 있다. 위의 데이터를 수평 막대 차트로 그릴 수 있는지 살펴보자. 다음 레시피는 그 일을 수행한다.

```
import pandas as pd

from matplotlib import pyplot as plt
plt.style.use('default')

pd.set_option('display.line_width', 5000)
pd.set_option('display.max_columns', 60)

fundings = pd.read_csv('TechcrunchcontinentalUSA.csv')
print "Type of funding:\n", fundings[:5]['round']

# 여러 열을 선택한다.
print "Selected company, category and date of funding:\n",\
      fundings[['company', 'category', 'fundedDate']][600:650]

# 펀딩된 회사의 가장 일반적인 카테고리
counts = fundings['category'].value_counts()
print "Count of common categoris of company that raised funds:\n", \
      counts

counts.plot(kind='barh')
plt.xlabel("Count of categories")
plt.savefig('categoriesFunded.pdf')
```

y축에는 펀딩된 회사의 카테고리가 있고, x축은 주어진 카테고리에서 회사의 총 수다. 또한 도표를 categoriesFunded.pdf라는 PDF 파일로 저장한다.

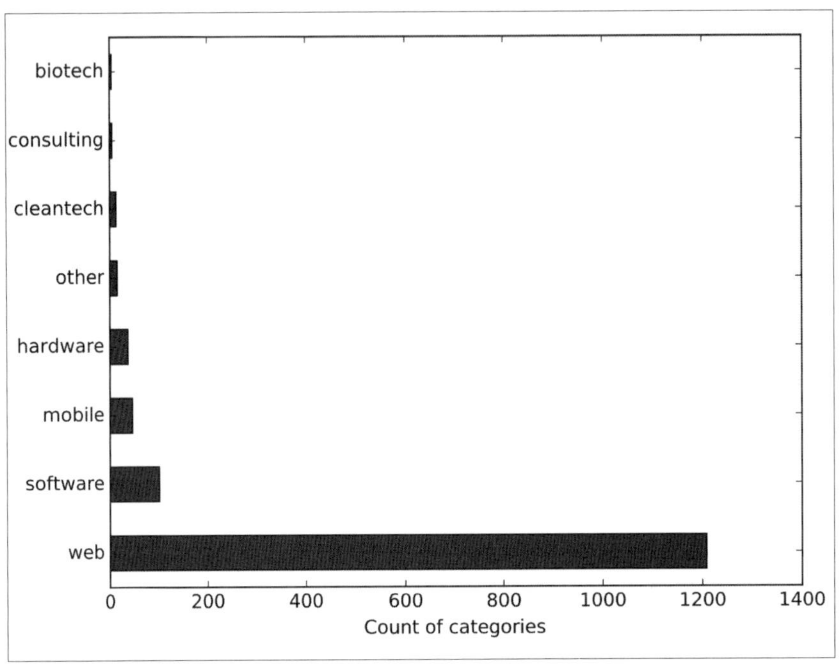

와! 이렇게 많은 웹 회사가 펀딩을 얻었는가? 굉장하다! 펀딩을 얻을 확률이 높아지도록 나도 웹 회사를 시작해야 한다.

작동원리

이 절에서는 데이터 분석의 두 가지 주요 측면을 다뤘다. 먼저 CSV 파일에서 데이터셋을 읽고 데이터셋에서 적절한 데이터(행 혹은 열)를 선택하는 방법을 살펴봤다.

첫 번째 코드에서는 `pandas` 모듈의 도움으로 CSV 파일을 읽었다. `pandas`에는 CSV 파일 경로를 인자로 사용하는 `read_csv(csv_file)` 메소드가 있다. `pandas` 모듈은 파일을 읽고 데이터 프레임으로 파일 콘텐츠를 저장한다. `DataFrame`은 잠재적으로 다른 유형의 열을 가진 2차원이고 라벨이 있는 인메모리 데이터 구조다. 스프레드시트의 구조 혹은 SQL 테이블 혹은 시리즈 객체 딕셔너리를 복사한다. 그것은 데이터의 선택, 색인, 필터링을 위한 훌륭한 메소드와 속성을 제공한다. 첫 번째 레시피는 CSV 파일을 읽고 DataFrame 객체 df를 생성했다. 객체 df로 df[: 5]를 사용해 CSV 파일의 처음 다섯 행을 선택했다. pandas로 CSV 파일의 행을 선택하는 것이 얼마나 쉬운지 살펴봤다.

read_csv( ) 메소드로 몇 가지 작업을 수행할 수 있다. 기본적으로 pandas는 데이터셋에 여러 색인 열을 추가하지만, CSV 파일의 어떤 열을 색인에 사용해야 하는지 지정할 수 있다. index_col 매개변수를 read_csv( ) 메소드에 전달해 이 작업을 수행했다. 또한 CSV 파일의 fundedDate 열에서 나타내는 문자열 날짜 형식을 parse_dates 매개변수로 datetime 형식으로 변환했으며, 날짜는 dayfirst 매개변수로 날짜의 첫 부분 day 형식을 보여준다.

DataFrame을 가져와서 fundedDate를 색인으로 사용한 후, raisedAmt 열을 선택하고 처음 5개의 행을 인쇄하기 위해 df['raisedAmt'][:5]를 사용했다. 그런 다음 seaborn 라이브러리를 사용해 sns.set_style("darkgrid")로 스타일을 설정하고 plot( ) 메소드로 막대 차트를 생성했다. seaborn 라이브러리는 멋진 시각화를 생성하는 데 사용되며 matplotlib에서 구현된다.

matplotlib 라이브러리를 사용해 ylabel( ) 및 xlabel( ) 메소드로 차트에 라벨을 지정하는 데 사용된 plt 객체를 생성했다. plt 객체는 또한 savefig( ) 메소드를 사용해 결과 차트를 PDF 형식으로 최종 저장하는 데 사용됐다.

두 번째 예제에서는 fundings[['company','category','fundedDate']]로 여러 열을 선택했다. 한 줄의 코드로 CSV 파일에서 3개의 열을 선택했다. 그런 다음 plot( ) 메소드로 가로 막대형 차트를 생성하고 kind=barh로 차트 유형을 지정했다. 마지막으로, xlabel( ) 메소드로 *x*축에 라벨을 지정하고 savefig( ) 메소드로 차트를 저장하기 위해 matplotlib 라이브러리를 사용했다. 보다시피, 차트를 그리기 위해 seaborn 라이브러리를 사용할 필요가 없었다. 단순히 matplotlib로 함께 처리할 수 있다.

데이터 필터링 및 집계 사용

pandas로 CSV 파일을 읽고 여러 열을 쉽게 선택할 수 있다. 이 절에서는 pandas를 이용한 데이터 필터링 및 데이터 분할 방법을 살펴본다.

준비하기

이 절에서는 이전 레시피에서 사용한 것과 동일한 라이브러리를 사용한다.

- 필터링 및 데이터 분석을 위한 pandas
- 차트 생성 및 PDF 파일의 데이터 저장을 위한 matplotlib와 seaborn

실행 방법

1. 필요한 라이브러리를 가져와서 read_csv( ) 메소드로 CSV 파일을 읽는 것으로 시작하자. 다음 코드는 해당 작업을 수행한다.

```
import pandas as pd
from matplotlib import pyplot as plt
import seaborn as sns

plt.style.use('default')

pd.set_option('display.line_width', 5000)
pd.set_option('display.max_columns', 60)

fundings = pd.read_csv('TechcrunchcontinentalUSA.csv',
                       index_col='fundedDate', \
                       parse_dates=['fundedDate'], dayfirst=True)
```

2. 이제 데이터 프레임으로 필터링하고 여러 열을 사용해 데이터를 필터링하자. category, state, city의 펀딩 레코드를 필터링한다고 가정한다. 다음 코드를 사용하면 이 작업을 수행할 수 있다.

```
import pandas as pd
from matplotlib import pyplot as plt
import seaborn as sns

plt.style.use('default')

pd.set_option('display.line_width', 5000)
pd.set_option('display.max_columns', 60)

funding = pd.read_csv('TechcrunchcontinentalUSA.csv',
                      index_col='fundedDate', \
                      parse_dates=['fundedDate'], dayfirst=True)

# CA의 웹 펀딩
web_funding = funding['category'] == 'web'
in_CA = funding['state'] == 'CA'
in_city = funding['city'].isin(['Palo Alto', 'San Francisco',
                               'San Mateo', 'Los Angeles', 'Redwood City'])
print "Filtered Data:\n", funding[web_funding & in_CA & in_city]
```

위의 코드는 팔로 알토Palo Alto, 샌프란시스코San Francisco, 샌 마테오San Mateo, 로스 앤젤레스Los Angeles, 레드우드 시티Redwood City에 있는 웹 회사의 모든 펀딩 레코드를 반환한다. 다음은 출력 스크린샷이다.

Filtered Data:

fundedDate	permalink	company	numEmps	category	city	state	raisedAmt	raisedCurrency	round
2006-12-01	digg	Digg	60.0	web	San Francisco	CA	8500000	USD	b
2005-10-01	digg	Digg	60.0	web	San Francisco	CA	2800000	USD	a
2004-09-01	facebook	Facebook	450.0	web	Palo Alto	CA	500000	USD	angel
2005-05-01	facebook	Facebook	450.0	web	Palo Alto	CA	12700000	USD	a
2006-04-01	facebook	Facebook	450.0	web	Palo Alto	CA	27500000	USD	b
2007-10-01	facebook	Facebook	450.0	web	Palo Alto	CA	300000000	USD	c
2008-03-01	facebook	Facebook	450.0	web	Palo Alto	CA	40000000	USD	c
2008-01-15	facebook	Facebook	450.0	web	Palo Alto	CA	15000000	USD	c
2008-05-01	facebook	Facebook	450.0	web	Palo Alto	CA	100000000	USD	debt_round
2006-05-01	photobucket	Photobucket	60.0	web	Palo Alto	CA	10500000	USD	b
2005-03-01	photobucket	Photobucket	60.0	web	Palo Alto	CA	3000000	USD	a
2006-12-01	omnidrive	Omnidrive	NaN	web	Palo Alto	CA	800000	USD	angel
2007-07-01	twitter	Twitter	17.0	web	San Francisco	CA	5400000	USD	b

3. 이제 도시 이름별로 web 카테고리에서 회사에 대한 펀딩 수를 확인할 수 있는지 살펴보자. 다음 코드는 필요한 세부 정보를 제공한다.

```
web_funding = funding[web_funding & in_CA & in_city]
web_counts = web_funding['city'].value_counts()
print "Funding rounds for companies in 'web' category by cities in CA:\n",
web_counts
```

이 코드의 결과는 선택한 도시의 web 카테고리에서 회사가 받은 펀딩 후원 수다.

```
Funding rounds for companies in 'web' category by cities in CA:
San Francisco    195
Palo Alto         70
San Mateo         59
Los Angeles       37
Redwood City      36
Name: city, dtype: int64
```

좋다! 위의 분석은 매우 유용했다. 샌프란시스코 도시의 웹 회사는 195회(보유한 데이터를 통해) 펀딩을 받았음을 알게 됐다. 여러분이 샌프란시스코의 웹 회사라면, 모든 펀딩 문제는 끝난 것 같다. 그건 논리적이고 단순해 보인다.

4. 그러나 잠깐, 이 정보는 불완전하지 않은가? web을 포함한 모든 카테고리의 회사에 대한 데이터를 수집한 다음 web 카테고리의 회사에 대한 데이터를 모든 카테고리의 비율로 나타내는 것은 어떨까? 이런 식으로 하면, '샌프란시스코' 혹은 다른 도시에 회사를 두어야 하는지를 알게 될 것이다. 그러면 CA에서 선택한 모든 도시의 모든 카테고리(web을 포함)에 속하는 회사의 펀딩 후원 수를 계산해보자.

```
total_funding = funding[in_CA & in_city]
total_counts = total_funding['city'].value_counts()
print "Funding rounds for companies in 'all' categories by cities in
CA:\n",total_counts
```

위 코드의 결과는 다음과 같다.

```
Funding rounds for companies in 'all' categories by cities in CA:
San Francisco    228
Palo Alto         78
San Mateo         70
Redwood City      42
Los Angeles       40
Name: city, dtype: int64
```

5. 이제 web 카테고리의 회사에 대한 데이터를 CA의 선택된 도시에 대한 모든 카테고리의 회사 비율로 살펴보자. web 카테고리의 데이터를 모든 카테고리로 나누고 100을 곱하면 이 데이터를 백분율로 나타낼 수 있다. 다음 코드는 이 경우에 도움이 될 것이다.

```
sns.set_style("darkgrid")
sns_plot = (web_counts*100/total_counts.astype(float)).plot(kind='barh')
```

6. 다음 코드로 이 데이터를 가로 막대 차트로 표현하자.

```
plt.xlabel("(Funding Rounds in Web Category) / (Funding Rounds in All
Categories) * (100)")
plt.savefig('webFundedByCity.pdf')
```

다음 스크린샷은 다른 모든 카테고리의 회사 및 캘리포니아의 도시에 대한 펀딩 후원과 관련해 웹 회사의 펀딩 후원을 비교하는 데 도움이 된다.

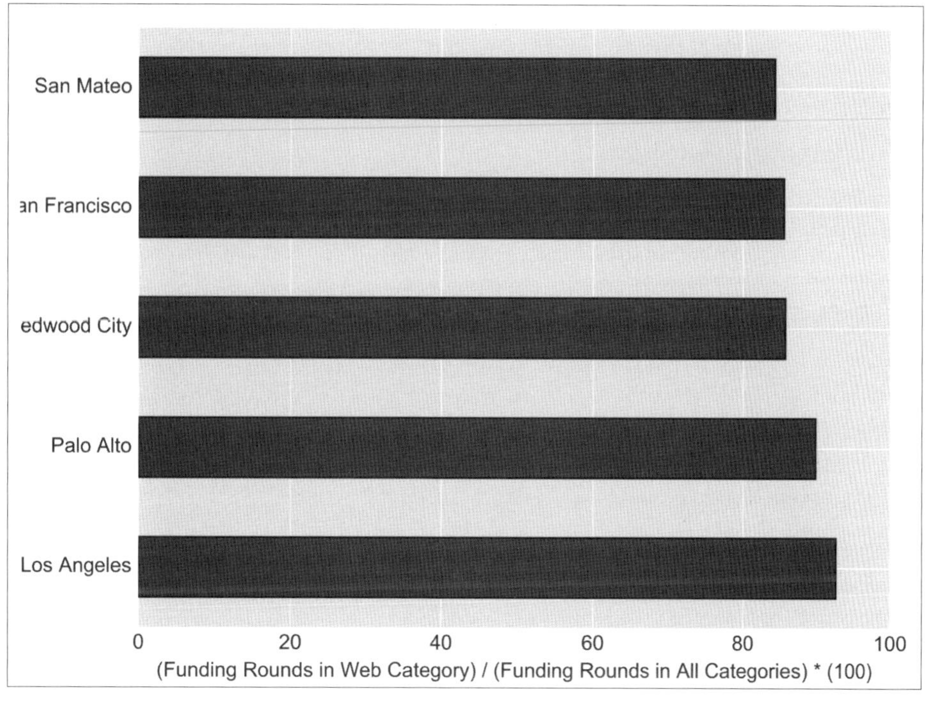

수치는 무엇을 보여주는가? 아직도 샌프란시스코에 회사를 설립하고 싶은가? 로스앤젤레스 웹 회사의 경우 펀딩 후원이 제한되지만, 적어도 샌프란시스코(0.855)에 있을 때보단 펀딩을 확보할 확률(0.925)이 더 높다.

이제 또 다른 예제를 살펴보자. 데이터를 분석해 역사적으로 어느 달이 다른 달보다 더 많은 펀딩을 지원받았는지 확인하고 싶다고 가정한다. 추가적으로, 시리즈 A[series A] 혹은 엔젤 펀딩[angel funding] 같은 펀딩 후원과 관련시킬 수 있을까? 재미있는 생각이다! 하지만 거기에 도달할 수 있는 방법이 있는가? pandas 모듈은 데이터와 데이터 집합의 그룹화를 지원하고 있으며, 이 분석을 위해 도움이 될 것이다. 이 문제를 단계적으로 살펴보자.

1. 먼저 CSV 파일을 읽고 raisedAmt와 rounds라는 2개의 열을 선택하자. 이 데이터 프레임에 색인 열로 다른 열인 month도 추가하자. 다음 코드는 추가 분석을 위해 데이터 프레임을 준비한다.

```
import pandas as pd
from matplotlib import pyplot as plt
import seaborn as sns

plt.style.use('default')

pd.set_option('display.line_width', 5000)
pd.set_option('display.max_columns', 60)

df = pd.read_csv('TechCrunchcontinentalUSA.csv', index_col='fundedDate', \
                 parse_dates=['fundedDate'], dayfirst=True,)

funds = df[['raisedAmt', 'round']]
funds['month'] = funds.index.month
print "Funding Rounds with Month Index:\n", funds
```

2. 이제 그 달을 기준으로 모아진 펀딩에 대한 데이터를 얻을 필요가 있다. 다음 코드는 필요로 하는 것을 정확하게 수행한다.

```
funding_by_month = funds.groupby('month').aggregate('sum')
funding_by_month.index = ['Jan', 'Feb', 'Mar', 'Apr', 'May', 'June', 'July', \
                          'Aug', 'Sept', 'Oct', 'Nov', 'Dec']
print "Funding Rounds Grouped By Month:\n", funding_by_month
```

3. 이제 이 분석을 위한 데이터를 그래프로 살펴보면 보유한 모든 연도 데이터에 대한 월간 펀딩 변동 추이를 살펴볼 수 있다.

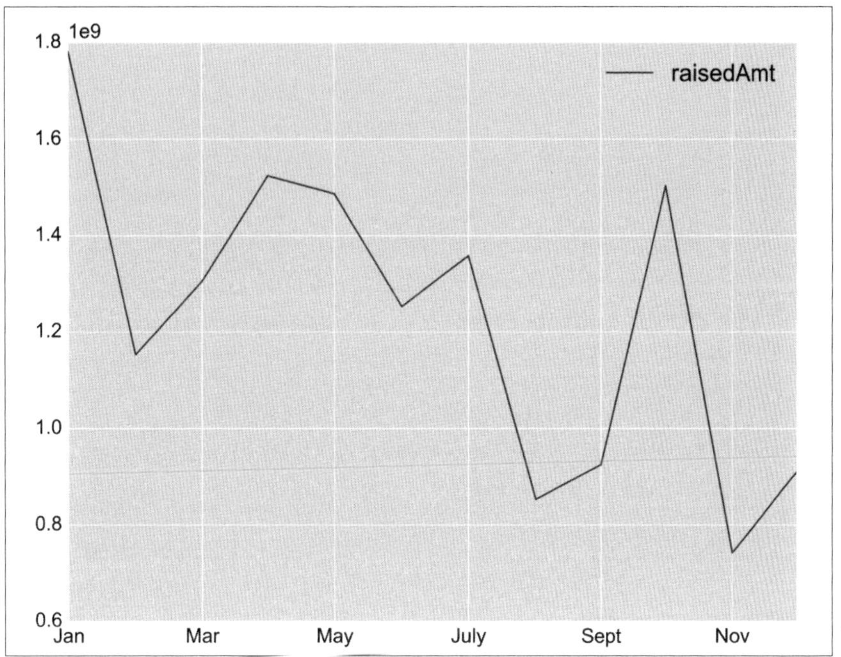

1월에 펀딩을 요청하는 편이 더 좋을 것 같다. 아마도 투자자들은 크리스마스와 새해 휴가 이후에 좋은 분위기일 것이다. 어떻게 생각하는가?

4. 이제 월별, 발생한 금액 및 펀딩 후원의 상관 관계를 분석하고 작성하기 위해, 다음 코드로 데이터를 가져올 수 있다.

```
funds['month'] = funds.index.month
funding_by_stage = funds.groupby(['month', 'round']).aggregate('sum')
print funding_by_stage
```

이 코드의 출력은 다음 스크린샷과 같이 정렬된 데이터 프레임이다. 데이터는 month 및 round 열로 그룹화되며, raisedAmt는 이에 따라 집계된다.

```
                    raisedAmt
month round
1     a             560500000
      angel           8088750
      b             503600000
      c             323400000
      d             255500000
      debt_round     67000000
      e              22000000
      seed           20493000
      unattributed   20500000
2     a             375500000
      angel          10500000
      b             238950000
      c             213200000
      d             267000000
      debt_round      4000000
      e              40000000
      seed            3630000
3     a             507490000
      angel          16000000
```

작동원리

첫 번째 문제의 경우 read_csv() 메소드를 사용해 데이터 프레임으로 CSV 파일의 데이터를 로드한다. 그런 다음, 주[state]가 CA이고 회사 카테고리가 web이며 도시가 Palo Alto, San Francisco, San Mateo, Los Angeles, Redwood City인 여러 요인을 기준으로 데이터를 필터링한다. 필터링은 열 기반 연산이며 꽤 간단하다. 기준을 적용한 후에 관련 데이터 프레임을 가져온다.

그 후, value_counts() 메소드로 웹 회사의 도시별로 그룹화된 펀딩 후원 수를 계산했다. web을 포함한 모든 카테고리의 회사에서 펀딩 후원을 위한 동일한 훈련을 했다.

마지막으로, 단순히 데이터를 나눠서 모든 카테고리의 데이터 백분율로 웹 회사의 데이터를 얻었다. pandas 모듈은 이 작업을 원활하게 처리했다. 신경 쓰지 않고도 분석을 위해 같은 도시의 데이터 포인트를 모두 사용했다.

마지막으로, plot() 메소드로 가로 막대 차트를 생성해 각 도시의 백분율을 개별적으로 나타냈고 찾고 있던 통찰력을 얻었다.

두 번째 예제에서는 raisedAmt 및 round라는 여러 열을 선택해 우선 데이터 프레임을 얻었다. month 데이터 프레임에 새 열도 추가했고 이를 색인 열로 처리했다.

그런 다음, groupby() 메소드를 사용해 month를 기반으로 데이터를 그룹화했다. 이후 month로 모금된 펀딩 금액을 얻어서, 펀딩 금액을 집계했다. 총 펀딩을 얻기 위해, aggregate() 메소드를 사용했고 필요한 정보를 얻기 위해 데이터 포인트를 추가했다.

또한 month 및 round로 모금된 펀딩 간의 상관 관계를 구축하기 위해 month 및 round로 데이터 프레임을 그룹화하고 raisedAmt에 집계를 다시 적용했다.

더 알아보기

앞의 두 레시피에서는 데이터 분석과 시각화를 다뤘고, pandas 파이썬 모듈을 레시피에서 광범위하게 사용했다. pandas 모듈은 매우 포괄적인 라이브러리이며 시계열time series 작업, 고급 색인 기술, 객체 병합 및 연결, 다른 데이터셋(JSON 및 엑셀) 작업 등의 기능을 제공한다. 이 멋진 라이브러리에 대해 자세히 알아보려면 pandas API 레퍼런스를 살펴보기를 추천한다.

다음 레시피에서는 주디가 자신의 작업을 자동화할 수 있게 도와줌으로써 지금까지 10장에서 얻은 지식을 적용할 수 있는지 살펴보자.

기업의 소셜 미디어 분석 자동화

주디는 런던의 한 유명 잡지의 칼럼니스트다. 작가로서 항상 최근 주제에 관심이 있으며, 데이터를 수집하고 분석해 독자들에게 흥미로운 통찰력을 제시한다.

현재, 주디는 애플Apple의 아이폰iPhone과 삼성Samsung의 노트Note 간 경쟁에 관심이 있어 잡지에 기사를 게시하려고 한다. 주디는 거리에서 사람들과 이야기하고 블로그 게시물을 읽음으로써 데이터를 수집할 계획이지만, 소셜 미디어로부터 엄청난 양의 정보를 얻을 것이란 사실을 알고 있다. 주디는 사람들이 요즘 트위터에 제품 사용으로 인한 즐거움이나 실망을 표현하고 소셜 미디어 친구들에게도 제품을 소개한다는 사실을 알고 있지만, 자신의 기사를 위해 엄청난 양의 소셜 미디어 데이터를 검토해야 한다는 점을 걱정하고 있다.

여러분은 데이터 과학자이자 주디의 동료다. 주디에게 도움을 줄 수 있을까? 데이터 기술을 과시할 수 있는 기회다!

주디의 문제를 분석해보자. 우선 주디는 트위터처럼 지속적으로 성장하는 소셜 미디어 플랫폼에서 데이터를 수집해야 한다. 둘째, 흥미로운 통찰력을 얻기 위해 이 데이터를 분석해야 한다. 따라서 주디의 문제를 모두 해결할 수 있는 시스템을 구축할 수 있어야 한다. 또한 자신의 현재 요구사항만 해결하는 시스템을 구축하는 것이 좋지만, 향후 모든 프로젝트에 이 시스템을 사용할 수 있어야 한다.

준비하기

이 문제를 해결하는 데 필요한 모든 모듈을 설치하자. pandas, matplotlib, seaborn은 이미 설치했다. 이번 문제를 해결하기 위해 트위터 데이터를 처리할 모듈인 tweepy도 설치한다. 자신의 python-pip로 tweepy를 설치하자.

```
(analyze)chetans-MacBookPro:ch11 Chetan$ pip install tweepy
You are using pip version 7.1.0, however version 9.0.1 is available.
You should consider upgrading via the 'pip install --upgrade pip' command.
Collecting tweepy
  Downloading tweepy-3.5.0-py2.py3-none-any.whl
Collecting requests>=2.4.3 (from tweepy)
  Downloading requests-2.12.1-py2.py3-none-any.whl (574kB)
    100% |████████████████████████████████| 577kB
161kB/s
```

```
Requirement already satisfied (use --upgrade to upgrade): six>=1.7.3 in
./analyze/lib/python2.7/site-packages (from tweepy)
Collecting requests-oauthlib>=0.4.1 (from tweepy)
  Downloading requests_oauthlib-0.7.0-py2.py3-none-any.whl
Collecting oauthlib>=0.6.2 (from requests-oauthlib>=0.4.1->tweepy)
  Downloading oauthlib-2.0.0.tar.gz (122kB)
    100% |████████████████████████████████| 122kB
345kB/s
Building wheels for collected packages: oauthlib
  Running setup.py bdist_wheel for oauthlib
  Stored in directory:
/Users/chetan/Library/Caches/pip/wheels/e4/e1/92/68af4b20ac26182fbd623647af
92118fc4cdbdb2c613030a67
Successfully built oauthlib
Installing collected packages: requests, oauthlib, requests-oauthlib, tweepy
Successfully installed oauthlib-2.0.0 requests-2.12.1 requests-oauthlib-
0.7.0 tweepy-3.5.0
```

실행 방법

모든 모듈의 준비가 끝났다. 이제 트위터에서 데이터를 수집해 시작하자. 트위터에는 개발자가 실시간으로 트윗을 수집하는 데 유용한, 놀라운 스트리밍 API가 있다. 데이터 수집 요청에도 이 라이브러리를 사용할 것이다.

1. 다음 코드는 트위터 스트리밍Twitter Streaming API를 사용해 데이터를 수집하고, 각 트윗tweet을 JSON 형식으로 저장하는 텍스트 파일에 저장한다. 2개의 키워드인 iPhone 7과 Note 5를 찾는다. 10장에서는 약 5분 동안 코드를 실행했지만, 주디를 위해 정확한 통찰력을 얻고자 최대한의 데이터를 수집하기 위해 몇 시간 혹은 며칠 동안 코드를 실행해야 할 수도 있다.

```
from tweepy import Stream
from tweepy import OAuthHandler
from tweepy.streaming import StreamListener
import json
```

```
# 소비자 키(consumer key), 소비자 시크릿(consumer secret), 인증 토큰(access token), 
인증 시크릿(access secret)
ckey="<consumer key>"
csecret="<consumer secret key>"
atoken="<access token>"
asecret="<access secret>"

tweets_data_path = 'twitter_data.txt'
f = open(tweets_data_path, "w")

class listener(StreamListener):

  def on_data(self, data):
    print data
    f.write(data)

    #all_data = json.loads(data)
    #tweet = all_data["text"]
    #lang = all_data["lang"]
    #username = all_data["user"]["screen_name"]
    #print "username:%s, tweet:%s, language:%s" %(username, tweet, lang)

    return True

  def on_error(self, status):
    print "Error:", status

auth = OAuthHandler(ckey, csecret)
auth.set_access_token(atoken, asecret)

twitterStream = Stream(auth, listener())
twitterStream.filter(track=["iPhone 7","Note 5"])
f.close()
```

자, 이제 트위터에서 온 데이터가 들어왔으니, 이 데이터를 분석하고 주디가 그녀의 기사에 공유할 수 있는 흥미로운 것을 찾을 수 있는지 알아보기 위해 코드를 작성하자.

2. 애플 아이폰과 삼성 노트는 전 세계의 사람들이 이야기하는 세계적 수준의 인기 제품이다. 소비자들이 트위터에서 이런 제품들에 대해 이야기할 때 사용하는 다양한 언어들을 발견하는 일은 정말 흥미로울 것이다. 다음 코드는 트위터 데이터로 하려는 것과 정확히 일치한다. 즉, 저장된 트윗을 통해 모든 트윗의 언어를 살펴보고 그것을 그룹화하여 상위 4개 언어로 생성한다.

```
import json
import pandas as pd
import matplotlib.pyplot as plt
import seaborn as sns

tweets = []
fh = open("twitter_data.txt", "r")
for data in fh:
  try:
    tweets.append(json.loads(data))
  except:
    continue

tweet_df = pd.DataFrame()
tweet_df['lang'] = map(lambda x: x['lang'], tweets)

tweets_by_lang = tweet_df['lang'].value_counts()

fig, axis = plt.subplots()
sns.set_style("darkgrid")
axis.set_xlabel('Languages', fontsize=15)
axis.set_ylabel('Tweets' , fontsize=15)
clrs = ['green', 'blue', 'red', 'black']
sns_plot = tweets_by_lang[:4].plot(ax=axis, kind='bar', color=clrs)
plt.savefig('language.pdf')
```

위의 코드를 실행하면, 사람들이 아이폰 7과 노트 5에 대해 트윗을 할 때 사용했던 상위 언어에 대한 막대 차트를 그린다.

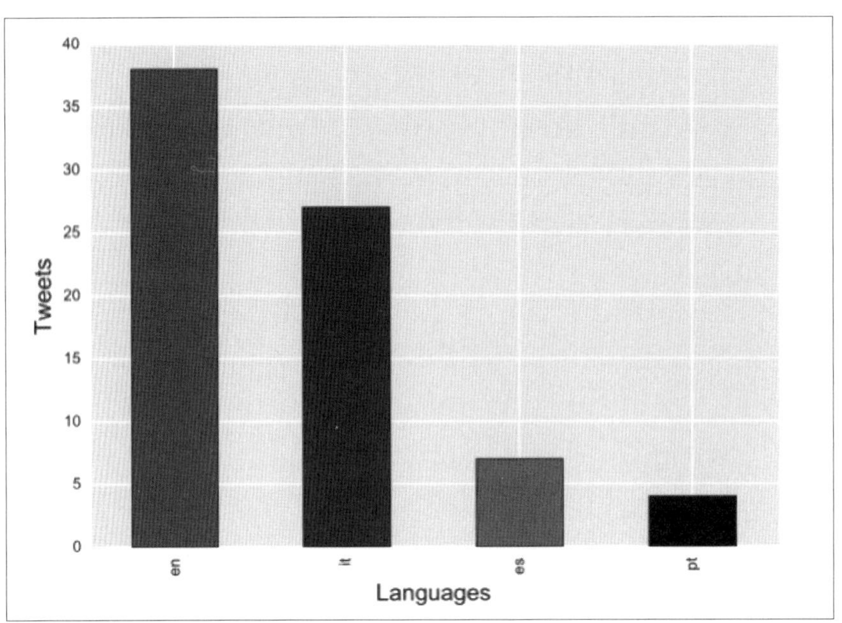

굉장하다! 주디는 분명 이 분석을 좋아할 것이다. 상위 언어가 예상대로 영어(en)이지만 그 밖의 세 언어는 이탈리아어(it), 스페인어(es), 포르투갈어(pt)다. 이것은 기사에 대한 멋진 피드일 것이다.

이 실습에서 얻을 수 있는 결과는 데이터 수집 프로그램을 실행할 때 결정된다. 예를 들어, GMT 시간인 오전 2시부터 8시까지 짧은 기간 동안 실행하면 이러한 나라에서는 낮시간이기 때문에 중국어 혹은 일본어로 더 많은 트윗을 살펴볼 수 있다. 그런데 사람들이 트윗을 하는 가장 좋은 시간이 언제인지 분석하는 것은 흥미로운 일이 아닌가? 몇 가지 상관 관계를 발견할 수 있다.

3. 이 데이터를 더 자세히 살펴보고 더 멋진 일들을 해보자. 이런 제품에 대한 소비자의 감정을 파악하기 위해 트윗의 텍스트 기반 분석을 실시하는 것은 어떨까? 감정에 따라, 이런 제품들을 흠잡는 트윗인지, 아니면 제품의 특징을 높이 평가하는지, 아니면 그냥 지나가는 코멘트인지 파악할 수 있을까? 하지만 기다려라(이런 종류의 데이터를 얻을 수 있을까? 절대적으로 그렇다). 다음 코드는 파이썬의 NTLK 기반 API를 사용해 긍정, 부정 혹은 중립적인 감정을 결정하기 위해 트윗(텍스트)에

대한 감정 분석을 수행한다. 그런 다음 이 데이터를 그룹화하여 막대 차트로 표시하고 PDF 파일로 저장한다.

```
import json
import pandas as pd
import matplotlib.pyplot as plt
import seaborn as sns
import requests

tweets = []
fh = open("twitter_data.txt", "r")
for data in fh:
  try:
    tweets.append(json.loads(data))
  except:
    continue

probablities = pd.DataFrame()
prob = []

for tweet in tweets:
  text = tweet['text']
  r = requests.post(url="http://text-processing.com/api/sentiment/",
                    data={"text":text},)
  print r.text
  if r.status_code == 200:
    ans = json.loads(r.text)
    prob.append(ans["label"])

probablities['data'] = map(lambda x: x, prob)
p_df = probablities['data'].value_counts()

fig, axis = plt.subplots()
sns.set_style("darkgrid")
axis.set_xlabel('Sentiments', fontsize=15)
axis.set_ylabel('Tweets' , fontsize=15)
clrs = ['green', 'yellow', 'red']
sns_plot = p_df.plot(ax=axis, kind='bar', color=clrs)
plt.savefig('sentiments.pdf')
```

이 코드를 실행하면 저장된 트윗 모두에 대한 감정 데이터로 막대 차트를 얻을 것이다. 그래프를 살펴보면, 소비자가 일반적으로 두 제품에 대해 긍정적으로 말했음을 알 수 있다.

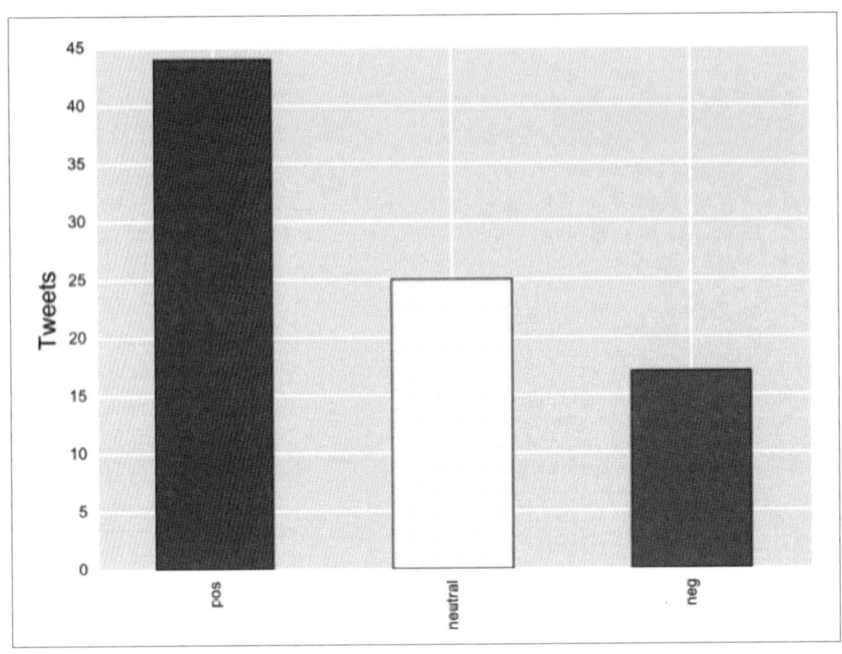

그것들에 대한 약간의 불평이 있기 때문에 부정적인 감정이 있지만, 단지 제품에 대한 언급이나 코멘트가 될 수 있는 중립적인 코멘트가 있다. 산뜻하다!

지금도 좋긴 하지만, 주디가 이러한 부정적인 트윗 중 몇 개가 아이폰 혹은 노트에 관한 것인지 알고 싶어 하진 않을까? 이 부분은 여러분의 몫으로 남겨두겠다.

작동원리

첫 번째 문제의 경우, 먼저 분석에 필요한 데이터를 수집했다. 트위터의 스트리밍 API는 실시간으로 이 정보를 수집할 수 있다. 스트리밍 API를 사용하려면 트위터의 개발자 앱에 등록하고 소비자 키consumer key, 소비자 시크릿consumer secret, 인증 토큰auth token, 인증 시크릿auth secret을 수집해야 한다. 간단한 과정이며 https://dev.twitter.com에서 쉽게 찾을 수 있다. 따라서 데이터 수집 예제(이 레시피의 첫 번째 예제)에서 OAuthHandler 클래스를 인스턴스화하여 트위터의 권한 객체인 auth를 얻은 다음 set_access_token( ) 메소드를 사용해 인증 토큰authorization token과 시크릿secret을 설정하는 데 사용했다. 트위터 스트리밍 API의 Stream 클래스는 listener 클래스에 바인딩되어 twitterStream 객체를 반환한다. listener 클래스는 StreamListener 클래스를 상속하고, 이 클래스는 들어오는 트윗을 모니터링하고 도착하는 트윗에 대해 on_data( ) 메소드에서 작업을 수행한다. 트윗의 필터링은 twitterStream.filter( ) 메소드를 사용해 수행된다.

이제, 들어오는 트윗이 on_data( ) 메소드에서 사용 가능하다는 사실을 안다. 트윗을 twitter_data.txt 파일에 저장하기 위해 on_data( ) 메소드를 사용했다. 이를 위해 쓰기(w) 모드에서 파일을 열고 write( ) 메소드를 사용해 JSON 형식의 파일에 트윗을 작성했다. 이를 통해 첫 번째 레시피를 완성하고 주디가 요구하는 데이터를 수집했다. 이제 분석을 수행할 차례다.

언어를 가져오기 위해, 첫 번째 방법으로 twitter_data.txt 파일을 읽기(r)모드로 여는 것으로 시작했다. 모든 트윗(JSON 형식)을 읽고 tweets 배열에 추가했다. pandas를 사용해 pd.DataFrame( )으로 빈 DataFrame 객체인 tweet_df를 생성했다. 파이썬의 map( ) 메소드를 사용해, tweets 배열에서 작업하고 빈 DataFrame에 새로운 열 lang을 추가했다. 그런 다음 value_counts( ) 메소드를 사용해 분석 중인 트윗의 모든 언어 수를 가져와서 변수 tweets_by_lang에 저장했다.

코드의 다른 부분은 평소대로 matplotlib에서 plt 객체를 생성하고 seaborn 라이브러리를 사용해 막대 차트를 생성하기 위해 plot( ) 메소드를 사용했다. set_xlabel( ) 및 set_ylabel( ) 메소드로 축 라벨을 설정하고 green, blue, red, black 색상을 사용해 여러 언어를 나타낸다. 마지막으로, savefig( ) 메소드를 사용해 PDF 파일에 저장했다.

감정 분석을 위해, 두 번째 방법으로 twitter_data.txt의 모든 트윗을 읽고 tweets 배열에 저장하는 것으로 시작했다. 이후 빈 데이터 프레임 probabilities를 생성하고, 모든 감정 분석의 트윗을 처리하고, prob 배열에 분석을 저장했다. 그런 다음 prob 배열의 map() 메소드를 사용해 빈 데이터 프레임에 data 열을 추가했다.

이제 데이터 프레임 probablities['data']에는 분석한 모든 트윗에 대한 감정이 포함된다. 정규 작업에 따라, 분석된 트윗에 대한 positive, negative, neutral의 값 집합을 얻어 막대 차트로 그린다.

이 레시피의 모든 예제를 살펴보면, 데이터 수집 및 분석 작업을 별도의 프로그램으로 나눴다. 시각화가 방대하면 그것들을 분리할 수도 있다. 이렇게 하면, 주디가 데이터 수집 파이썬 프로그램을 사용해 미래의 기사를 위한 또 다른 키워드 집합에 대한 정보를 수집할 수 있다.

또한 프로그램의 분석 및 시각화 매개변수를 약간 변경해 자신의 데이터 집합에 대한 분석을 실행할 수도 있다. 따라서 미래의 모든 기사에 대해, 주디를 위해 데이터 수집, 분석 및 시각화 프로세스를 자동화할 수 있었다.

주디는 이미 미소 짓고 있다. 여러분이 10장을 즐겼기를 바란다. 이 장에서 얻은 지식을 통해 데이터 및 시각화 세계를 시작할 수 있다고 확신한다.

더 알아보기

이번 레시피에서는 텍스트 기반 감정 분석을 살짝 맛만 본 셈이다. 감정 분석에는 텍스트 분류, 토큰화, 의미론적 추론 등 훨씬 더 흥미로운 내용이 포함된다. 파이썬 텍스트로 작업하는 방법을 자세히 살펴보고 싶다면 http://www.nltk.org/book/의 NLTK 책을 강력히 추천한다.

11 시간대

시간 계산은 재미있고 흥미로운 동시에 지루하다. 처음에 시간을 읽는 법을 배울 때는 재미있고, 서머타임에 대해 알게 될 때는 흥미로우며, 고객이 웹 애플리케이션을 통해 시간대별로 회의 일정을 잡을 수 없다고 불평할 때는 지루하다.

11장에서 다루는 내용은 다음과 같다.

- 시간, 날짜 및 달력 작업
- `date` 객체와 `time` 객체의 비교 및 결합, 날짜 계산
- 날짜 형식 및 파싱
- 시간대 계산하기
- 사용자 시간대의 송장 자동화

소개

"여러분이 인생을 사랑한다면, 시간을 낭비하지 말자. 시간이 인생을 만들어내는 것이기 때문이다."

– 브루스 리 Bruce Lee

시간은 모든 것의 척도다. 인생에서 할 일은 너무 많으나 아이러니하게도 우리에게는 시간이 너무 부족하다. 요즘, 우리는 직관적으로 시간 계획을 세운다(교통체증을 피하려면 몇 시에 이동해야 하는지, 다른 많은 것들 중에서 이 작업의 마감 기한은 언제인지 등). 기업은 달력이 시작되기도 전에 1년 동안의 활동을 계획한다.

시간 계산은 거의 모든 곳에 있다. 호주에 있는 동료와 미팅 일정을 잡고 싶은가? 시간대를 정확하게 설정하고 여러분과 동료 모두에게 좋은 시간을 살펴본다. 적절한 시기에 고객을 위한 작업을 수행하는 코드를 작성하길 원하는가? 데이터베이스의 시간 객체를 관리하고 사용자의 모든 작업을 추적한다. 할리우드 영화인 〈National Treasure〉에서도 니컬러스 케이지Nicholas Cage는 시간대 계산에 의존해 다음 단서를 찾아 보물에 더 가깝게 다가갔다.

근본적으로, 어디에 있든 무엇을 하든 시간 계산으로부터 도망칠 수는 없다. 11장에서는 파이썬의 `date` 객체와 `time` 객체를 다룰 것이다. 또한 날짜에 대해 산술 연산을 수행하고 시간대 계산을 사용하는 방법을 살펴본다. 사용자의 시간대를 기반으로 비즈니스 프로세스를 자동화하는 방법도 다룬다.

11장에서는 다음과 같은 내장 파이썬 모듈을 사용할 것이다.

- `datetime`(https://docs.python.org/2/library/datetime.html)
- `calendar`(https://docs.python.org/2/library/calendar.html)

또한 다음과 같은 외부 모듈을 사용해 시간대를 사용할 것이다.

- `pytz`(http://pytz.sourceforge.net/)

파이썬의 `pytz` 라이브러리는 올슨Olson 시간대 데이터베이스를 가져온다. 파이썬 2로 정확하게 교차 플랫폼 시간대를 계산할 수 있다. 또한 서머타임에 관한 계산을 수행하는 데 도움이 된다.

레시피에 들어가기 전에 파이썬 설치에 관련 모듈이 있는지 확인하고, 11장에서 필요한 모듈을 설치하자. 11장의 가상 환경을 생성하고 활성화하는 것으로 시작한다.

```
chetans-MacBookPro:ch12 Chetan$ virtualenv date
New python executable in date/bin/python2.7
Also creating executable in date/bin/python
Installing setuptools, pip, wheel...done.
chetans-MacBookPro:ch12 Chetan$ source date/bin/activate
(date)chetans-MacBookPro:ch12 Chetan$
```

파이썬 pip를 사용해 가상 환경에 pytz 모듈을 설치하자. 모듈을 설치하고 나면 첫 번째 레시피로 이동해 time 및 date 객체 작업을 시작한다.

```
(date)chetans-MacBookPro:ch12 Chetan$ pip install pytz
Collecting pytz
  Using cached pytz-2016.7-py2.py3-none-any.whl
Installing collected packages: pytz
Successfully installed pytz-2016.7
```

시간, 날짜 및 달력 작업

이 레시피에서는 내장된 파이썬 모듈을 사용할 것이므로 명시적으로 설치할 필요가 없다. 시작해보자.

실행 방법

1. 가장 선호하는 편집기로 이동해 time_ex.py라는 파일을 생성하고 파이썬 파일에 다음 코드를 작성한다.

```
import datetime

time_obj = datetime.time(13, 2, 23)
print "Time object is:", time_obj
print 'Hour :', time_obj.hour
print 'Minute:', time_obj.minute
print 'Second:', time_obj.second
print 'Microsecond:', time_obj.microsecond
```

이 파이썬 코드를 실행하면 다음과 같은 출력이 나타날 것이다. 파이썬을 사용해 주어진 time 객체를 어떻게 생성했는지 살펴보고 주어진 time 객체에 대한 hour, minute, second, microsecond 세부 사항을 검색한다.

```
(date)chetans-MacBookPro:ch12 Chetan$ python time_ex.py
Time object is: 13:02:23
Hour  : 13
Minute: 2
Second: 23
Microsecond: 0
```

2. 파이썬의 Time 클래스에는 시간 계산에 효과적으로 사용할 수 있는 몇 가지 속성이 있다. 예를 들면, 다음 코드에서 주어진 날짜를 위한 유효 시간 범위를 얻을 수 있다.

```
import datetime
print "Time Attributes are:"
print "Earliest time of the day :", datetime.time.min
print "Latest time of the day :", datetime.time.max
```

위 코드의 출력은 다음 스크린샷에서 볼 수 있다. 해당 날에 사용 가능한 최초 시간과 마지막 시간을 얻는 방법을 살펴본다.

```
(date)chetans-MacBookPro:ch12 Chetan$
(date)chetans-MacBookPro:ch12 Chetan$ python time_ex.py
Time Attributes are:
Earliest time of the day : 00:00:00
Latest time of the day : 23:59:59.999999
```

3. 좋다! 이제 date 객체를 살펴보자. 다음 파이썬 코드는 오늘 날짜를 가져온다. 다음 코드로 year, month, day 속성도 검색한다.

```
import datetime

today = datetime.date.today()
print 'Date object:', today
print 'Year:', today.year
print 'Mon :', today.month
print 'Day :', today.day
```

이 코드의 출력은 다음 스크린샷에 표시된다.

```
(date)chetans-MacBookPro:ch12 Chetan$ python date_ex.py
  Date object: 2016-11-27
  Year: 2016
  Mon : 11
  Day : 27
```

4. 파이썬의 date() 메소드 및 replace() 메소드를 사용해 새로운 date 객체를 생성하거나 기존 객체를 수정할 수도 있다. 다음 코드는 이러한 메소드를 사용하는 방법을 보여준다.

```
import datetime
date_1 = datetime.date(2011, 12, 31)
print ' Date is:', date_1

date_2 = date_1.replace(year=2012, month=1)
print ' New Date is:', date_2
```

위 코드의 출력은 다음과 같다.

```
(date)chetans-MacBookPro:ch12 Chetan$ python date_ex.py
  Date is: 2011-12-31
  New Date is: 2012-01-31
```

5. 환상적이다! 앞으로 몇 개월 혹은 몇 년에 걸쳐 작업할 수 있는지 살펴보자. 파이썬으로 전체 일정을 작업하는 일은 매우 쉽다. 다음 코드는 콘솔에서 전체 연도의 달력을 인쇄한다. 이 경우, 2017년도의 달력을 반환한다. 내 생일을 확인했다. 오, 올해 생일은 화요일이고 나는 사무실에 가야 한다.

```
import calendar
from calendar import TextCalendar
cal = TextCalendar()
cal.pryear(2017)
cal.prmonth(2017, 11)
```

위 코드의 출력은 다음 스크린샷에 표시된다. 첫 번째 스크린샷은 2017년의 전체 달력을 반환한다.

```
[(date)chetans-MacBookPro:ch12 Chetan$ python calendar_ex.py
                                  2017

      January                   February                   March
Mo Tu We Th Fr Sa Su      Mo Tu We Th Fr Sa Su      Mo Tu We Th Fr Sa Su
                   1             1  2  3  4  5             1  2  3  4  5
 2  3  4  5  6  7  8       6  7  8  9 10 11 12       6  7  8  9 10 11 12
 9 10 11 12 13 14 15      13 14 15 16 17 18 19      13 14 15 16 17 18 19
16 17 18 19 20 21 22      20 21 22 23 24 25 26      20 21 22 23 24 25 26
23 24 25 26 27 28 29      27 28                     27 28 29 30 31
30 31

       April                      May                       June
Mo Tu We Th Fr Sa Su      Mo Tu We Th Fr Sa Su      Mo Tu We Th Fr Sa Su
                1  2       1  2  3  4  5  6  7                1  2  3  4
 3  4  5  6  7  8  9       8  9 10 11 12 13 14       5  6  7  8  9 10 11
10 11 12 13 14 15 16      15 16 17 18 19 20 21      12 13 14 15 16 17 18
17 18 19 20 21 22 23      22 23 24 25 26 27 28      19 20 21 22 23 24 25
24 25 26 27 28 29 30      29 30 31                  26 27 28 29 30

        July                     August                  September
Mo Tu We Th Fr Sa Su      Mo Tu We Th Fr Sa Su      Mo Tu We Th Fr Sa Su
                1  2          1  2  3  4  5  6                   1  2  3
 3  4  5  6  7  8  9       7  8  9 10 11 12 13       4  5  6  7  8  9 10
10 11 12 13 14 15 16      14 15 16 17 18 19 20      11 12 13 14 15 16 17
17 18 19 20 21 22 23      21 22 23 24 25 26 27      18 19 20 21 22 23 24
24 25 26 27 28 29 30      28 29 30 31               25 26 27 28 29 30
31

      October                   November                  December
Mo Tu We Th Fr Sa Su      Mo Tu We Th Fr Sa Su      Mo Tu We Th Fr Sa Su
                   1             1  2  3  4  5                   1  2  3
 2  3  4  5  6  7  8       6  7  8  9 10 11 12       4  5  6  7  8  9 10
 9 10 11 12 13 14 15      13 14 15 16 17 18 19      11 12 13 14 15 16 17
16 17 18 19 20 21 22      20 21 22 23 24 25 26      18 19 20 21 22 23 24
23 24 25 26 27 28 29      27 28 29 30               25 26 27 28 29 30 31
30 31
```

다음 스크린샷은 2017년 11월, 즉 2017년의 11번째 월의 달력만 반환한다.

```
   November 2017
Mo Tu We Th Fr Sa Su
       1  2  3  4  5
 6  7  8  9 10 11 12
13 14 15 16 17 18 19
20 21 22 23 24 25 26
27 28 29 30
```

작동원리

이 레시피에서는 time 객체 작업을 시작했다. 시간, 분, 초를 입력 매개변수로 사용하는 datetime.time( ) 메소드로 time 객체를 생성했다. hour, minute, second 속성으로 time 객체를 읽고, datetime.time.min과 datetime.time.max 속성으로 가장 이른 시간과 가장 늦은 시간을 얻었다.

다음으로, datetime.date( ) 메소드를 사용해 날짜 작업을 시작했다. datetime.date( ) 메소드를 사용해 오늘 날짜를 얻었고, today.year, today.month, today.day 속성을 사용해 오늘의 연월일을 출력했다.

year, month, day를 매개변수로 전달해 datetime.date( ) 메소드로 새 날짜도 생성했다. date 객체가 사용 가능해지면, replace( ) 메소드를 사용해 새 날짜를 가져오는 데 사용했다. year와 month를 매개변수로 replace( ) 메소드에 전달해 새 date 객체를 생성했다.

이 절에서는 calendar 객체도 사용했다. 이러한 목적으로 파이썬 설치에서 사용할 수 있는 calendar 모듈을 사용했다. 먼저 TextCalendar 객체를 생성하기 위해 TextCalendar 클래스를 인스턴스화한다. 나중에 이 객체를 사용했고, pryear( ) 메소드로 2017년 달력을 콘솔에 인쇄했다.

또한 prmonth( ) 메소드를 사용해 2017년 11월의 달력을 보여줄 수도 있다. 좋다!

date 객체와 time 객체의 비교 및 결합, 날짜 계산

date 객체를 생성하고 사용하는 것도 좋지만, 비즈니스 사용 사례에서 수행해야 하는 작업은 date와 time 객체의 차이를 비교하거나 계산하는 작업과 관련이 많다. 이 레시피에서는 파이썬에서 이러한 작업을 수행하는 방법을 다룰 것이다. 그러나 이 레시피에서 살펴볼 수 있는 중요한 변화에 주목하는 것이 중요하다. 마지막 레시피에서는 time 객체와 date 객체를 독립적으로 작업했다. 하지만 파이썬의 datetime 모듈은 날짜와 시간 속성을 모두 포함하는 객체를 작업한다는 점에서 큰 이점을 제공한다. '실행 방법' 절에서 이 차이를 확인할 수 있다.

준비하기

이 레시피에서는 지난 예제들에서 사용한 datetime 파이썬 모듈을 사용할 것이다. 새로 설치할 것은 없다.

실행 방법

1. 우선 두 datetime 객체의 차이를 가져온다. 다음 코드는 이 작업을 수행하고 두 datetime 객체 간의 차이를 계산한다. 이 작업은 초 단위로 차이를 알려주지만 달 혹은 연도에서 차이를 구하기 위해 이것을 사용할 수도 있다. 다음 스크린샷에서 datetime.now()가 오늘 날짜와 현재 시간이 모두 포함된 문자열을 반환하는 방법을 살펴본다. 날짜와 시간 속성을 구성하는 객체에 대한 작업임을 이해하는 것이 중요하다. 생각해보면 (실세 세계에서도) 두 사건 간의 시간 차이를 계산해야 할 때는 date 객체 및 time 객체로 함께 작업하는 편이 가장 유용할 것이다. date 객체 혹은 time 객체에 대해 독립적으로 작업하더라도, datetime 객체에 대해 수행하는 것과 동일한 계산을 수행하게 되므로 이 접근 방식으로 얻을 수 있는 이점을 상상해본다.

```
from datetime import datetime
import time

now_1 = datetime.now()
print " Time Now", now_1
time.sleep(5)

now_2 = datetime.now()
print " Time Now", now_2

print " Difference in the times is:", (now_2 - now_1).seconds
```

이 코드의 출력은 다음 스크린샷에 표시된다. 몇 초 안에 datetime 객체의 차이를 확인한다.

```
(date)chetans-MacBookPro:ch12 Chetan$ python date_arithmetic.py
  Time Now 2016-11-27 11:59:18.077825
  Time Now 2016-11-27 11:59:23.083190
  Difference in the times is: 0:00:05.005365
(date)chetans-MacBookPro:ch12 Chetan$
```

2. 좋다, 하지만 datetime 객체의 차이가 음수이면 어떤 일이 발생하는지 묻고 싶을 수 있다. 이 예제에서 now_1 - now_2를 계산하면, 큰 차이가 발생하지만 실제 차이는 발생하지 않는다. 이를 위해 두 datetime 객체 간의 차이를 알아내는 멋진 요령이 있다. (now_1 - now_2).total_seconds()를 사용해 음숫값, 즉 −5초를 얻을 수 있다.

3. 자, 이제 datetime 객체에 대해 더 많은 계산을 수행하자. 예를 들어, 과거 혹은 미래의 시간을 얻는 것은 어떨까? 다음 코드는 이러한 작업을 수행하는 데 도움이 된다. 실행되는 순간에 어떻게 날짜와 시간을 얻는지, 그리고 내일의 날짜와 시간을 반환할 수 있는지 살펴본다.

```
from datetime import datetime, timedelta

now = datetime.now()
print " Time Now is:", now

one_day_later = now + timedelta(days=1)
print " Tomorrow is:", one_day_later
```

위 코드의 출력은 다음과 같다.

```
(date)chetans-MacBookPro:ch12 Chetan$ python date_delta.py
  Time Now is: 2016-11-27 16:28:46.223133
  Tomorrow is: 2016-11-28 16:28:46.223133
```

4. 과거의 시간을 얻으려면, 다음 코드와 같은 방법으로 처리할 수 있다.

```
from datetime import datetime, timedelta

now = datetime.now()
print " Time Now is:", now

days_in_past = now - timedelta(days=365, hours=1)
print " Last year:", days_in_past
```

위 코드의 출력은 다음 스크린샷에 표시된다. 365일 전의 과거 날짜를 요청했다. 하지만 2015년 11월 28일을 보여준다. 왜일까? 같은 날을 보여주면 안 될까? 아, 물론 2016년은 윤년leap year이었다.

```
(date)chetans-MacBookPro:ch12 Chetan$ python date_delta.py
  Time Now is: 2016-11-27 16:34:15.168055
  Last year: 2015-11-28 15:34:15.168055
```

5. 이제는 차이를 얻거나 date 객체 및 time 객체에 시간을 추가하는 데 익숙해졌다. 하지만 종종 시간을 비교할 필요가 있는데, 코드의 도움으로 이것을 살펴보자. 다음 파이썬 코드는 time 객체 및 date 객체를 개별적으로 비교한다.

```
import datetime

time_1 = datetime.time(8, 9, 10)
print " Time 1:", time_1
time_2 = datetime.time(13, 19, 50)
print " Time 2:", time_2

print " Comparing times: time_2 > time_1?", time_2 > time_1

date_1 = datetime.date.today()
print " Date 1:", date_1
date_2 = date_1 + datetime.timedelta(days=2)
print " Date 2:", date_2

print " Comparing dates: date_1 > date_2?", date_1 > date_2
```

이 코드의 출력은 다음 스크린샷에서 확인할 수 있다.

```
(date)chetans-MacBookPro:ch12 Chetan$ python time_date_compare.py
  Time 1: 08:09:10
  Time 2: 13:19:50
  Comparing times: time_2 > time_1? True
  Date 1: 2016-11-27
  Date 2: 2016-11-29
  Comparing dates: date_1 > date_2? False
(date)chetans-MacBookPro:ch12 Chetan$
```

6. 이전 레시피에서 봤듯이 time 객체와 date 객체를 결합해야 할 필요성도 느껴진다. 예를 들어, time 객체를 비교하고 몇 가지 작업을 수행하려는 사용 사례의 프로그램을 개발했다. 하지만 비교하는 time 객체가 다른 날짜에 위치하기 때문에 날짜를 비교하게 될 수도 있다. datetime 객체를 사용하는 것이 얼마나 쉬운지 이미 알고 있기 때문에 time 객체와 date 객체를 단일 datetime 객체로 결합해 쉽게 작업할 수 있다. 이것을 파이썬에서 쉽게 얻을 수 있다. 다음 코드는 개별 시간과 날짜를 datetime 객체와 결합하는 방법을 보여준다.

```
import datetime

time_1 = datetime.time(13, 44, 55)
time_2 = datetime.time(13, 44, 55)
print " Times:", time_1, time_2

date_1 = datetime.date.today()
date_2 = date_1 + datetime.timedelta(days=1)
print " Dates:", date_1, date_2

datetime_1 = datetime.datetime.combine(date_1, time_1)
datetime_2 = datetime.datetime.combine(date_2, time_2)

print " Datetime Difference:", datetime_2 - datetime_1
```

위 코드의 출력은 다음과 같다.

```
(date)chetans-MacBookPro:ch12 Chetan$ python time_date_combine.py
  Times: 13:44:55 13:44:55
  Dates: 2016-11-27 2016-11-28
  Datetime Difference: 1 day, 0:00:00
```

작동원리

마지막 절에서는 time, date, calendar 객체를 개별적으로 작업했다. 이 레시피에서는 완전한 datetime 객체 작업을 시작했다.

이 레시피의 첫 번째 코드 예제에서 datetime 객체 간의 차이를 계산했다. 그동안 익숙했던 것과 같은 빼셈(-) 연산자를 사용하면 쉽게 할 수 있다. 즉, __sub__() 메소드가 datetime 클래스에 대해 오버라이드됐다.

그런 다음, 두 번째 코드 및 세 번째 코드에서 timedelta() 메소드를 사용해 미래의 datetime 객체를 얻거나 과거로 이동했다. timedelta() 메소드는 현재 datetime 객체를 과거 혹은 미래로 이동하기 위한 days 혹은 hours 같은 편리하게 명명된 속성을 지원한다. - timedelta()로 과거를 얻고 + timedelta() 작업으로 미래로 이동한다.

다음으로, datetime 객체를 비교하는 방법을 다뤘다. 여타 파이썬 객체와 마찬가지로 간단히 수행됐다. 파이썬에서 정수는 각각 < 연산자 및 > 연산자로 다른 정수보다 작거나 큰지 확인한다. datetime 객체의 경우도 마찬가지다. 이 연산자를 사용해 datetime 객체를 비교하기만 하면 된다.

마지막으로, 차이를 얻거나 비교하는 date 객체 및 time 객체의 작업을 위한 사용 사례를 살펴봤다. 이를 위해 파이썬 코드를 작성해 date 객체 및 time 객체를 결합하고 datetime.combine() 메소드를 사용했다. 이렇게 하면 date 객체 혹은 time 객체에서 개별적으로 수행한 다음 결과를 결합하는 대신 비교 혹은 차이 작업을 datetime 객체에서 쉽게 수행할 수 있다.

날짜 형식 및 파싱

지금까지의 모든 레시피는 date 객체 혹은 time 객체에 대한 여러 작업을 수행했다. 그러나 객체 자체는 특정 형식으로 표현된다. 예를 들어 기본적으로 date() 객체는 YYYY-MM-DD 형식으로 표현되고, time() 객체는 HH:MM:SS 형식으로 표현된다. 이러한 표현이 좋지만 웹사이트의 사용자에게 데이터를 표시하거나 웹 페이지에서 회의를 예약할 때 항상 이러한 형식을 사용할 수는 없다.

이 절에서는 date와 time 객체가 사용자에게 표시될 수 있는 다양한 형식을 빠르게 살펴본다.

준비하기

이 레시피에서는 기본 파이썬 설치 패키지에서 얻을 수 있는 datetime 모듈을 사용한다.

실행 방법

1. 알고 있는 것으로 시작하자. 다음 파이썬 코드는 날짜와 시간을 ISO 형식으로 출력할 것이다. 이 형식은 전 세계에서 가장 많이 사용되는 형식이며 일반적으로 허용된다.

```
import datetime

today = datetime.datetime.today()
print " ISO datetime: ", today
```

2. 하지만 이미 상상했던 것처럼 이 형식은 읽기 쉽지 않다. 예를 들어, 그것은 숫자(11월의 11)에서 월을 읽고 마이크로초(심지어 별로 유용하지 않다고 생각한다)까지 시간을 반환한다. 이러한 문제를 해결하는 형식은 무엇이며, 날짜를 읽기 쉽게 만드는 방법은 무엇일까? 다음 코드를 사용하면 쉽게 할 수 있다. 이 코드에서는 '%b' 같은 특정 형식 지정자를 사용해 월을 읽을 수 있도록 관리한다.

```
import datetime

today = datetime.datetime.today()
print " ISO datetime: ", today

format = "%a %b %d %H:%M:%S %Y"
```

```
string_format = today.strftime(format)
print " Datetime in String format:", string_format
```

3. 시간을 저장하기 위해 유닉스Unix 타임스탬프timestamp 혹은 에폭epoch을 사용하는 일부 웹 애플리케이션을 본 적이 있을 것이다. 객체를 저장하는 좋은 방법이지만, 실제 시간이나 날짜를 이해하는 형식으로 사용자에게 나타내야 한다.

4. 유닉스 시간은 POSIX 시간 혹은 에폭 시간이라고 하며, 1970년 1월 1일 목요일 00:00:00 UTC 이후로 경과된 초로 정의된 시간을 설명하기 위한 시스템이다. 유닉스 타임스탬프는 시간대와 관계없이 시간을 나타내기 때문에 유용하다. 예를 들어, 유닉스 시간은 런던에서 오후 1시, 뉴욕에서 오전 8시를 나타낼 수 있다. 다음 코드는 타임스탬프를 datetime 객체로 변환하는 방법과 그 반대의 방법을 보여준다.

```
import datetime
import time

time_1 = time.time()
print " Datetime from unix timestamp:",
datetime.datetime.fromtimestamp(1284101485)

date_1 = datetime.datetime(2012,4,1,0,0)
print " Unix timestamp", date_1.strftime('%s')
```

5. datetime 객체의 또 다른 재미있는 표현은 세계가 시작된 후 n번째의 날짜를 표시하는 것이다. 예를 들어, 0001년 1월 1일 이후의 1000일째 날짜를 출력할 수 있을까? 01/01/01에 서수 1을 가진 기본 구성 그레고리력Gregorian calendar에 해당하는 날짜다.

```
import datetime

date_1 = datetime.date.fromordinal(1000)
print " 1000th day from 1 Jan 0001: ", date_1
```

이 파이썬 코드를 실행하면 다음 스크린샷과 같이 원하는 객체를 볼 수 있을 것이다.

```
(date)chetans-MacBookPro:ch12 Chetan$ python datetime_format.py
  ISO datetime:  2016-11-27 20:16:47.753303
  Datetime in String format: Sun Nov 27 20:16:47 2016
  Datetime from unix timestamp: 2010-09-10 12:21:25
  Unix timestamp 1333218600
  1000th day from 1 Jan 0001:  0003-09-27
(date)chetans-MacBookPro:ch12 Chetan$
```

작동원리

이 레시피에서는 datetime 객체를 나타내는 다양한 방법을 살펴봤다. 첫 번째 예제에서는 ISO 형식으로 날짜와 시간을 출력했다. 이것은 가장 많이 사용되는 형식이며, https://en.wikipedia.org/wiki/ISO_8601에서 ISO 형식에 대한 자세한 내용을 확인할 수 있다. 보다시피, 이 표현을 위해 새로운 메소드를 사용할 필요가 없다. 단순히 ISO 형식으로 날짜를 가져오기 위해 datetime.today( )를 사용했다.

두 번째 예제에서는 문자열 형식으로 날짜를 나타내는 자체 형식을 정의하는 방법을 다뤘다. 날짜는 %a, %b, %d, 시간은 %H, %M, %S 같은 형식 지정자를 사용해 작업을 수행했다. format 변수에 형식으로 지정했고 ISO datetime 객체를 커스텀 문자열 형식으로 변환해 strftime( ) 메소드에 선달하는 데 사용했다.

다음 두 예제는 유닉스 타임스탬프 혹은 에폭을 datetime 객체와 반대로 변환하는 데 도움을 준다. 첫 번째 사용 사례에서는 datetime.fromtimestamp(<unixtimestamp>) 메소드를 사용해 유닉스 타임스탬프를 datetime 객체로 변환하고, 이어지는 예제에서 strftime( ) 메소드로 datetime 객체를 유닉스 타임스탬프로 변환했다. 이 예제에서 사용된 유닉스 시간(1284101485)은 1970년 1월 1일 이후로 경과된 초 수다.

흥미로운 마지막 예제에서는 그레고리력 형식의 날짜와 시간을 fromordinal( ) 메소드로 얻는다. 이 메소드는 사용하지 않을 가능성이 높으나, 흥미로운 날짜 형식을 보여주고자 11장에서 이 메소드도 포함시켰다.

시간대 계산하기

date 객체 혹은 time 객체에서 수행해야 하는 가장 까다로운 계산 중 하나는 시간대가 포함된 계산이다. 동료가 샌프란시스코에서 일하고 여러분은 시드니에 있다면 전화 회의를 어떻게 계획하는가? 회의를 결정할 때는 동료의 시간대를 알아야 한다. 그렇지 않으면, 시드니 시간으로 오후 8시에 회의를 할 경우 샌프란시스코의 동료에게는 이미 자정이 지난 시간이다. 시간대 계산은 대개 지루하고 비즈니스 애플리케이션을 개발하는 동안 조심스럽게 처리해야 한다. 파이썬이 어떻게 우리를 도울 수 있는지 살펴보자.

준비하기

이 레시피는 11장의 시작 부분에서 설치한 pytz 모듈을 사용한다. 실제로 파이썬 표준 라이브러리에는 표준 시간대 라이브러리가 없지만, 파이썬 커뮤니티에서 제공하는 모듈로 충분하게 사용할 수 있다.

실행 방법

다음 단계를 수행한다.

1. UTC로 현지 시간을 가져오는 간단한 연산부터 시작하자. UTC는 시계 및 시간 측정을 규제하는 세계표준인 Universal Time Converter의 약자다. UTC는 그리니치 표준시(GMT, Greenwich Mean Time)로도 널리 알려졌다.

```
from datetime import datetime, timedelta
now = datetime.now()
print " Local time now is:", now
utcnow = datetime.utcnow()
print " UTC time now is:", utcnow
```

이 코드의 출력은 다음 스크린샷에 표시된다. 현지 시간이 UTC보다 5시간 30분 정도 빠른 것을 살펴본다.

```
(date)chetans-MacBookPro:ch12 Chetan$ python timezone_ex.py
  Local time now is: 2016-11-28 22:20:59.775661
  UTC time now is: 2016-11-28 16:50:59.776152
```

2. 따라서 현지 시간을 UTC로 변환할 수는 있지만, 이것이 항상 충분하지는 않다. 고객(애플리케이션을 개발하는 고객)은 전 세계 어느 곳에서나 올 수 있다. 고객의 계정은 시간대 및 현지 시간과 관련해 관리해야 한다. 주어진 시간대에 있는 사용자의 현지 시간을 파악하는 방법을 살펴보자.

```
from pytz import timezone
import pytz

utc = pytz.utc
print " Selected time zone:", utc

eastern = timezone('US/Eastern')
print " Switched to time zone:", eastern
loc_dt = datetime(2016, 11, 27, 12, 0, 0, tzinfo=pytz.utc)
est = loc_dt.astimezone(eastern)
fmt = '%Y-%m-%d %H:%M:%S %Z%z'
print " Local time in Eastern time zone:", est.strftime(fmt)
```

위 코드의 출력은 다음 스크린샷에 표시된다. 동부 시간eastern time zone를 가져와서 현지 UTC 시간을 **동부 표준시**EST, Eastern Standard Time로 변환한 방법을 살펴본다. 실제로 UTC는 시간대로 시간을 변환하는 가장 좋은 방법이다.

```
(date)chetans-MacBookPro:ch12 Chetan$ python timezone_ex.py
  Selected time zone: UTC
  Switched to time zone: US/Eastern
  Local time in Eastern time zone: 2016-11-27 07:00:00 EST-0500
(date)chetans-MacBookPro:ch12 Chetan$ _
```

3. 파이썬에서는 datetime 객체로 시간대 정보의 산술 계산을 수행하는 방법도 간단하다. 다음 코드로 date 객체에서 산술 연산을 수행하는 방법을 살펴본다.

```
from datetime import datetime, timedelta
au_tz = timezone('Australia/Sydney')
local = datetime(2002, 10, 27, 6, 0, 0, tzinfo=au_tz)
print " Local time in Sydney:", local

past = local - timedelta(minutes=10)
print " 10 minutes before time was:", past
future = local + timedelta(hours=18)
print " 18 hours later it is:", future
```

이제 파이썬 인터프리터에서 이 코드를 실행하면 다음과 같은 결과가 나타난다.

```
(date)chetans-MacBookPro:ch12 Chetan$ python timezone_ex.py
  Local time in Sydney: 2002-10-27 06:00:00+10:05
  10 minutes before time was: 2002-10-27 05:50:00+10:05
  18 hours later it is: 2002-10-28 00:00:00+10:05
```

4. 이 문제에 대해 이야기하지 않고는 시간대에 관한 주제를 끝낼 수 없다. 시간대 계산에서 서머타임은 어떻게 처리할까? 서머타임의 세계를 갖게 해준 벤저민 프랭클린Benjamin Franklin에게 감사의 말을 전한다. 코드 예제의 도움을 통해 이를 살펴보자.

```
eastern = timezone('US/Eastern')
dt = datetime(2016, 11, 06, 1, 30, 0)
dt1 = eastern.localize(dt, is_dst=True)
print " Date time 1 with day light savings:", dt1.strftime(fmt)
dt2 = eastern.localize(dt, is_dst=False)
print " Date time 2 without day light savings:", dt2.strftime(fmt)
```

코드를 실행하면 문자열 형식으로 표시된 두 datetime 객체가 나타난다. 첫 번째는 서머타임으로 처리하고, 두 번째는 이를 무시한다. 2016년 11월 6일에 동부 시간eastern time zone의 올해 서머타임은 끝났고, 시계는 거꾸로 움직였다.

```
(date)chetans-MacBookPro:ch12 Chetan$ python timezone_ex.py
  Date time 1 with day light savings: 2016-11-06 01:30:00 EDT-0400
  Date time 2 without day light savings: 2016-11-06 01:30:00 EST-0500
```

5. 마지막으로, pytz 모듈에서 사용할 수 있는 몇 가지 헬퍼 메소드helper method가 있다. 예를 들어, ISO 국가 코드를 기반으로 특정 국가의 시간대를 얻거나, 단순히 ISO 국가 코드에서 국가 이름을 가져오는 것과 같이 유용할 수 있다. 다음 예제를 살펴보자.

```
tz_au = '\n '.join(pytz.country_timezones['au'])
print " Time zones in Australia:", tz_au
country_gb, country_fr = pytz.country_names['gb'],
                         pytz.country_names['fr']
print "\n Country names are:\n", " ", country_gb,
      "\n ", " ", country_gb, "\n ", country_fr
```

위 코드의 출력은 다음 스크린샷에서 확인할 수 있다.

```
(date)chetans-MacBookPro:ch12 Chetan$ python timezone_ex.py
  Time zones in Australia: Australia/Lord_Howe
  Antarctica/Macquarie
  Australia/Hobart
  Australia/Currie
  Australia/Melbourne
  Australia/Sydney
  Australia/Broken_Hill
  Australia/Brisbane
  Australia/Lindeman
  Australia/Adelaide
  Australia/Darwin
  Australia/Perth
  Australia/Eucla

  Country names are:
   Britain (UK)
   France
```

작동원리

이 레시피에서는 날짜-시간 계산에 필수적인 시간대를 사용해 작업하는 다양한 방법을 살펴봤다. 이 레시피의 첫 번째 코드 예제에서는 `datetime.now()`로 현재 시간을 계산한 다음 `datetime.utcnow()`를 사용해 UTC에서 동일한 현지 시간을 얻는다. `utcnow()` 메소드는 일정 처리 같은 추가 처리를 위해 데이터베이스에 `date/time` 객체를 저장해야 할 때 매우 편리하다.

다음으로, 다른 시간대로 전환하고 해당 시간대의 현재 시간을 검색하는 방법을 살펴봤다. `pytz` 클래스는 UTC로 시간대를 설정하는 간단한 속성인 `utc`가 있다. 현재 시간대를 UTC로 설정하는 데 사용했다. 나중에 `pytz` 모듈의 `timezone()` 메소드를 사용했고, `timezone('US/Eastern')`을 사용해 동부 시간으로 전환했다.

이전의 모든 레시피에서는 `datetime()` 메소드를 사용해 `datetime` 객체를 생성했다. 이 레시피도 `datetime` 메소드를 사용했지만 `tzinfo` 매개변수는 `datetime(YYYY, MM, DD, HH, MM, SS, tzinfo=<timezone>)` 형식으로 사용했다. `tzinfo` 매개변수는 시간대 정보를 `datetime` 객체에 추가해야 하고, 이것은 시간대 전체에 걸쳐 계산을 수행할 때 중요하다.

`datetime` 클래스는 선택한 시간대에 `datetime` 객체를 나타내는 또 다른 편리한 `astimezone()` 메소드를 갖는다. `astimezone()` 메소드로, `loc_dt.astimezone(eastern)` 코드를 사용해 UTC `datetime` 객체를 동부 시간으로 변환했다.

마지막으로, `strftime(format)` 메소드로 동부 시간을 표현하기 위한 커스텀 문자열 형식을 생성했다.

`datetime` 객체와 마찬가지로 시간대 계산 도중 시간이나 일을 추가하거나 삭제할 수 있다. 이 레시피의 세 번째 코드 샘플에서는 호주/시드니 시간대로 전환하고 이 시간대에 대한 `datetime` 객체를 생성했다. 이 작업은 시드니의 현지 시간으로 반환했다. `timedelta()` 메소드를 사용해 `local - timedelta(mins=10)`으로 현재 시간에서 10분 전으로 이동하고, `local + timedelta(hours=18)`로 18시간 이후로 이동했다. 이렇게 하면 과거 혹은 미

래의 시간에 접근할 수 있다. 시간 여행으로 생각한다.

네 번째 코드에서는 서머타임을 사용하는 방법을 살펴봤다. 이를 이해하기 위해 시간대 정보가 없는 datetime 객체를 생성하고 dt 변수에 할당했다. eastern = timezone('US/Eastern') 코드를 사용해 동부 시간을 위한 객체도 생성했다. 이후 시간대 객체의 localize() 메소드를 사용해 dt 객체를 동부 시간으로 변환했다. 다음은 다른 매개변수인 is_dst를 localize(is_dst=<True/False>) 메소드에 추가해 서머타임을 고려하거나 고려하지 않고 동부 현지 시간을 반환한다.

2016년 11월 6일은 오전 2시에 시계가 뒤로 이동한 날이다. 따라서 예제에서는 동부 시간 오전 1시 30분을 is_dst=True로 질의했을 때 Coordinated Universal Time(UTC-0400시간)보다 4시간 늦은 EDT Eastern Daylight Time 로 시간이 반환된다. 같은 시간을 is_dst=False로 질의를 하면 UTC-0500시간인 EST의 시간을 반환한다.

마지막으로, 이 레시피의 예제에서는 pytz 모듈이 제공하는 유용한 헬퍼 메소드를 살펴봤다. 예를 들어 pytz.country_timezones['au']는 Au(호주)에서 사용 가능한 모든 시간대를 반환했으며, pytz.country_names['gb']는 ISO 국가 코드 gb에 따라 영국 UK 의 이름을 반환했다. 실제로 일부 시간대 문제를 해결할 때 이러한 라이브러리의 유용성을 깨닫게 될 것이다.

사용자 시간대의 송장 자동화

제이콥은 북미 Anzee 주식회사의 재무 관리자로 고객 송장을 담당한다. Anzee 주식회사는 SaaS Software as a Service 플랫폼을 고객에게 제공하고, 플랫폼 사용에 따라 고객에게 요금을 부과한다. Anzee의 고객들은 잘못된 월별 송장과 관련해 다음과 같은 불만을 제기했다. "지난달의 송장은 다음 달 1일부터 가능하다. 이는 괜찮지만, 우리가 사용하는 용도의 일부는 설명되지 않는다. 이것이 우리의 회계 업무를 엉망으로 만든다."

현재, 제이콥은 플랫폼의 데이터베이스 레코드에서 고객의 지불 및 플랫폼 사용에 대한 데이터를 가져와서 수동으로 송장을 생성한다. 매달 고객 수가 증가함에 따라 제이콥은 수작업 프로세스가 힘들고 시간이 많이 걸릴 것임을 깨달았다. 제이콥은 또한 고객들이 불평하고 있는 문제에 대해 누군가가 조사해주기를 바란다. 제이콥을 도울 수 있을까?

준비하기

이 레시피에서는 이전 레시피에서 사용한 내장 파이썬 모듈을 모두 사용하고 PDF 송장을 생성하기 위한 fpdf 모듈을 설치해 제이콥이 고객을 위한 송장을 자동으로 준비하고자 하는 요구사항을 해결할 것이다. 파이썬 pip를 사용해 모듈을 설치한다.

```
(date)chetans-MacBookPro:ch12 Chetan$ pip install fpdf
You are using pip version 7.1.0, however version 9.0.1 is available.
You should consider upgrading via the
  'pip install --upgrade pip' command.
Collecting fpdf
Downloading fpdf-1.7.2.tar.gz
Building wheels for collected packages: fpdf
Running setup.py bdist_wheel for fpdf
Stored in directory: /Users/chetan/Library/Caches/pip/wheels/
c9/22/63/16731bdbcccd4a91f5f9e9bea98b1e51855a678f2c6510ae76
Successfully built fpdf
Installing collected packages: fpdf
Successfully installed fpdf-1.7.2
```

실행 방법

1. 데이터베이스 레코드를 살펴보자. Anzee 주식회사는 몽고DB MongoDB를 사용해 해당 월의 고객 지불payments 및 요금charge 레코드를 저장한다. 이 예제에서는 Anzee 주식회사의 지불 레코드가 JSON 형식으로 저장된다고 가정한다.

2. 다른 사용자 테이블처럼 id, name, city, timezone 같은 필드로 모든 사용자의 목록을 포함하는 users 문서를 사용한다. 또한 플랫폼 서비스에 대해 지불한 사용자의 id, 지불 금액, 지불일 등 지불 중인 사용자의 모든 지불액에 대한 레코드를 보관한다.

3. 완료된 모든 지불에 대한 타임스탬프는 UTC 형식이다. 지불과 마찬가지로, 플랫폼을 사용한 사람의 사용자 ID, 사용에 대해 청구된 금액 및 청구된 시간을 다시 포함하는 usage 레코드도 유지한다.

```
users = [{"id":12, "name":"John", "city":"New York", "timezone":"US/Eastern"},
        {"id":13, "name":"Johny", "city":"Indiana", "timezone":"US/Central"}]

# UTC의 모든 타임스탬프
payments = [{"id":12, "amount":12.00, "created_at":"2016-11-29T11:46:07.141Z"},
           {"id":13, "amount":22.00, "created_at":"2016-11-30T23:46:07.141Z"},
           {"id":12, "amount":5.00, "created_at":"2016-12-01T01:00:00.141Z"}]

usage = [{"id":12, "charge":5.00, "created_at":"2016-11-29T11:46:07.141Z"}]
```

4. 이제 모든 데이터가 있으므로 송장 생성을 위한 코드를 작성하자. 주어진 달의 사용자에 대한 지불 및 사용usage을 얻는 메소드를 작성하는 것으로 시작한다. 다음 코드는 이 작업을 수행한다.

```
user_ids = []
user_names = []
for usr in users:
  user_ids.append(usr["id"])
  user_names.append(usr["name"])

def get_payments(user_id, month):
  tz = [ x for x in users if x["id"] == user_id]
  tot_payment = 0.00
  for p in payments:
    dt = datetime.strptime(p["created_at"], '%Y-%m-%dT%H:%M:%S.%fZ')
    if p["id"] == user_id and dt.month == month:
      tot_payment += p["amount"]
  return tot_payment
```

```
def get_usage(user_id, month):
  tz = [ x for x in users if x["id"] == user_id]
  tot_usage = 0.00
  for u in usage:
    dt = datetime.strptime(u["created_at"], '%Y-%m-%dT%H:%M:%S.%fZ')
    if u["id"] == user_id and dt.month == month:
      tot_usage += u["charge"]
  return tot_usage
```

5. 다음으로 제이콥이 원하는 방법과 같이 자동으로 PDF 송장을 생성하는 코드를 작성하자. 이를 위해 fpdf 모듈을 사용한다. 다음 코드는 송장을 생성한다.

```
def get_invoice(user_name, user_id, month):
  html = """
    <p>Anzee Corporation</p><br>
    <b><p>Account Name: """ + user_name + """</p>
      <p>Invoice for month of: """ + str(calendar.month_name[month]) +
"""</p></b>
    <br><br>
    <p><b>Payments and Usage:</b></p>
    <table align="center" width="50%">
      <thead>
        <tr>
          <th align="left" width="50%">Charge Type</th>
          <th align="right" width="50%">Amount</th>
        </tr>
      </thead>
      <tbody>
        <tr>
          <td>Payments Done</td>
          <td align="right">$""" + str(get_payments(user_id, month)) + """
          </td>
        </tr>
        <tr>
          <td>Total Usage</td>
          <td align="right">$""" + str(get_usage(user_id, month)) + """</td>
        </tr>
```

```
   </tbody>
  </table>
  <br><br>
 """
 return html

class MyFPDF(FPDF, HTMLMixin):
 pass

html = get_invoice("John", 12, 11)
pdf=MyFPDF()
pdf.add_page()
pdf.write_html(html)

pdf.output('invoice.pdf','F')
```

6. 위의 코드를 전체적으로 실행하면 다음 스크린샷과 같이 생성된 송장이 나타난다.

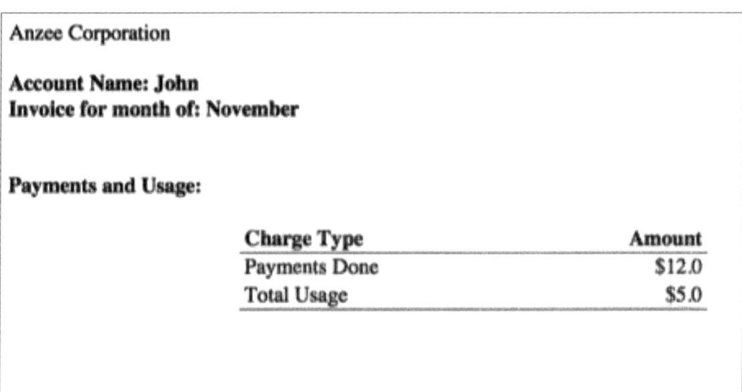

Anzee Corporation

Account Name: John
Invoice for month of: November

Payments and Usage:

Charge Type	Amount
Payments Done	$12.0
Total Usage	$5.0

7. 멋지다! 제이콥이 예상한 대로 송장을 생성할 수 있다. 이제 프로세스를 완전히 자동화함으로써 많은 시간을 절약할 수 있다. 하지만 제이콥은 정확한 정보가 포함되지 않은 송장과 관련된 고객 불만사항도 조사하기를 원했다. 무슨 일이 일어났는지 살펴보자.

8. 이제 Anzee 주식회사는 UTC로 모든 트랜잭션과 타임스탬프를 저장하므로, 사용자가 시간을 검색해 사용자의 시간대를 기준으로 사용자에게 보여주기가 매우

쉽다. 따라서 송장에 대한 해당 월의 트랜잭션을 얻기 위해 모든 레코드를 조회하면 사용자의 시간대가 아닌 UTC 타임스탬프가 표시된다.

9. 예를 들어, JSON 데이터를 자세히 살펴보면 2016-12-01T01:00:00.141Z와 같이 created_at 타임스탬프를 가진 사용자 ID 12인 John에 의한 다른 지불 언급이 있다. 이 시간은 UTC 관점에서 11월 아래에 해당하지 않을 수 있지만, 지불 사용자는 미국 동부 시간US/Eastern time zone에 속한다. 따라서 2016년 12월 1일 UTC로 오전 1시는 동부 시간으로 실제로 11월 30일 저녁 8시다. 분명히, 사용자는 송장에서 자신의 지불을 찾지 못한다.

10. 다음 코드는 사용자 시간대를 기반으로 송장을 생성해 문제를 해결한다.

```
from datetime import datetime
import pytz
from pytz import timezone
from fpdf import FPDF, HTMLMixin
import calendar

users = [{"id":12, "name":"John", "city":"New York", "timezone":"US/Eastern"},
         {"id":13, "name":"Johny", "city":"Indiana", "timezone":"US/Central"}]

# UTC의 모든 타임스탬프
payments = [{"id":12, "amount":12.00, "created_at":"2016-11-29T11:46:07.141Z"},
            {"id":13, "amount":22.00, "created_at":"2016-11-30T23:46:07.141Z"},
            {"id":12, "amount":5.00, "created_at":"2016-12-01T01:00:00.141Z"}]

usage = [{"id":12, "charge":5.00, "created_at":"2016-11-29T11:46:07.141Z"}]

user_ids = []
user_names = []
for usr in users:
  user_ids.append(usr["id"])
  user_names.append(usr["name"])

def get_payments(user_id, month):
  tz = [ x for x in users if x["id"] == user_id]
  tot_payment = 0.00
```

```
  for p in payments:
    dt = datetime.strptime(p["created_at"], '%Y-%m-%dT%H:%M:%S.%fZ')
    dt = dt.replace(tzinfo=pytz.UTC)
    dt = dt.astimezone(timezone(tz[0]["timezone"]))
    if p["id"] == user_id and dt.month == month:
      tot_payment += p["amount"]
  return tot_payment

def get_usage(user_id, month):
  tz = [ x for x in users if x["id"] == user_id]
  tot_usage = 0.00
  for u in usage:
    dt = datetime.strptime(u["created_at"], '%Y-%m-%dT%H:%M:%S.%fZ')
    dt = dt.replace(tzinfo=pytz.UTC)
    dt = dt.astimezone(timezone(tz[0]["timezone"]))
    if u["id"] == user_id and dt.month == month:
      tot_usage += u["charge"]
  return tot_usage

def get_invoice(user_name, user_id, month):
  html = """
    <p>Anzee Corporation</p><br>
    <b><p>Account Name: """ + user_name + """</p>
     <p>Invoice for month of: """ + str(calendar.month_name[month]) +
"""</p></b>
    <br><br>
    <p><b>Payments and Usage:</b></p>
    <table align="center" width="50%">
      <thead>
        <tr>
          <th align="left" width="50%">Charge Type</th>
          <th align="right" width="50%">Amount</th>
        </tr>
      </thead>
      <tbody>
        <tr>
          <td>Payments Done</td>
           <td align="right">$""" + str(get_payments( user_id, month)) +
"""</td>
```

```
        </tr>
        <tr>
          <td>Total Usage</td>
          <td align="right">$""" + str(get_usage(user_id, month)) + """</td>
        </tr>
      </tbody>
    </table>
    <br><br>
  """
  return html

class MyFPDF(FPDF, HTMLMixin):
  pass

html = get_invoice("John", 12, 11)
pdf=MyFPDF()
pdf.add_page()
pdf.write_html(html)

pdf.output('invoice.pdf','F')
```

위 코드의 출력은 다음 스크린샷에 표시된다. 지불payments 열에 올바른 데이터가 반영된 방법을 확인하고 2016년 11월 30일 오후 8시에 완료된 $5 지급액을 포함해 총금액을 $12 + $5 = $17로 계산한다.

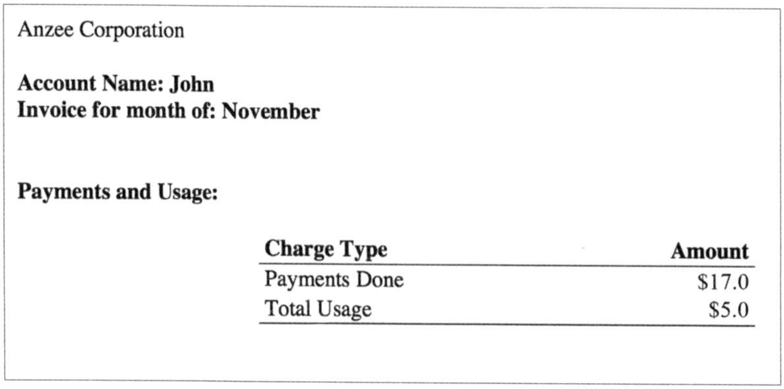

Anzee Corporation

Account Name: John
Invoice for month of: November

Payments and Usage:

Charge Type	Amount
Payments Done	$17.0
Total Usage	$5.0

작동원리

먼저 제이콥의 송장 생성 자동화에 대해 살펴봤다. 모든 사용자에 대한 JSON 데이터를 파싱하고 11월 한 달 동안 모든 사용자에 대한 지불payments 및 사용usage을 계산했다.

payments 및 usage 레코드를 검토하기 위해 get_payments(user_id, month) 및 get_usage(user_id, month)를 개발했고 11월의 레코드를 선택했다. created_at JSON 문자열로 작업하고 dt = datetime.strptime(u["created_at"], '%Y-%m-%dT%H:%M:%S.%fZ')로 date/time 객체로 변환해 이 작업을 수행했다.

하지만 이전 절에서 이해했듯이 사용자의 시간대와 관련해 시간을 고려하지 않았기 때문에, 문자열을 타임스탬프로 변환하는 것만으로는 도움이 되지 않았다. 이를 위해 date/time 객체 dt를 사용해 dt.replace(tzinfo=pytz.UTC)로 UTC 시간대로 변환한 다음 dt를 사용해 사용자의 시간대에서 dt.astimezone(timezone(<>)) 메소드를 반영했다. 이런 방법으로, 사용자 시간대의 지불 시간을 얻을 수 있고 송장 데이터는 11월의 정확한 수치를 반영한다.

다음으로, 적절한 사용자 이름, 송장 시간을 추가해 송장에 대한 HTML 콘텐츠를 생성했고, 이것을 html 변수에 저장했다. 나중에, fpdf 모듈의 FPDF 및 HTMLMixin 클래스를 상속한 MyFPDF 클래스를 생성했다. 그런 다음 MyFPDP 클래스를 사용해 빈 PDF 파일 객체를 나타내는 pdf 객체를 생성했다. add_page( ) 메소드로 pdf 객체의 페이지를 추가하고, write_html(html) 메소드로 HTML 콘텐츠(송장 콘텐츠)로 수정했다. 결국 output(<filename>) 메소드를 사용해 디스크의 모든 데이터가 포함된 pdf 객체를 넘겼다.

더 알아보기

파이썬에서 시간 및 시간대 작업과 관련된 다른 많은 흥미로운 사용 사례가 있다. 마지막 예제에서 봤듯이 잘 사용하지 않으면 까다로워질 수 있다. 일반적인 지침은 다음과 같다.

- 항상 시간대를 인식하는 `datetime` 객체를 사용한다. 이 접근법으로는 결코 잘못 될 수 없다. 언제나 당신에게 상기시켜줄 것이다.
- 지정된 객체에 대한 시간대 정보를 반환하는 ISO 형식의 `datetime`을 반환한다.

11장의 예제가 즐거웠기를 바란다! 계속 나아가자.

찾아보기

ㅇ

ㅈ ~ ㅋ

ㅌ

ㅍ ~ ㅎ

A

B

C

D

E

F

G

H

I

J ~ K

R

S

T

U

에이콘출판의 기틀을 마련하신 故 정완재 선생님 (1935-2004)

파이썬 비즈니스 자동화

파이썬 레시피와 함께하는 비즈니스 자동화 프로그래밍 개발

발 행 | 2018년 11월 8일

지은이 | 체탄 기리다
옮긴이 | 유 연 재

펴낸이 | 권 성 준
편집장 | 황 영 주
편 집 | 이 지 은
디자인 | 박 주 란

에이콘출판주식회사
서울특별시 양천구 국회대로 287 (목동)
전화 02-2653-7600, 팩스 02-2653-0433
www.acornpub.co.kr / editor@acornpub.co.kr

ISBN 979-11-6175-229-7
ISBN 978-89-6077-210-6 (세트)
http://www.acornpub.co.kr/book/automate-it

이 도서의 국립중앙도서관 출판시도서목록(CIP)은 서지정보유통지원시스템 홈페이지(http://seoji.nl.go.kr)와
국가자료공동목록시스템(http://www.nl.go.kr/kolisnet)에서 이용하실 수 있습니다.(CIP제어번호: CIP2018034858)

책값은 뒤표지에 있습니다.